本书得到2020年国家社会科学基金项目"增强香港青少年国家认同的全媒体传播网络建构研究"（编号：20BXW071)资助

|光明学术文库│历史与文化书系|

媒介素养三维结构理论
——新媒体技术影响下的媒介素养构成

卢锋 | 著

光明日报出版社

图书在版编目（CIP）数据

媒介素养三维结构理论：新媒体技术影响下的媒介素养构成／卢锋著.――北京：光明日报出版社，2022.10

ISBN 978-7-5194-6838-5

Ⅰ.①媒… Ⅱ.①卢… Ⅲ.①传播媒介—研究 Ⅳ.①G206.2

中国版本图书馆 CIP 数据核字（2022）第 186196 号

媒介素养三维结构理论：新媒体技术影响下的媒介素养构成
MEIJIE SUYANG SANWEI JIEGOU LILUN：XINMEITI JISHU YINGXIANGXIA DE MEIJIE SUYANG GOUCHENG

著　　者：卢　锋	
责任编辑：石建峰	责任校对：张月月
封面设计：中联华文	责任印制：曹　净

出版发行：光明日报出版社
地　　址：北京市西城区永安路 106 号，100050
电　　话：010-63169890（咨询），010-63131930（邮购）
传　　真：010-63131930
网　　址：http：//book.gmw.cn
E－mail：gmrbcbs@gmw.cn
法律顾问：北京市兰台律师事务所龚柳方律师
印　　刷：三河市华东印刷有限公司
装　　订：三河市华东印刷有限公司
本书如有破损、缺页、装订错误，请与本社联系调换，电话：010-63131930

开　　本：170mm×240mm	
字　　数：270 千字	印　　张：15.5
版　　次：2023 年 1 月第 1 版	印　　次：2023 年 1 月第 1 次印刷
书　　号：ISBN 978-7-5194-6838-5	
定　　价：95.00 元	

版权所有　　翻印必究

序

随着媒介技术的不断发展，"媒介素养"一词越来越引人注目，其概念内涵也与时俱进，不断演化更新。自20世纪30年代英国文化学者利维斯与桑普森倡导媒介素养教育以来，媒介素养概念经历了从电视素养（Television Literacy）、视觉素养（Visual Literacy）到计算机素养（Computer Literacy）、信息素养（Information Literacy）、网络素养（Net Literacy），再到数字素养（Digital Literacy）、跨媒体信息素养（Trans Literacy）等的变化，对其内涵的要求和阐释也不尽相同。近年来，各种新媒体技术所构成的全新传播环境，对身处其中的每个人都产生了深刻影响，也提出一个重要的问题：人们应该用什么样的思维、策略和技能来适应大数据、物联网、人工智能、虚拟现实、增强现实、混合现实等日新月异的传播科技？

针对新媒体技术影响下的媒介素养内涵概念变化这一现象，作者卢锋展开了深入而持久的思考与研究。从2013年开始，他对以往关于媒介素养研究的理论框架进行了梳理和总结，并根据自己的独立思考，初步构建了新媒体技术形成的参与式文化背景下的"媒介素养之塔"理论。在他看来，新媒体技术快速发展的影响渗透在社会的方方面面，对普通民众而言，体现在安全、交互、学习和文化四个方面的影响和挑战更加突出。第一，媒体技术的发展给人们所习惯的"安全感"带来了似乎并不安全可信的环境风险。在这样危机四伏的媒介环境中，每一个人都需要提高自身的安全意识，掌握一定的保障安全的知识和能力。因此，媒介安全素养是不可或缺的。第二，媒介的快速发展对人们的人际交往和社会关系造成了一定的负面影响。普通公民要重视媒介交互素养的培养，学会合理利用媒介进行社会交往。第三，在新媒体技术不断普及的时代，人们需要不断提高利用媒介促进个人发展的能力。培养媒介学习素养是人们适应新媒体技术影响所开展的主动行动。第四，新媒体技术的发展引发了媒介文化的深刻变革。媒介文化素养的培养是重构新媒体空间理性的关键基础。在当前复杂的国际形势下，培养公民的媒介文化素养还是应对国家信息安全风险的重要手段。卢锋的这一思考成果最终以《媒介素养之塔：新媒体技术影响下的媒介素养构成》为题发表在2015年第4期的《国际新闻界》上，成为他多年来被引用次数最多、引用次数增长最快的一篇学术论文。

卢锋的这篇论文主题蕴含着鲜明的教育学研究的视角特点。跟许多教育技术学研究者一样，卢锋是从其本学科领域中的信息素养研究开始关注媒介素养研究的。同时，由于其之前在电视制作领域的从业经历以及后来承担的教育技术学专业教学工作，使得戴尔的"经验之塔理论"、马斯洛的"需求层次理论"、教育目标分类理论、"以学生为中心"的教育理念等理论的影响在这一成果中清晰可见。一般来说，大多理论比较注重体系的完整性，却在一定程度上忽视人们的实际需要。"媒介素养之塔"理论紧紧围绕"媒介对人的影响"这一逻辑起点，以普通公民的需求为出发点，努力构建体现以人为主体的媒介素养内涵体系，使得成果呈现出较强的层次性、主体性和融合性。

此后的几年，如何让这一理论更为实用、开放和具有操作性成为作者努力的目标。以往的媒介素养构成理论，大体上可以分为三种类型：第一类是以能力为主线，将媒介素养培养的过程串联起来；第二类则以过程为导向，将各种媒介素养包含的能力蕴藏于其中。"能力说"强调能力本身，把媒介素养的各项能力进行分解，使得能力目标明确，易于操作。但"能力说"的缺陷是显而易见的：它混淆了素养和能力的差异。"过程说"将媒介素养的培养划分为若干个不同阶段，更能体现出对媒介素养习得过程的深入理解。然而，在实践层面，它不但常常会无法体现出与其他素养的区别，而且对教师也提出了较高的要求。如果教师受到过较好的媒介素养培训，他们可能会在实际操作时做到灵活处理，但如果教师对媒介素养知之甚少，他们会感到无从下手。因此，近年来研究者提出的媒介素养构成理论实际上往往是第三类：兼顾过程和能力。最为典型的是，国际图联（IFLA）倡导的"媒介信息素养"（MIL）概念。这一概念超越了单纯的信息和传播技能，建议通过运用媒介进行自我表达、终身学习、民主参与及和谐治理等漫长的媒介素养培养过程，使普通民众成长为积极的公民。

在教育学、心理学、图书馆学、情报学等学科领域，素质结构、能力结构的研究成果是极其丰富的。受到智力结构、教师素质结构、科学素养结构、信息素养结构、核心素养结构等形式各异的结构理论的影响，"媒介素养之塔"从原来的"结果"单一维度，拓展为包括结果、过程、内容在内的三个维度。有了由获取、分析、评价、创造和参与5个因素构成的过程维度，由知识、能力和态度3个因素构成的内容维度，"媒介素养三维结构理论"实现了能力与过程的融合，并且形成了5×3×4＝60种媒介素养内涵。

媒介素养研究应当密切关注社会与教育的现实需求并做出回应。当前，面对新媒体技术快速持续发展带来的巨大动力和新冠肺炎疫情形成的巨大冲击，媒介素养理论研究及其教育实践如何把握机会、奉献社会？《媒介素养三维结构理论：新媒体技术影响下的媒介素养构成》这本书的出版恰逢其时，提醒人们充分认识和理解新技术以及疫情对信息传播、教育、文化甚至生存环境带来的结构性、革命性的影响，尽早观察和预测未来社会生活、传播及教育发展的方向，既为公民的个人健康发展提供丰富的信息养分，也为未来新媒体的健康发展提供一定程度的理论支撑。

张舒予
2021年7月26日

（作者系原南京师范大学教育科学学院教授、博士生导师、视觉文化研究所所长，国家精品课程《视觉文化与媒介素养》负责人）

目 录
CONTENTS

第一章 绪 论 ……………………………………………………… 1
- 第一节 问题的提出 ……………………………………………… 2
- 第二节 研究内容 ………………………………………………… 7
- 第三节 研究意义 ………………………………………………… 8
- 第四节 核心概念界定 …………………………………………… 9
- 第五节 研究思路与方法 ………………………………………… 12

第二章 媒介素养的概念流变与理论框架 …………………… 15
- 第一节 媒介素养的概念流变 …………………………………… 15
- 第二节 媒介素养的理论框架及局限 …………………………… 27

第三章 媒介素养三维结构理论：新媒体时代的媒介素养重构 ……… 32
- 第一节 媒介素养研究的逻辑起点 ……………………………… 32
- 第二节 新媒体技术及其对媒介素养的需求 …………………… 38
- 第三节 媒介素养三维结构分析 ………………………………… 57

第四章 媒介安全素养：安全问题的媒介化呈现及其防范 ……… 63
- 第一节 安全与安全理论 ………………………………………… 63
- 第二节 媒介安全素养：全面保障个人安全 …………………… 67
- 第三节 媒介安全素养内涵解析 ………………………………… 101

第五章　媒介交互素养：新媒体情境下的交往机遇与风险应对 …… 108
第一节　交互与交互理论 …… 109
第二节　媒介交互素养：构建新型交互模式 …… 113
第三节　媒介交互素养内涵解析 …… 134

第六章　媒介学习素养：数字时代的学习革命 …… 143
第一节　学习与学习理论 …… 143
第二节　媒介学习素养：适应数字时代学习变革 …… 151
第三节　媒介学习素养内涵解析 …… 163

第七章　媒介文化素养：媒介教育终极目标的关键诉求 …… 170
第一节　文化理论视域下的媒介文化 …… 170
第二节　媒介文化素养：助力媒介空间理性重构 …… 176
第三节　媒介文化素养内涵解析 …… 193

第八章　总结与展望 …… 204
第一节　媒介素养三维结构理论的主要观点与特征 …… 204
第二节　研究展望 …… 206

参考文献 …… 208

后　记 …… 234

第一章

绪　论

自 20 世纪 50 年代起，联合国教科文组织（UNESCO）就开始从传播和教育相结合的角度，思考如何解决影视作品中暴力、色情等内容所带来的社会问题。1982 年 UNESCO 在格伦沃尔德召开会议，同时发布了《关于媒介素养教育的格伦沃尔德宣言》，可以说是 UNESCO 规划世界媒介素养教育发展的开端。UNESCO 坚信，"只有当家长、教师、媒介从业人员和政府决策者都意识到自己有职责培养听众、观众和读者的媒介批判和媒介安全意识，媒介教育才能最有效"。[①] 因此，在此后举行的一系列重大国际会议中，为了推动媒介素养教育在世界范围内的发展，UNESCO 对媒介素养的内涵和相关政策进行了持续的调整。

UNESCO 调整媒介素养内涵和相关政策的影响因素是众多的。其中，除了国际政治和经济发展状况、各民族文化多样性、全球媒介素养发展的差异性等因素之外，传播技术的发展无疑是一个关键因素。

在影响媒介素养教育发展的因素中，传播技术始终占有极为重要的地位。在媒介发展的历史进程中，一种新的媒介技术的出现，往往会对社会生活的方方面面形成难以磨灭的巨大影响，也会给人类的发展带来新的机遇，提出新的挑战。过去的近百年来，媒介素养与媒介技术如影随形，不可分割。媒介技术的发展，已经使得媒介素养的内涵与外延发生了多次的变化：从印刷媒体传播技术带来的"低水平满足"致使英国学者提出"文化素养"，到电影、电视技术推动的大众文化兴起而导致提出"电影素养""电视素养"，再到网络媒体、社交媒体的崛起而引发的"数字素养""媒介与信息素养"等术语的大量出现，

[①] 耿益群，黄偲. 联合国教科文组织有关媒介素养政策之演变分析 [J]. 现代传播（中国传媒大学学报），2018，40（7）：163-168.

媒介素养已经成为一个包罗万象的概念。①

第一节 问题的提出

今天的我们正身处巨变涌动的伟大时代。由各种新媒体技术构成的全新环境，对每一位普通公民都产生了极其深刻的影响。越来越多的人习惯于通过手指在手机屏幕方寸间的游走让问候从指尖轻轻启程，也习惯于骑上网约单车去迎接新一天的美好朝阳；自动写作、写字、翻译、新闻主播、医用、军用等越来越多的新型机器人不断涌现；冒充公检法、盗用账号、娱乐节目中奖、低价购物等电信网络诈骗的方式层出不穷；太多的生活方式不是已经被颠覆，就是正在被颠覆中；科技既为人性光辉的闪耀创造了舞台，又给丑陋的暗流提供了空间……人们不禁要问：我们应如何面对自媒体、社交媒体、大数据、人工智能等技术的发展？对于从事传播学、教育学、社会学以及媒介素养研究的人来说，更多地会思考这样的问题：

新媒体技术究竟改变了什么？

应该如何调整媒介素养的理念，以适应这些改变？

应该如何重构媒介素养的内涵和要素？

……

一、新媒体技术的出现对人类社会生活形成了巨大冲击

新技术的出现，总是会引发人们对其产生之社会影响的热烈讨论。正如科学技术改变人类历史进程一样，新媒体技术引发了人类社会结构、生活方式、交互方式、学习方式、文化生态的伟大变革。它通过自身独有的技术特性构建了超越传统认知的社会环境和生活空间，将人们裹挟其中，广泛而深刻地影响其价值观念、思维方式、认知能力和行为倾向。正如麦克卢汉所断言，媒体革命的后果是所有个人和社会生活都为适应新技术建立起来的新感觉模式。② 同

---

① 卢锋，刘洋，张舒予. 媒介素养教育的发展动因研究 [J]. 现代远距离教育，2016 (4)：58-63.

② 匡文波. 新媒体概论 [M]. 北京：中国人民大学出版社，2012：25.

样，早在1956年之后人工智能发展形成第一个高潮期之时，学术界就开始关注以机器人为代表的人工智能技术对人们工作方式、社会结构、思维方式、文化观念等的冲击与改变，同时对其在心理上造成的威胁，特别是技术失控的风险忧心忡忡。

法国学者列斐伏尔在其空间生产理论中指出，空间早已不再是传统意义上人们认为的由一砖一瓦所构建出来的、具有边界明晰的物质存在，而是具有了更多的社会意义和文化内涵。随着新媒体技术发展而不断塑造的网络空间，恰到好处地契合了这一理论。网络空间的形成，使人们日常生活实践的社会场景逐渐脱离了物理空间这一必要条件，他们在虚拟空间中完成了越来越多的思想交流和社会交往，使其成为他们日常生活的新场域。美国学者凯文·林奇将对城市意象中物质形态研究的内容归纳为五种元素，即道路、边界、区域、中心与节点、标志物。其中，边界在很多时候不仅是人们对空间认知的"心理界线"，还对人们的文化心理结构和地域认同的形成有诸多影响。在传统的日常生活空间中，人们在家庭、工作单位、消费场所等边界相对明确的地理区域内活动，民众间绝大多数的交往和互动都在此地理区域内，由此产生了强烈的从属感和认同感。可是随着新媒体的出现、发展和普及，越来越多普通民众的日常生活空间正在演绎着从现实到网络、从实体空间到虚拟空间的转变，延展出了新的维度，为人们重塑意义空间和选择新的生活方式创造了条件。与传统日常生活空间大相径庭，新媒体构建的这一虚拟空间具有明显的无边界性，相比以往在连续、有序空间的行为模式，人们可以随心所欲地在其中任意翱翔。种族、民族、社会地位、信仰、职业和经济条件等都在新的场域被淡化甚至忽略，人们在均质、无等级的人际关系网络之中的行为更具弹性和自由度。

新媒体技术的迅速发展和普及，将普通民众从传统日常生活世界带入现代日常生活世界。因为它拓展了普通民众与外部世界联系沟通的机会和频率，使他们由信息的被动接受者变为信息的传送者和选择者。新媒体无论作为传播工具、生活工具还是娱乐工具都表现出突出的现代性元素，强势传播着主流文化和现代文化，不可避免地冲击着普通民众的思想观念、传统习俗、行为规范和生活方式，大力推动个人及其日常生活的现代化发展。新媒体通过其强大的功能和使用的便利性优势，推送海量感官刺激强烈的娱乐化和消费化信息，在人们日常生活的方方面面导入新的价值观念和行为模式，引领他们对现代文明和现代生活方式的向往，尤其是对年轻群体的影响最为强烈和深刻。①

面对当前的第三次发展浪潮，人们除了关注人工智能技术的发展有可能在语音识别、自然语言处理、图像识别、计算机视觉、自动驾驶、无人机、智能机器人等重点领域形成的突破，同时也更加关注其可能引发的就业结构变化、伦理道德、法律体系的适用性等问题。

二、新媒体技术的发展对人们提出了难以回避的多重挑战

新媒体技术在深刻影响人类社会生活的同时，也对每一个个体提出了难以回避的多重挑战。这些挑战主要体现在安全、交互、学习和文化四个方面。

一是安全挑战。新媒体的不当使用，可能造成身心伤害；信息的广泛传播，让人难辨真假；违法和不良信息的传播，对青少年危害重重；个人信息的泄露，使得电信网络诈骗等犯罪行为屡禁不止；恐怖主义、自然灾害、生态安全等信息的非理性传播，形成了"媒介恐慌"；人工智能失控的风险让人多少有一丝焦虑……人们必须主动掌握相应的安全使用新媒体的知识、能力和态度，才能较好地保障个人身心健康、财产安全、生命安全等。

二是交互挑战。媒介技术的发展，拓展了人们与外界交互的空间，增加了人们与外界交互的机会，它使得人们可以摆脱时间、空间的限制，突破现实传播的确定性，摆脱偶然性的束缚。不断出现的新媒体应用，让人们随时随地可以与他人进行视频、音频、文字等形式多样的交互，这也对掌握利用媒介交流的方法与技巧提出了新的要求。同样，媒介技术的发展改变了人们的信息传播方式，改变了人们既有的传播观念，使得传者与受者之间形成了一种双向互动、和谐平等的新型关系。

三是学习挑战。技术的不断升级换代，对学习者的媒介素养和学习能力提出了更高要求。在Web X.0时代诸多新的信息传播理念和技术不断促进学习方式变革的背景下，广大学习者也要改变自己的学习观念，适应新的学习方式并利用新的技术手段达到促进自身发展和能力提升的目的。② 特别是面对近年来大数据思维变革、人工智能技术的快速发展引发的教育领域深刻变革，如何学习、学习什么，正在成为一个新的时代课题。

---

① 李娟. 碰撞、彷徨与抉择——城市回族日常生活中的新媒体影响力研究 [J]. 中央民族大学学报（哲学社会科学版），2018，45（3）：71-79.
② 黄建军，郭绍青. Web X.0时代的媒体变化与非正式学习环境创建 [J]. 中国电化教育，2010（4）：11-15.

四是文化挑战。网络技术以及新媒体技术的开放性，强化了民众的话语表达与舆论监督。但是，从当前民众利用互联网参与公众事件的表现来看，非理性的成分还占据着很大的比重：不少民众缺乏独立思考，盲目跟风，侵犯他人隐私，时常有极端情绪，过度使用语言暴力……使得网络空间整体表现出非理性的状态。除此之外，从国家层面看，信息化发展的不均衡，使得具有信息优势的国家利用强大的信息手段和影响力，通过信息技术垄断，对发展中国家内部事务进行渗透和控制或通过发动思想文化战进行文化渗透。这也对众多发展中国家如何教育普通民众致力于打破信息强国对于信息技术的垄断，在发展中努力争取参与信息技术标准的制定以及解决"数字鸿沟"等问题提出了更高的要求。

无论国籍、职业、年龄、性别，每个人都不同程度地面对着以上四个方面的挑战。它们伴随着新媒体技术的出现而生，围绕着新媒体的发展而长。

三、新媒体技术影响下的媒介素养研究备受关注

经过多年的发展与众多学者的关注、推广、参与和投入，媒介素养已经成为"学术研究、教育政策制定和社会公众参与网络中不可忽视的一个重要概念"。面对日新月异的媒介生态，媒介素养内涵的重新定义，自然成为当下媒介素养教育研究的重点；同时，将媒介素养解构为具体的知识体系和相关能力，也成为亟待解决的问题。[①]

多年来，媒介素养概念出现过众多的变化。信息素养、计算机素养、数字素养、视觉素养、网络素养、新媒介素养、媒介信息素养、数据素养、全媒体素养等众多不断分化、包容与可持续发展的概念，大多以应对技术逻辑导向下的媒介生态变革为主要目标。特别是近年来5G、大数据、人工智能、区块链等数字技术的快速发展，无论是传播技术还是渠道，无论是传播形式还是受众，都发生了根本性的变化。人们应该采用怎样的思维、策略和技能来适应这些变化，人们的媒介素养又应该如何变化等这些重要问题，很容易受到学术界的持续关注。从新闻传播学权威期刊《国际新闻界》于2013年发起专题研讨，到近年来"技术素养、符号素养和情感素养的'三位一体'"，再到信息发布素养、再传播素养、新媒介素养、融合式媒介素养等众多新概念的提出，都充分显示

---

① 姚争. 数字环境下媒介素养教育研究的历史坐标和时代使命 [J]. 中国广播电视学刊, 2020（9）：4-7, 45.

了学术界对重新定义媒介素养内涵的重视。

实际上，大多媒介素养领域研究者对明确媒介素养内涵的重要性有着清醒的认识。2007年，美国媒介素养联盟（National Association for Media Literacy Education）召开的"媒介素养教育研究峰会"（2007 Media Literacy Education Research Summit）认为，媒介素养教育作为一个专门研究领域并不明确。其中原因，很大程度上来自媒介素养的跨学科背景。由于媒介素养研究跨越了教育实践、教育理论、媒介理论、媒体实践和社会运动等多个领域，导致概念界定（如对媒介、媒介素养、媒介素养教育等问题的界定）、过程量化（Process Measures）（如媒介素养教育的具体步骤是什么）、相关假设检验（不同的教育和成长环境如何影响媒介素养教育的结果）等内容较为复杂，难以明确。

然而，这并没有对国内外有关新媒体技术影响下媒介素养的研究形成太大影响。自20世纪90年代新媒介素养成为学术界关注的焦点和热点以来，英国学者利文斯通（Sonia Livingstone）、美国学者莱茵戈德（Howard Rheingold）、詹金斯（Henry Jenkins）以及美国新媒介联合会（New Media Consortium）等均展开了持续深入的探讨。对中国知网（CNKI）数据库的文献进行统计后可以发现，最近几年国内媒介素养的研究进入了一个相对稳定的阶段。研究成果数量在2015年超过1000篇之后，除2018年之外，各年度均保持在1000以上（如图1-1所示）。与此同时，研究者梳理媒介素养研究的相关高质量文献后发现，"新媒体""网络媒介素养""自媒体"在2000年以来媒介素养研究高频关键词当中均位列前10名，占据绝对的优势。[①] 可以看出，我国的媒介素养研究顺应了媒体格局、舆论生态、受众对象、传播技术等新变化带来的新变革新要求，新媒体技术影响下的媒介素养研究持续成为热点。

因此，本书希望探讨的问题是：层出不穷的新媒体技术在深刻影响人类社会的同时，对人们的媒介素养提出了哪些要求？其内涵与外延发生了怎样的变化？

---

① 李慧玲，孟亚. 我国媒介素养研究的热点分布与发展趋势——基于20年（2000—2019）研究的知识图谱分析 [J]. 传媒，2020（22）：87-90.

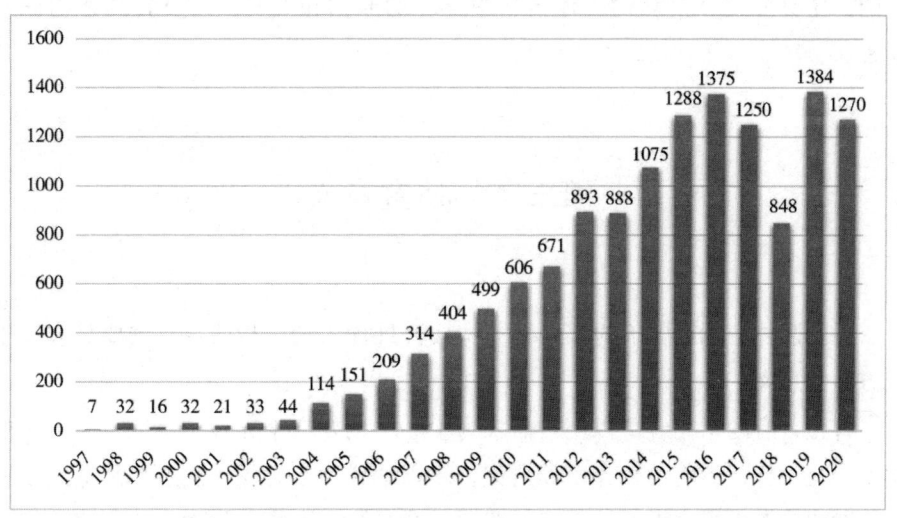

图1-1 中国期刊网"媒介素养"主题发文数量（1997—2020）①

第二节 研究内容

基于研究的问题，本书旨在分析新媒体技术的发展对人类社会生活所造成的影响以及对人们的媒介素养所带来的挑战，进而探讨新媒体技术影响下普通公民的媒介素养构成。具体来说，研究内容主要包括：

第一，媒介素养的概念流变及其理论框架。分析从信息素养到计算机素养、数字素养、新媒介素养等概念的流变过程，以此为基础总结现有媒介素养理论框架的特点与局限。

第二，新媒体时代媒介素养理论重塑。对新媒体技术的发展历程、特征及其对日常生活的拓展与重塑进行深入分析，并在此基础上总结新媒体技术时代对媒介素养的需求。

第三，新媒体技术影响下的媒介素养构成解析。其包括各构成成分的理论

---

① 注：本次文献统计截止时间为2021年7月15日中午12时。统计的是以"主题"为检索项，以"媒介素养"为关键词，检索"全部期刊"后得到的结果。

基础、在整个媒介素养构成体系当中存在的原因和意义，以及其具体内涵与要素。

第三节 研究意义

对新媒体技术影响下的媒介素养构成开展深入的分析研究，主要具有以下三方面的意义。

首先，有助于完善"以用户需求为中心"的媒介素养理论研究。与大多的学术研究一样，当前的媒介素养研究，多以学科为中心视角。这容易造成学者们不断建构各类媒介素养体系，但普通民众参与度不高的局面。本研究根据以往媒介素养教育理论框架的局限和新媒体技术时代提出的新要求，构建兼顾"过程"和"能力"、以用户发展需求为中心的新媒介素养构成体系——"媒介素养三维结构"，完善媒介素养和媒介素养教育的理论体系建设。本研究将进一步确立"以用户需求为中心"的思路，完善当前的媒介素养理论研究。

其次，有助于促进媒介素养研究的发展，丰富相关学科的理论基础。媒介素养与教育实践、教育理论、媒介理论、媒体实践和社会运动等诸多领域密切相关。构建全新媒介素养内涵体系，在推进媒介素养研究发展的同时，也有利于丰富其他相关学科的理论基础。例如，媒介素养与信息素养有着不解的渊源和紧密的联系，二者相互影响、相互促进，对新闻传播学和教育技术学的学科发展都做出过特殊贡献。在新媒体时代，学习与新媒介的关系越来越紧密，学习的"媒介化"现象也越来越普遍，对学习者媒介学习素养的培养提出了新的要求。媒介学习素养研究将会与其他媒介素养研究共同促进信息素养研究的发展，丰富教育技术学的理论基础，从而推动教育技术学科的发展。

最后，有助于促进媒介素养教育的健康发展。在新媒体技术快速发展引发的社会问题日益突出的背景下，基于普通公民视角对媒介素养内涵的全新重构，有助于提升人们对媒介相关工作的认识，帮助人们重视媒介素养的培养，并可能会促进更多人分层次、快速、有效地提升媒介素养，促进媒介素养教育的健康发展。

第四节 核心概念界定

为了更好地对新媒体时代媒介素养构成发生的变化进行深入分析，需要对其中涉及的媒体、传媒、媒介、素养、媒介素养、媒体技术、新媒体等相关核心概念进行总结。

一、媒体、传媒与媒介

为了与"媒介"区别开来，本书所说的"媒体"，包括以下几层意思：

我们通常所说的"媒体"（Media），一是指信息的物理载体（存储和传递信息的实体），如书本、挂图、磁盘、光盘、磁带以及相关的播放设备等；二是指信息的表现形式（或者说传播形式），如文字、声音、图像、动画等。按照国际电话电报咨询委员会（Consultative Committee on International Telephone and Telegraph，简称CCITT，是国际电信联盟ITU的一个分会）的划分，媒体可分成感觉媒体（Perception Medium）、表示媒体（Representation Medium）、表现媒体（Presentation Medium）、存储媒体（Storage Medium）、传输媒体（Transmission Medium）五类。

媒体，有时候还指的是"媒介组织"，即专门从事大众传播活动以满足社会需要的社会单位或机构，也就是通过印刷媒介或电子媒介从事信息传递和经营的社会团体，如报社、杂志社、出版社、电影厂、电台、电视台、网站或综合机构等。

传媒，可以是大众传播媒介、媒体或传媒机构的简称，也可以是统称。我们说传媒知识、传媒产业、传媒发展、传媒竞争，都指大众传媒，包括其中的媒介、媒体机构，但不包括电信工具（如电话机）、电信机构（如中国电信）等。

媒介，来源于拉丁语"Medius"，是指使双方（人或物）发生关系的人或事物。它是以语言（书面和口语）、音响、图像（静态和动态）等符号来承载和传输信息的物质实体。在此意义上，它是传播通道中的中介物，如各类手书媒介、印刷媒介、广播媒介、影视媒介和网络媒介（包括各种先进的功能复杂的数字新媒介）。

二、素养

在《辞海》中,"素养"被解释为"经常修习的涵养"(也指平日的修养,如艺术素养、文学素养)。"涵养"是指"身心方面的修养"。"修养"则是指"在政治、思想、道德品质和知识技能等方面经过锻炼和培养而达到的一定水平"(如政治修养、文学修养)或"逐渐养成的在待人处世方面的正确态度"。由此可见,素养在汉语中主要包括知识、能力、态度三个方面的内容。

从与"素养"对应的英文单词"literacy"来看,"literacy"源自"liter+al",而这个词又源自中世纪英语"literalis","literalis"源自中世纪拉丁语"litera",这是个形容词,指"文字的""字面上的";由此派生的词有"literally"(逐字地)、"literary"(文学的)、"literate"(有文化的)、"literacy"(识字、有文化)、"literature"(文学)等。① 可见,传统的素养定义只应用于印刷物"关于字词的知识;受过教育的;有学问的"(The traditional definition of literacy applies only to print "having a knowledge of letters; instructed; learned")。② 但是,随着科技的进步,素养的定义已不限于单指"读""写"的能力而言,举凡对一个事物有其使用、省思、批判或解读、应用的能力,而对自身生活能够有所帮助,都可称作素养。

三、媒介素养

在媒介素养教育发展的过程中,众多学者、组织机构提出了不同的媒介素养定义。这些定义,或以人们需要具备的各类能力为主线,将媒介素养培养的过程串联起来;另一些则以媒介素养培养的过程为导向,将各类能力蕴藏于其中。

前者如英国学者卡里·巴泽尔杰特(Cary Bazalgette)指出,媒介素养是"帮助人们学会和掌握有效使用媒介表达自己思想的能力"。1989年加拿大安大略教育部(Ontario Ministry of Education)的定义是:媒介素养旨在培养学生对大众媒体本质、媒体常用的技巧和手段以及这些技巧和手段所产生的效应的认知力和判断力。更确切地说,媒体素养是一种教育,宗旨为增强学生理解和欣赏

---

① 高玉华. 简明英语词源构词词典[M]. 济南:山东教育出版社,1993:628.
② ART S. Media Literacy: Keys to Interpreting Media Messages [M]. New York: Praeger Publishers, 2001:2.

媒体作品的能力，使学生了解媒体如何传输信息、媒体自身如何运作、媒体如何构架现实，以及帮助学生创造媒体作品的能力。①

后者如1992年美国媒体素养研究中心将媒介素养的习得分为获取、分析、评价、创造和参与五个阶段，每个阶段涵盖具体的技能，包括面对各种信息时所表现出的信息的选择能力、质疑能力、理解能力、评估能力、创造和生产能力以及思辨的反应能力。② 白传之、闫欢等学者也认为媒介素养教育内容应该是分层次、多领域构成的科学完整的体系，包括媒介的认识、媒介的理解和媒介的应用三个层次，在每个层次当中又有不同的内容。③

有关这一概念的分析，将在第二章加以详细说明。

本书所说媒介素养，主要以新媒体技术对社会生活的影响，即其所引发的安全问题、交互问题、学习问题、文化问题四个方面为出发点。广义来看，媒介素养指的是个人合理利用媒介的知识、能力和态度。

四、媒体技术

媒体技术，也称媒介技术、传播技术，指的是人类为驾驭信息传播、不断提高信息的生产与传播效率所采用的工具、手段、知识和操作技艺的总称。在人类历史上，支持人类表达、交流与沟通的传播媒介技术还包括口头语言、象形文字、字母文字、图表、甲骨、竹简、莎草纸、羊皮纸、活字印刷机、莫尔斯电码、电报、电话、模拟电信号、电影、电视、录音带、录像带、CD、二进制数、计算机、DVD和互联网等。④

五、新媒体

新媒体是一个比较难以界定的概念。第三章将对这一概念进行相对详细的解析。这里仅对这一概念做出如下界定：

新媒体是指采用网络技术、数字技术、移动通信技术等进行信息传递与接收的信息交流平台，包括固定终端与移动终端。它以新技术为载体、以互动性

---

① 张开. 媒体素养教育在信息时代 [J]. 现代传播，2003（1）：116-118.
② CENTER FOR MEDIA LITERACY. Literacy for the 21st Century：An Overview and Orientation Guide to Media Literacy Education [EB/OL]. Center for media literacy，2008-05-15.
③ 白传之，闫欢. 媒介教育论：起源、理论与应用 [M]. 北京：中国传媒大学出版社，2008：110-117.
④ 郭文革. 教育的"技术"发展史 [J]. 北京大学教育评论，2011，9（3）：137-157，192.

为核心,以平台化为特色,以人性化为导向。①

新媒体是与旧媒体比较而言的,因此,新媒体当然是新出现的媒体。但并不是所有新出现的媒体都可以称为新媒体。互动性是新媒体传播的本质特征。

第五节 研究思路与方法

本研究至此已基本确定了"新媒体技术影响下的媒介素养构成"这一研究主题与研究对象。它属于基础研究,其目的是进行媒介素养研究领域知识的创新,发展这一专业领域的概念,为其增添新的内容。为此,本研究确定了如下思路和方法。

一、研究思路

本研究主要包括三个递进步骤(如图1-2所示):

首先,从纵向的历史变迁和横向的系统比较中梳理现有的媒介素养理论研究框架。

其次,总结新媒体技术对媒介素养发展所提出的新要求。

再次,阐述新媒体技术环境下开展媒介素养研究的逻辑起点。

最后,在前两个步骤的基础上,基于安全理论、交互理论、学习理论、文化理论等视角建构媒介素养三维结构理论,构成部分包括媒介安全素养、媒介交互素养、媒介学习素养和媒介文化素养。

按照这一研究思路,本书共分为八章。

第一章是绪论。本章分析研究的背景,说明研究的内容和意义,界定相关核心概念,对本书的写作思路和研究方法进行说明。

第二章是媒介素养的概念流变与理论框架。本章对媒介素养的概念变化、国内外有关媒介素养构成的论述进行梳理总结,从而为分析新媒体技术影响下的媒介素养构成奠定基础。

---

① 周茂君. 新媒体概论[M]. 重庆:西南师范大学出版社,2019:3.

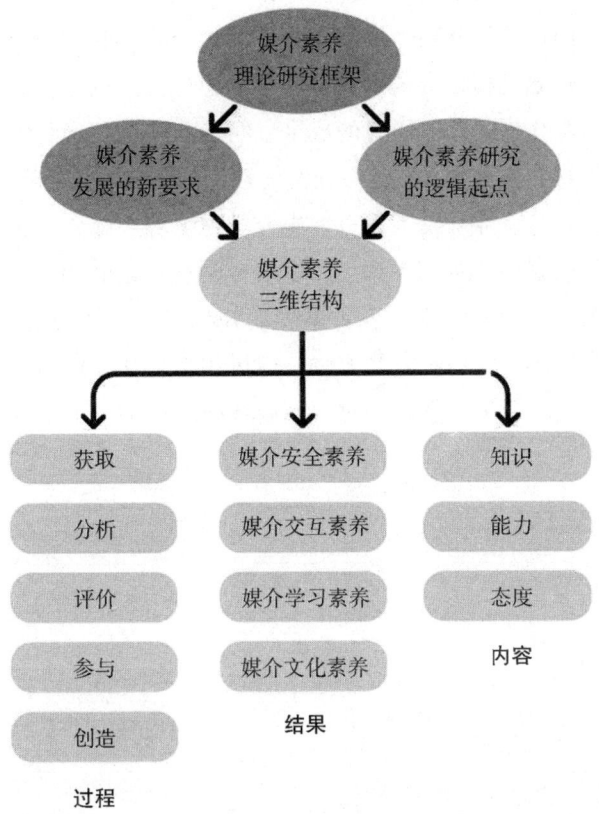

图 1-2 研究思路

第三章是新媒体时代的媒介素养重塑。本章将对新媒体技术的发展历程、特征及其对日常生活的拓展与重塑进行总结，进而探讨新媒体技术时代公民媒介素养的需求。在此基础上，从"媒介素养研究的逻辑起点"入手，对本书提出的"媒介素养三维结构理论"进行整体说明。

从第四章到第七章，是媒介素养三维结构中四大构成要素——媒介安全素养、媒介交互素养、媒介学习素养、媒介文化素养的详细说明。各章以相关理论为指导，对该素养存在的必要性及其构成内容进行了深入探讨。

第八章是总结与展望。本章对媒介素养三维结构理论的主要观点与特征进行了总结，并对下一步的研究进行了展望。

二、研究方法

按照以上确定的研究内容，本研究将综合教育学、传播学、社会学的研究方式，根据研究对象不同采用相对适宜的研究方法：

在媒介素养的理论研究和新媒体背景下的媒介素养构成研究方面，主要采用文献研究和比较研究相结合的研究方法。即通过文献的分析、梳理以及比较研究，总结当前媒介素养理论研究的成果、经验和不足，进而形成本书"新媒体技术影响下的媒介素养构成"这一研究的理论框架和研究基础。

在媒介安全素养、媒介交互素养、媒介学习素养、媒介文化素养等构成的分析上，主要采取案例分析的方法。即以教育学有关素养的研究为主线，通过文献和案例的收集和整理，探讨各类素养的知识、能力和态度三方面的构成。此外，在研究中运用跨学科研究的方法，即运用教育学、传播学、社会学等多学科的理论、方法和成果从整体上对"新媒体技术影响下的媒介素养构成"进行综合分析。

第二章

媒介素养的概念流变与理论框架

要探讨新媒体技术对媒介素养产生了怎样的影响，首先要了解在媒介素养发展的近百年历程中，其内涵发生了怎样的变化，理论框架做出了怎样的调整。本章将对媒体技术的发展进行简要梳理，并在此基础上深入探讨媒介素养内涵的变化历程。从多媒体技术、数字技术、信息技术、通信技术、网络技术、Web 2.0技术、数字媒体技术、自媒体到社交媒体，从信息素养、计算机素养、数字素养、视觉素养、网络素养到新媒介素养，媒体技术的发展和素养相关概念的变迁，已经充分反映出技术的发展对人们素养提出的要求。其中对"媒介素养"的界定及其理论框架，虽然各不相同，但大致可分为"基于能力的"和"基于过程的"两种类型。

第一节 媒介素养的概念流变

越来越多新媒体技术的出现与运用，不但改变了社会的组织结构，而且使得人类意识形态中的社会结构正以数字化形式展示出来。虚拟社会作为一种新的社会存在与传播方式，深刻地改变了人们的生存方式和思维方式。更重要的是，新媒体技术对人的素养也提出了新要求。传统的素养只是限于使用语言文字的能力。从20世纪70年代的信息素养（Information Literacy），到80年代的计算机素养（Computer Literacy），再到塞维（Cervi）等人概括的数字素养

(Digital Literacy)、新媒介素养（New Media Literacy）① 等，充分反映出了媒介技术发展对人们素养提出的、不断变化的要求。

一、信息素养

"信息素养"（Information Literacy）这一概念的产生，始于信息检索技能演变。其本质是全球信息化需要人们具备的一种基本能力，它涉及信息的意识、信息的能力和信息的应用。"信息素养"一词最早由美国信息产业协会主席保罗·泽考斯基（Paul Zurkowski）于 1974 年提出："信息素养就是利用大量的信息工具及主要信息资源使问题得到解答的技术和技能。"②

此后，众多学者从各个角度对信息素养的内涵进行了分析。美国信息学家福雷斯特·伍迪·霍顿（Forest W. Horton）将信息素养与计算机和网络联系起来。他于 1983 年向教育部门提出开设信息素养课程的建议，以提高人们对电子邮件、数据分析以及图书馆网络的使用能力。帕特里亚·布里维克（Patrieia Breivik）1987 年提出的信息素养概念则显然具有信息学的视角，他将信息素养概括为一种了解提供信息的系统，并能鉴别信息的价值，选择获取信息的最佳渠道，掌握获取和存储信息的基本技能。美国图书馆协会（American Library Association，简称 ALA）下属的"信息素养总统委员会"于 1989 年给信息素养下的定义本来是图书情报的学科视角，却因为符合社会的需求，很快扩展到了教育界乃至社会各界："要成为一个具有信息素养的人，他必须能够确定何时需要信息，并已具有进行检索、评价和有效使用信息的能力。"道伊尔（Doyle）于 1992 年在《信息素养全美论坛的终结报告》中给信息素养下的定义，使得信息素养的内涵更加具体了："一个具有信息素养的人，他能够认识到精确的和完整的信息是做出合理决策的基础，确定对信息的需求，形成基于信息需求的问题，确定潜在的信息源，制定成功的检索方式，从包括基于计算机的和其他的信息源获取信息、评价信息，组织信息用于实际的应用，将新信息与原有的知识体系进行融合以及在批判思考和问题解决的过程中使用信息。"美国图书馆协会（ALA）、美国教育传播与技术协会（Association for Educational Communications

---

① CERVI L M P, PAREDES O, TORNERO J. Current trends of media literacy in Europe: An overview [J]. International Journal of Digital Literacy and Digital Competence, 2010, 1 (4): 1-9.

② ZURKOWSKI PG. The Information Environment: Relationships and Priorities [M]. Washington: National Commission on Libraries and Information Science, 1974: 12.

and Technology，简称 AECT）在其 1998 年出版的《信息力量：创建学习的伙伴》中，从信息技术、独立学习和社会责任三方面，更进一步扩展和丰富了信息素养的内涵和外延，制定了学生学习的九大信息素养标准：能够有效地和高效地获取信息；能够熟练地、批判性地评价信息；能够精确地、创造性地使用信息；能探求与个人兴趣有关的信息；能欣赏作品和其他对信息进行创造性表达的内容；能力争在信息查询和知识创新中做得最好；能认识信息对民主化社会的重要性；能履行与信息和信息技术相关的符合伦理道德的行为规范；能积极参与活动来探求和创建信息。①

国内学者也对信息素养进行了总结。比较有代表性的观念有"三层次说"（技术层面的信息技能、知识层面的文化素养与意识层面的信息意识）②、"八大能力说"（运用信息工具、获取信息、处理信息、生成信息、创造信息、发挥信息的效益、协作信息与信息免疫）③、"四方面说"（信息意识、信息知识、信息能力和信息道德）等。

媒介素养与信息素养二者既有区别，又随着新媒体技术的不断发展实现了融合（详见"七、媒介信息素养"）。二者的区别在于：（1）概念的起源层面不同。"信息素养"概念从图书检索技能发展和演变而来，媒介素养则起源于英国 20 世纪 30 年代，旨在对抗大众传媒提供的流行文化的"低水平满足"，从而更好地保护本国的传统文化理念和价值观，之后逐渐发展成提高媒介受众批判性认识、吸纳媒介信息与创造媒介信息的终身教育。（2）内涵的变迁过程不同。多年来，信息素养研究渐渐地淡化科技能力的工具性色彩，转而强化了信息寻找、获取、利用以及提高解决问题的能力，并朝着信息文化的多重建构方向演化。媒介素养研究则从原先对意识形态或文化层面的关注，转向了以技术为切入点的做法。（3）培养的实施方式不同。信息素养教育的发展较为单纯，基本上经历了从计算机教育到信息技术教育的过程，而世界各国的媒介素养教育却几乎没有一个统一的规律和样式。④

---

① 刁生富. 论信息素养及其培养 [J]. 自然辩证法研究, 2002 (11): 77-80.
② 钟伟. 学与教的新坐标: 信息素养 [N]. 中国教育报, 2001-03-01 (3).
③ 钟志贤. 信息素养: 培养你八大能力 [N]. 中国教育报, 2001-03-01 (3).
④ 王帆, 张舒予. 从教育视角解析媒介素养与信息素养 [J]. 电化教育研究, 2007 (3): 35-39.

二、计算机素养

20世纪70年代，国外提出了"计算机素养"（Computer Literacy）的概念。1972年，安德鲁·莫尔纳（Andrew Molnar）担任美国国家科学基金会计算活动办公室（the Office of Computing Activities at the National Science Foundation）主任时，就使用了"计算机素养"这一术语①。1984年，劳埃德（Loyd）和格雷萨尔（Gressard）则主要从花在计算机上的时间、计算机的所有权和计算机相关课程的数量来衡量计算机素养水平。美国北肯塔基大学学者的定义是"对于已获得知识和经验的大学生及老师在其学科领域内必须具有熟练地和有效地使用计算机的能力"②。1996年，美国教育部在其撰写的报告《让美国学生为21世纪做好准备：迎接技术素养挑战》（Getting America's Student Ready for the 21st Century: Meeting the Technology Literacy Challenge）中，将计算机素养定义为"利用计算机技术提供的强大学习机会来增加学术科目的学习和提高学生的技能的技术素养"。米特拉（Mitra）对计算机素养关注的重点在于"过去获得的计算机知识量和计算机使用时间"等。米特拉将基本的计算机素养定义为具体的五个方面的能力：（1）打开电脑。（2）使用程序创建指定的图片。（3）使用文件夹、快捷方式、剪切和粘贴、拖放、复制和删除方法移动对象。（4）从一个网页移到另一个网页。（5）通过预先配置的个人电脑发送和接收电子邮件。③ 同样，科贝尔（Corbel）和格鲁芭（Gruba）也将计算机素养和能力具体化。例如，在他们看来，在计算机知识和技能的基本层次上，学生需要知道的是：①如何使用鼠标和键盘；②如何打开和关闭程序；③如何使用应用程序（如Microsoft Office）中的基本命令和菜单；④如何保存、复制、打印和打开文件；⑤如何有效地浏览Internet；⑥操作基于Web的电子邮件账户等。④

1983年，霍顿（Horton）将信息素养与计算机素养进行了对比："信息素养是个人或企业对于'知识爆炸'不断提升的觉醒，以及对机器辅助处理系

---

① ASPRAY W. Interview with Andrew Molnar. Charles Babbage Institute, University of Minnesota. 转引自：王静丽. CALL环境下大学生计算机使用频率和计算机素养的关系及二者性别差异的研究[D]. 重庆：重庆大学，2011.
② GILSTER P. Digital literacy[M]. New York：John Wiley & Sons Inc, 1997：1-12.
③ MITRA A. Categories of Computer Use and Their Relationship with Attitudes toward Computers[J]. Journal of Research on Computing in Education, 1998, 30 (3)：281-295.
④ CORBEL C, GRUBA P. Teaching computer literacy[M]. Sydney, Australia：NCELTR, 2004：13-20.

(Machine-aided Handling System）如何帮助识别、访问和获取需要的数据、文档和文献以解决问题和进行决策的认识，而计算机素养则是泛指对于机器能力的理解"①，或者说，是指一个人必须具备的计算机知识和技能以及能够使用计算机及相关软件方面的能力。

三、数字素养

"数字素养"（Digital Literacy）这一概念是随着数字时代的到来而被提出的。数字技术的广泛运用，极大地改变了人们工作、学习、交流、获取信息及娱乐的方式。早在20世纪末，尼葛洛庞帝出版的《数字化生存》一书，就深入分析了数字技术对人类发展的巨大推动力以及对人类社会的巨大塑造力。此后，世界各国纷纷将国民的数字能力发展视为未来全球新经济竞争中的重要因素，把数字能力发展置于关乎国家经济发展命脉的战略高度，希望通过教育教学系统变革，鼓励发展国民数字能力，以确保未来能够积极参与社会和经济发展。

"数字素养"的概念框架最早是1994年由以色列学者埃谢特-阿尔卡来（Eshet-Alkalai）提出的。埃谢特-阿尔卡来将数字素养划分为图片-图像素养、再创造素养、分支素养、信息素养和社会-情感素养等。其中，"图片-图像素养"指的是学会理解视觉图形信息的能力；"再创造素养"指的是创造性"复制"的能力，也就是说，通过整合各种媒体（文本、图像和声音）的现有的、相互独立的信息，赋予新的意义，从而培养能进行合成和多维思考的能力；"分支素养"指的是驾驭超媒体素养技能；"信息素养"指的是辨别信息适用性的能力；"社会-情感素养"则是最高级、最复杂的素养，它指的是以数字化的交流形式进行情感交流、识别虚拟空间里各式各样的人、避免掉进互联网上的陷阱的能力。②

埃谢特-阿尔卡来认为，数字素养是数字时代的生存技能，是关乎全民基本生活能力、具有整合性以及跨学科特点的重要技能。③ 他提出的理论框架被认为是数字素养最全面的模式之一，也被《远程教育百科全书》列入数字学习的主要模式。④

---

① HUNTER B. My Student Use Computer [M]. Reston, Virginia: Reston Publication, 1993: 35.
② 肖俊洪. 数字素养 [J]. 中国远程教育, 2006 (5): 32-33.
③ ESHET-ALKALAI Y. Digital Literacy: A Conceptual Framework for Survival Skills in the Digital Era [J]. Journal of Educational Multimedia and Hypermedia, 2004, 13 (1): 93-106.
④ 肖俊洪. 数字素养 [J]. 中国远程教育, 2006 (5): 32-33.

国内外还有一些机构和学者对"数字素养"提出了规划和设计。作为数字能力倡导的先行者，欧盟委员会于2011年发布的《映射数字能力：迈向一种概念性理解》技术报告，系统回顾和阐释了与数字技能相关的概念和理解，并首次为21世纪的数字技能的理解提供了一种全面的方法和建议；21世纪技能联盟（Partnership for 21st Century Skills）提出的"面向21世纪的学习框架"，定义了新时期工作者解决问题必备的几种基本能力，其中尤其突出强调"信息、媒体及技术能力"[1]；美国北中地区教育实验室（NCREL）也针对21世纪的学习者，提出了21世纪技能框架，包括"数字时代的素养"等四个层面[2]；麦基（Mackey）的定义是"检索获取网络资源，并加以应用的能力"；[3]琼斯·卡瓦利耶（Jones Kavalier）的定义是"阅读和理解媒体资源，通过处理、评价和利用数字资源获得新知识的能力"。[4]

四、视觉素养

"视觉素养"（Visual Literacy）的提出与视觉图像的不断增长密不可分。早在20世纪30年代，德国哲学家马丁·海德格尔就认为，一个"世界图像时代"正在降临，"世界被构想和把握为图像"。[5]确实如海德格尔所认识的那样，整个世界正在逐渐变成一个视觉世界，到处充斥着电影、电视、广告、画报、卡通等各类典型视觉样式。无论是大街上琳琅满目的各类商品、各色广告，还是电影院门口的宣传海报、报刊亭陈列出的各类报纸、杂志和畅销书，甚至是当今时代不断产生的影视特技、新媒体艺术、虚拟现实、增强现实等技术呈现的精彩纷呈的各种画面，尽显无穷的视觉魅力。

随着"图像的转向"和景象社会的出现，文化领域出现了一个新的"视觉文化"现象。人们利用视觉图像进行交流的机会越来越多，有关视觉素养的研

---

[1] PARTNERSHIP FOR 21ST CENTURY LEARNING. A framework for 21st Century Learning [EB/OL]. Battelle for kids, 2013-01-26.
[2] NCREL, METIRI GROUP. Engauge 21st century skills: Literacy in the digital age [M]. Naperville, IL and Los Angeles, CA: NCREL and Metiri, 2003: 1-8.
[3] MACKEY T P, JACOBSON T E. Reframing Information Literay as a Metalciteracy [J]. College & Research Libraries, 2011, 72 (1): 62-78.
[4] JONES-KAVALIER B R, FLANNIGANS S L. Connecting the Digital Dots: Literacy of the 21st Century [J]. Educause Quarterly, 2006 (2): 8-10.
[5] HEIDEGGER M. The Age of the World Picture [M] //HEIDEGGER M, The Question Concerning Technology. New York: Harper and Row, 1977: 115-154.

究也逐渐兴起，国外还成立了研究视觉素养的专门组织——国际视觉素养协会（International Visual Literacy Association，简称 IVLA）。自 1969 年第一届国际视觉素养大会召开以来，众多学者对于视觉素养的内涵进行了探讨。虽然学者们对视觉素养内涵的认识不尽相同，但大多集中在"视觉解读能力"和"视觉表达能力"两个方面[①]。如戴伯斯（Debes）认为视觉素养是"一个人通过看与此同时产生其他感觉，并将看与其他感觉经验整合起来的一类视觉能力"。这些能力对人类正常学习来说是至关重要的。具有视觉素养的人，能区分和解释视觉行动、视觉物体以及自然的或人造的视觉符号。通过创造性地运用视觉素养，人们就能够理解和享受视觉交流的杰作。[②] 平克尔（Pinkel）从视觉的基本要素出发，把视觉素养定义为"通过视觉基本要素理解形象的意义和成分的能力"[③]。格林威（Greenaway）也认为视觉素养是通过视觉分析技能和视觉创作技能来应用视觉思维，并突出了视觉思维在视觉要素中的核心作用。[④] 克里斯托弗森（Christopherson）认为一个具有视觉素养的人应该具备解释、理解和领会视觉信息的含义、通过运用视觉设计的基本原则和概念使交流更有效、运用计算机和其他技术制作视觉信息、运用视觉思维形成问题解决的方法等方面的技能。[⑤] 罗伯特·布朗奇（Robert Branch）等通过对视觉素养杂志上的相关作者、参加国际视觉素养协会（IVLA）年会的部分作者、撰写过有关视觉素养著作的作者、出席有关视觉素养专业会议的学者等进行的调查，提出了"通过解释和撰写视觉信息而获得的一种能力"的定义。也就是说，一个具有视觉素养的人能够敏锐地区分视觉信息，并赋予其意义；在特定的时空里高效地创造静

---

① 张舒予，朱静秋. 信息技术支撑下的视觉素养培养（上）[J]. 电化教育研究，2005（3）：12-16.

② DEBES J. The Loom of Visual Literacy: An Overview in Williams. The Proceedings of the First National Conference on Visual Literacy. 转引自：张倩苇. 视觉素养教育：一个亟待开拓的领域 [J]. 电化教育研究，2002（3）：6-10.

③ PINKEL S. The Online Visual Literacy Project. 转引自：张倩苇. 视觉素养教育：一个亟待开拓的领域 [J]. 电化教育研究，2002（3）：6-10.

④ GREENAWAY P. The Role of Media Studies and Arts Education in Visual & Cultural Literacy. 转引自：张倩苇. 视觉素养教育：一个亟待开拓的领域 [J]. 电化教育研究，2002（3）：6-10.

⑤ CHRISTOPHERSON J. The Growing Need for Visual Literacy at the University. Proceedings of the International Visual Literacy Association 1996 Annual Meeting. 转引自：徐美仙，张学波. 多维视角里的视觉素养：内涵、视野及意义 [J]. 开放教育研究，2004（3）：31-33.

态和动态的视觉物体；理解和欣赏别人的视觉语言；在脑中想象物体。①

在现代社会分工中，教师、大众传媒从业者、城市建筑设计师、服饰产品设计师、包装用品设计师、广告影视设计师、网页设计师等很多职业都需要具备一定的视觉素养，他们所具备视觉素养的高低也深刻而广泛地影响社会的文明风貌和人们的精神状态。而在当今的读图时代，即使是普通的大众，为了适应视觉传播发达的生存环境，在具备传统文字读写能力的同时，还必须具备读图和用图的能力。从这个意义上说，视觉素养不再仅仅是艺术工作者和相关职业的专利，而是普通大众对生活中视觉信息处理能力的普遍需要。②

五、网络素养

1994年，美国学者麦克库劳（McClure）提出的"网络素养"（Network Literacy）概念包括知识和技能两个方面。③ 鲍登（Bawden）认为网络素养是人们了解、分析、评估网络和利用网络获取、创造信息的能力。④ 霍华德·莱茵戈德（Howard Rheingold）把网络素养分为五个部分，分别是集中注意力、垃圾识别、参与、协作、网络智慧。其中，"集中注意力"是指在社会化媒体和网络媒体普遍应用的背景下，人们经常要面对的多任务处理能力；"垃圾识别"实际上是人们面对海量信息时的注意力技巧和信息技术知识的结合，莱茵戈德将之称为"信息力"（Infotention），其中包括对信息可靠性的验证能力、独立思考能力和批判性思维能力等；"参与"指的是"数字参与素养"，它包含一系列的技能（说服、策展、讨论以及最为重要的自我呈现），也包含多种参与方式，比如给照片贴标签、收藏网站、编辑维基百科页面或者写博客；"协作"指的是利用万维网在发现信息、积累知识、开展科学研究、开发软件程序、利用空余的计算力研究、娱乐、解决难题、产生新闻、组织灾难救援、组建社区、设计测试商业产品等方面进行协作的能力；"网络智慧"指的是对网络特性的认识，如网络如何强化社会行为、对隐私及名誉有何影响、网络媒体的使用与思维之间

---

① BRANCH R. Defining Visual Literacy: A Delphi Study. 转引自：徐美仙，张学波. 多维视角里的视觉素养：内涵、视野及意义 [J]. 开放教育研究，2004（3）：31-33.
② 张舒予，朱静秋. 信息技术支撑下的视觉素养培养（上）[J]. 电化教育研究，2005（3）：12-16.
③ CHARLES R M. Network Literacy: A Role for Libraries? [J]. Information Technology and Libraries, 1997, 13 (2): 115-125.
④ BAWDEN D. Information and digital literacies: a review of concepts [J]. Journal of Documentation, 2001, 57 (2), 218-259.

的关系等。[1]

国内大多研究者把网络素养当成媒介素养的组成部分。如燕荣晖认为大学生网络素养是其认识和利用网络媒介的能力，即对网络的内容与形式的识辨能力、批判能力、醒觉能力、管理能力和创制能力[2]；黄永宜也认为网络媒介素养是指人们了解、分析、评估网络媒介和利用网络媒介获取、创造信息的能力。[3] 冯华等则从受众作为"接收者、传播者、生产者"三重角色应有的能力进行构建：作为接收者，要掌握基本的网络操作技能，具备检索和处理信息的能力，明白网络的本质是虚拟与现实相结合的媒介载体；作为传播者，要有网络安全意识、正确的伦理观念；作为生产者，要有强烈的社会责任意识。[4] 也有一些研究者把网络素养当成是"个体在现代社会所必须学习和具备的一种能力"[5]。蒋宏大提出了网络媒介认知素养、网络媒介甄别素养、网络道德法律素养、网络安全素养、网络行为自我管理素养和网络发展创新素养六个方面的网络素养构成[6]；刘献春则从知识、技能及非认知因素三个层面分析网络素养。[7]

最近几年，随着我国构建和谐社会的网络信息空间、加强网络文明生态建设、网络空间治理、推进国家治理体系现代化等社会呼声的不断提高，网络素养更多以网络文明、网络伦理要求被社会各界广泛重视。因此，这些要求主要体现在：遵守互联网有关法规；掌握互联网技术的基本操作技能；合法运用各种网络技术相关硬件、软件的使用方法；知晓计算机和网络以外的其他信息技术知识，能够主动地向其他网民传播健康文明上网的理念等。

六、新媒介素养

从20世纪90年代开始，新媒体技术的飞速发展，使得新媒介素养（New Media Literacy）成为学术界关注的焦点。英国学者索妮亚·利文斯通（Sonia Livingstone）指出，媒介素养研究应进一步拓展到网络等新媒体。在美国新媒介

---

[1] 霍华德·莱茵戈德. 网络素养：数字公民、集体智慧和联网的力量 [M]. 张子凌，老卡，译. 北京：电子工业出版社，2013：279-280.
[2] 燕荣晖. 大学生网络素养教育 [J]. 江汉大学学报，2004（1）：83-85.
[3] 黄永宜. 浅论大学生的网络媒介素养教育 [J]. 新闻界，2007（3）：38-39，27.
[4] 冯华，卿志军. 新媒介环境下大学生网络素养教育的内涵 [J]. 新闻窗，2012（1）：79-80.
[5] 陈华明，杨旭明. 信息时代青少年的网络素养教育 [J]. 新闻界，2004（4）：32-33，73.
[6] 蒋宏大. 大学生网络媒介素养现状及对策研究 [J]. 中国成人教育，2007（19）：52-53.
[7] 刘献春. 浅议教师网络素养 [J]. 理论学习与探索，2006（5）：72-73.

联合会（New Media Consortium）于 2005 年发布的《全球性趋势：21 世纪素养峰会报告》（A Global Imperative：The Report of the 21st Century Literacy Summit）中，对"新媒介素养"进行了界定："由听觉、视觉以及数字素养相互重叠共同构成的一整套能力与技巧，包括对视觉、听觉力量的理解能力，对这种力量的识别与使用能力，对数字媒介的控制与转换能力，对数字内容的普遍性传播能力，以及轻易对数字内容进行再加工的能力。"① 其中强调"数字媒介""数字内容"的相关能力。美国麻省理工学院教授詹金斯（Jenkins）则概括得更加全面，这就是新媒介素养所需要的"11 大核心技能"，包括：与周围环境进行交互的能力；以即兴创作和发现为目的的采用替代性身份的表演能力；对真实世界进程进行解释与建构的模拟能力；对媒介内容进行有意义的取样与混合再加工的能力；多重任务处理能力；分布性认知能力；为了完成共同目标而与其他人共享知识或交换想法的集体智慧能力；对不同来源信息的可靠性与可信性做出评价的判断能力；跨媒介导航能力；对信息进行搜寻、合成以及传播的网络能力；辨别和尊重多元观点的能力等。

我国研究者也从不同角度对新媒介素养开展了一系列论述。一些研究者强调新媒介素养的"参与"特性，如李德刚、何玉认为，随着受众地位的转换，传统媒介素养教育所依赖的理论基础与文化背景已经逐渐削弱，传统媒介素养、媒介素养教育正在发生着有史以来最为重要的一次范式转型，即由原来"对媒介信息的批判能力"转向"新媒介交往能力"，也就是利用新媒介来进行社会交往的能力。② 宦成林也指出，以社会性、个性化和主体性为特征的 Web 2.0 构建了一个全新的生态环境，它要求用户培养以"参与素养"为核心的新媒体素养，以便融入和适应新的新媒体环境。③

还有一些研究者则强调新媒介素养的"整合"特性，对其包罗的丰富内涵进行了更为细致深入的分析，如王天德指出，在新媒体技术环境下，媒介素养丰富了新文化语境、媒介形态与传播模式中的重要内容，如信息素养、传播素养、知识素养、技术素养、交互素养等④。陈龙认为，媒介技术的全球化、跨文

---

① NEW MEDIA CONSORTIUM. A Global Imperative：The Report of the 21st Century Literacy Summit [J]. New Media Consortium，2005：32.
② 李德刚，何玉. 新媒介素养：参与式文化背景下媒介素养教育的转向 [J]. 中国广播电视学刊，2007（12）：39-40.
③ 宦成林. 21 世纪学习技能：新媒体素养初探 [J]. 中国远程教育，2009（10）：41-44.
④ 王天德. 新媒介素养的目标追求能力研究 [J]. 中国广播电视学刊，2011（2）：35-37.

化传播、市场化与媒介内容的变迁、媒介再现的浅化等问题,需要我国公众的媒介素养在媒介知识结构与媒介功能观念、人格主体重塑、能力结构等方面做出顺应时代要求的调整①;段京肃、杜骏飞也指出,随着新媒体的不断发展和数字时代的到来,需要增强跨文化传播的能力、管理和创新的能力以及成熟、理性的民主意识等。②

七、媒介信息素养

从 2010 年开始,联合国教科文组织开始提倡将信息素养与媒介素养合二为一的"媒介信息素养"(Media and Information Literacy,简称 MIL)概念。国际图书馆协会联合会(International Federation of Library Associations and Institutions,简称 IFLA)在 2011 年《媒介和信息素养建议书》中对这一复合概念的定义是:"媒介和信息素养由知识、态度以及各种技能组成,通过这些技能可以知晓何时需要何种信息;从哪里并且如何获取所需信息;发现信息时如何进行客观评价和有序组织,并且以正当的方式加以利用。这一概念突破了利用通信与信息技术来实现学习、批判性思考以及不受职业和教育背景限制的阐述。媒介和信息素养包括所有形式的信息资源:口述、印刷以及数字的。"IFLA 倡导各国在终身学习课程中嵌入媒介和信息素养教育,并将其纳入相关的官方教育政策中。

和其他"素养"概念相比,"媒介信息素养"超越了单纯的信息和传播技能,更关注对媒介信息过剩的处理能力,选择及获取媒介信息,能辨析媒介和信息内容中蕴含的积极和消极的因素,理解媒介信息提供者如图书馆、博物馆、档案馆及网站的责任及功能,积极评估信息及媒介内容,会运用媒介进行自我表达、终身学习、民主参与及和谐治理,并成长为积极的公民。这一概念侧重促进受众对信息和媒介的批判性理解以及提高信息和媒介在日常生活和社会中的地位,提供了融合媒介素养和信息素养的理论和实践路径,超越了单个概念的内涵。2013 年 6 月,多哈媒体自由中心(Doha Centre for Media Freedom)在发布的有关中东地区媒介素养教育的《多哈宣言》中指出,与"媒介素养"强调言论自由和"信息素养"强调信息的近用(access to information, data, knowledge and wisdom)不同,"媒介信息素养"的目标是培养合格公民,因此它侧重的是对于信息和媒介内容的研究。

---

① 陈龙. 媒介全球化与公众媒介素养结构的调整 [J]. 现代传播,2004(4):26-29.
② 段京肃,杜骏飞. 媒介素养导论 [M]. 福州:福建人民出版社,2007:45.

联合国教科文组织于 2012 年出版的《媒介信息素养课程方案（教师用）》提出了有关媒介信息素养教育的 9 个核心模块，涵盖了公民权、言论自由和信息自由、信息近用、民主话语、终身学习、理解新闻、媒介和信息伦理、媒介和信息表达、媒介和信息语言、广告、新媒体与传统媒体、互联网的机会和挑战、图书馆信息素养和技能、大众传播、MIL 和学习等主题；非核心模块包含了受众、媒体和技术、全球化、数字编辑、摄影和广告等内容。该课程方案中的"媒介信息素养"，包含了计算机素养、数字素养、信息素养、网络素养、图书馆素养、媒介素养、新闻素养、游戏素养、影视素养、广告素养，是一个全新的整合概念，媒介素养和信息素养是主要核心。

可以看出，媒介信息素养融合了媒介素养与信息素养二者的特性，注重信息的文化和社会意义，不仅包含信息的获取、评价、使用、态度，也包括媒介传播关系、媒介语言及其创造性运用、传播和媒介中的伦理和价值观、媒介传播安全、传播和媒介中的法律、经济属性等内容。此外，媒介信息素养重视受众自身的能动性——促进 UGC（用户生成内容），目标是使人们去获取、评价、利用、创造和生产信息和媒介内容，参与社会治理，并最终改善人们的生活。总之，这一概念具有很强的人文性和社会性，具有包容性和全局性的宏观视野。

八、数据素养

"数据素养"（Data Literacy）这一概念较早出现于图书馆研究领域。随着数据密集型科研范式的日益兴起，数据管理服务成为图书馆发展新的增长点及核心竞争力之一。美国新媒体联盟《地平线报告（2015 图书馆版）》指出："数字数据管理的发展将最终促进更为准确的主题搜索结果和引用，以及帮助用户更为有效地管理和展示相关资源。"①

虽然早在 2004 年谢尔德（Shields）发表的《信息素养、统计素养和数据素养》(*Information literacy, statistical literacy, data literacy*)② 一文中就明确提出了"数据素养"这一概念，但学术界对数据素养的名称与定义并未形成统一认识。在名称上，有的称为"数据信息素养"（Data Information Literacy），有的则称为"科学数据素养"（Science Data Literacy），还有的称为"科研数据素养"（Re-

---

① JOHNSON L, ADAMS B S, ESTRADA V, et al. NMC Horizon Report: 2015 Library Edition [EB/OL]. The Learning and Technology Libarary, 2015-08-18.
② SHIELDS M. Information literacy, statistical literacy, data literacy [J]. IASSIST Quarterly, 2004, 28 (2/3): 6-11.

search Data Literacy）。但是，这些名称基本上呈现的是"科研数据管理"和"数据利用"两个视角。其中，"科研数据管理"重点关注的是数据生产、组织和存储等环节，"数据利用"则以信息素养为逻辑框架，关注如何利用与再利用科研数据。如加里（Gary）等人对"数据素养"下的定义是"消费知识的能力、连贯性产生和批判性思考数据的能力，包括统计素养，以及理解数据集如何处理、如何生产、如何关联各种数据集和如何阐释"①，重心在于数据的"管理"；而卡尔森（Carlson）等人认为"数据素养是理解数据的意义，包括如何正确地读取图表，从数据中得出正确的结论，以及能够指出数据被错误或不恰当使用"②，强调的是数据的"利用"。

随着大数据时代的到来，数据素养开始引起了教育技术学、新闻传播学等领域研究者的注意。在教育技术学领域，提升教师的数据智慧，被认为是大数据时代教师专业发展的新路向③；而在新闻传播学领域，基于数据新闻的快速发展，提升数据素养，也同样成为新闻专业人才培养的重要内涵。④

第二节　媒介素养的理论框架及局限

从以上有关媒介素养内涵变迁的历史分析可以看出，在不同的发展阶段，众多学者、组织机构根据各阶段的形势与相应不同的任务，提出了主题各异、方向不同的媒介素养定义，界定了极为丰富的媒介素养内涵。在这些定义与内涵的背后，实际上蕴含着这些学者、组织机构对媒介素养运动和媒介素养教育发展的理论框架。这些理论框架大体上可以分为两种类型：一类是以能力为主线，将媒介素养培养的过程串联起来；另一类则以过程为导向，将各种媒介素养包含的能力蕴藏于其中。

---

① GRAY J, BOUNEGRU L, CHAMBERS L. The data journalism handbook [EB/OL]. DataJournalism.com, 2015-09-23.
② CARLSON J, FOSMIRE M, Miller C C, et al. Determining data information literacy needs: a study of students and research faculty [J]. Portal-Libraries and the Academy, 2011, 11 (2): 629-657.
③ 许芳杰. 数据智慧：大数据时代教师专业发展新路向 [J]. 中国电化教育, 2016 (10): 18-23.
④ 许向东. 对中美数据新闻人才培养模式的比较与思考 [J]. 国际新闻界, 2016, 38 (10): 100-110.

一、基于能力的媒介素养理论框架

受以往信息素养、计算机素养等研究的影响，很多外国学者和机构对媒介素养的定义，强调的仍然是媒介使用者在使用媒介的过程中需要的不同层次的能力。如英国媒介素养教育著名学者大卫·帕金翰（David Buckingham）认为，媒介素养是使用和解读媒介信息所需要的知识、技巧和能力。在对媒介素养的界定中，帕金翰赞同有关素养的社会理论的观点，认为素养的形成依赖于它所应用的社会环境与社会目的，因此，媒介素养是儿童日常生活中的一个组成部分，它是一系列认知能力的组合。[1] 卡里·巴泽尔杰特（Cary Bazalgette）则把媒介素养看成"帮助人们学会和掌握有效使用媒介表达自己思想的能力"[2]。美国著名学者瑞妮·霍布斯（Renee Hobbs）等把媒介素养看成"以各种方式接近、分析、评价和传播信息的能力"[3]。加拿大安大略省教育部（Ontario Ministry of Education）对媒介素养的界定是"认知力和判断力"，即对大众媒体本质、媒体常用的技巧和手段以及这些技巧和手段所产生的效应的"认知力和判断力"。更确切地说，是学生理解和欣赏媒体作品的能力、了解媒体如何传输信息、媒体自身如何运作、媒体如何构架现实，以及创造媒体作品的能力。

不少国内学者也倾向于基于不同能力来构建媒介素养的理论框架。如张志安、沈国麟提出的媒介素养是指："人们对各种媒介信息的解读和批判能力，以及使用媒介信息为个人生活、社会发展所用的能力。它包括对媒介信息的获取、分析、评价、创造和参与能力。"[4] 张开也认为："媒介素养是一种能力……是培养起来的对繁杂的媒介信息的选择、理解、质疑、评估、表达、思辨性应变的能力，以及创造和制作媒介讯息的能力。"[5] 段京肃、杜骏飞在《媒介素养导论》一书中提出的数字时代的媒介素养，则强调的是分析把握问题、跨文化传

---

[1] BUCKINGHAM D. Media Education: Literacy, Learning and Contemporary Culture [M]. Cambridge: Polity Press in association with Blackwell Publishing Ltd., 2003: 36.

[2] 张开. 媒体素养教育在信息时代 [J]. 现代传播, 2003 (1): 116-118.

[3] HOBBS R. The seven great debates in the media literacy movement [J]. Journal of Communication, 1998, 48 (1): 16-32.

[4] 张志安, 沈国麟. 媒介素养：一个亟待重视的全民教育课题——对中国大陆媒介素养研究的回顾和简评 [J]. 新闻记者, 2004 (5): 11-13.

[5] 张开. 媒介素养理论框架下的受众研究新论 [J]. 现代传播（中国传媒大学学报），2018, 40 (2): 152-156.

播以及管理和创新等方面的能力①。

即使是近年来出现的新的媒介素养相关定义，对能力仍然给予程度极高的重视。如美国新媒介联合会（New Media Consortium）提出的"新媒介素养"定义，就是由"听觉、视觉以及数字素养相互重叠共同构成的一整套""能力与技巧"，而其中的能力，既包括对视觉、听觉力量的理解、识别与使用的"能力"，还包括对数字媒介内容的控制、转换、传播与再加工的"能力"等；詹金斯（Jenkins）教授的新媒介素养定义，概括的核心"技能"有11项之多。

二、基于过程的媒介素养理论框架

与基于能力的媒介素养理论框架不同，还有一些媒介素养研究学者和机构提出的媒介素养定义，虽然也不可避免地提及能力、技能等，但突出的是掌握媒介素养的"过程"。如美国媒介素养研究中心（Center for Media Literacy）将媒介素养的习得分为获取、分析、评价、创造和参与五个阶段，每个阶段涵盖具体的能力，包括人们面对不同媒体中各种信息时所表现出的信息的选择能力、理解能力、质疑能力、评估能力、创造和生产能力以及思辨的反应能力。② 美国洛杉矶媒介素养中心更是把媒介素养划分为媒介赋权于人们的三个阶段：第一阶段认识自己安排媒介"饮食"的重要性；第二阶段习得专门思辨技能，学会分析、质疑媒介信息，了解媒介信息的制作过程；第三阶段走到媒介信息的背后，挖掘深层含义。③ 白传之、闫欢也认为媒介素养"要表达的是人与媒介的互动关系和结果，人从一生下来就要掌握语言、开始读书、识字，学习各种知识与技能，以适应在客观世界（包括人和自然界）中生存的需要，并形成对世界的看法"，因此媒介素养教育内容应该是分层次、多领域构成的科学完整的体系，包括媒介的认识、媒介的理解和媒介的应用三个层次，在每个层次当中又有不同的内容。④ 吕巧平提出的媒介素养结构与之较为相似，包括媒介认知能力、媒介使用能力、媒介批判能力和媒介创造能力四个

---

① 段京肃，杜骏飞. 媒介素养导论［M］. 福州：福建人民出版社，2007：104-106.
② CENTER FOR MEDIA LITERACY. Literacy for the 21st Century：An Overview and Orientation Guide to Media Literacy Education［EB/OL］. Center for media literacy，2008-05-15.
③ KELLNER D. Media Culture［M］. NewYork：Routledge，1995：3-6.
④ 白传之，闫欢. 媒介教育论：起源、理论与应用［M］. 北京：中国传媒大学出版社，2008：110-117.

部分。这是由认知、使用、批判和创造四个环节形成的、掌握媒介素养的完整过程。①

三、现有媒介素养理论框架的局限性

在现有的媒介素养理论框架中,"能力说"强调能力本身,把媒介素养的各项能力进行分解,使得能力目标明确,易于操作。但"能力说"的缺陷是显而易见的:它混淆了素养和能力的差异。在《现代汉语词典》中,"能力"被解释为"能胜任某项任务的主观条件","素养"则是"平日的修养"。而"修养"在《现代汉语词典》中指的是"理论、知识、艺术、思想等方面的一定水平",在《大辞海》中也被解释为"在政治思想、道德品质和知识技能等方面,经过长期的学习和实践所达到的一定水平。如马克思列宁主义的修养、文学修养"。从这些工具书的解释可以看出,"能力"是指人能胜任、能完成某项工作的自身条件(应该包括心理和生理的条件),重在"功用性"。"素养"是指人通过长期的学习和实践(修习培养)在某一方面所达到的高度,包括"功用性"和"非功用性"。

相比之下,"过程说"将媒介素养的培养划分为若干个不同阶段,更能体现出对媒介素养习得过程的深入理解。由于这一理论框架对学习者的知识、能力需求等是开放的,它还便于教师在媒介素养教育的实践过程中根据新的形势、个人对媒介素养的不同理解而不断地调整。然而,在实践层面,它不但常常会无法体现出与其他素养的区别,而且对教师也提出了较高的要求。如果教师受到过较好的媒介素养培训,他们可能会在实际操作时做到灵活处理,但如果教师对媒介素养知之甚少,他们会感到无从下手。

当然,换一个角度看,更多的定义实际上是希望兼顾过程和能力。基于能力的媒介素养定义,重点是能力,其过程体现于各类能力之中;基于过程的媒介素养定义,重点是过程,其能力蕴藏于完整过程之中。如加拿大著名媒介素养教育专家安德森(Neil Andersen)和庞吉特(John J. Pungente)主持编写的加拿大媒体素养教育全国通用教科书《审视电视》(*Scanning Television*),将媒介素养培养看成一个帮助学生读懂媒介、使用媒介的过程,一种帮助学生认清媒介特征、媒介传播技巧和媒介传播效果的手段。这个过程中就要求学生具有包

---

① 吕巧平. 媒介化生存——中国青年媒体素质研究 [M]. 北京:中国传媒大学出版社,2007:21.

括创作媒介作品在内的各种能力。① 美国著名学者詹姆斯·波特（W. James Port）将媒介素养从简单的技能拓展为完备的知识结构体系，旨在增强对媒介和媒介信息的理解能力，加强对解构媒介信息全过程的控制力，最终达到提高欣赏媒介制品的水平和审美能力。② 陈德昌（Chen Der-chang）等人提出的新媒介素养理论框架，就是由过程和能力组成的四个象限体。其中，横坐标是"消费"（consuming）和"产消合一"（prosuming），以区分处理文本和电子等不同形式的媒介内容的"能力"；纵坐标则是"功能的"（functional）到"批判的"（critical），以区分不同"过程"的媒介素养学习活动（理解、分析、评价）。国际图联（IFLA）倡导的"媒介信息素养"教育，也是建议各国在终身学习的"课程"中嵌入媒介和信息素养教育。"媒介信息素养"（MIL）概念，超越了单纯的信息和传播技能，通过运用媒介进行自我表达、终身学习、民主参与及和谐治理等漫长的媒介素养培养过程，使普通民众成长为积极的公民。更重要的是，这一概念超越了单个概念的内涵，提供了融合媒介素养和信息素养的理论和实践路径。虽然这样的媒介素养理论框架还略显简单，但它对人们快速理解媒介素养，特别是理解新媒介素养、媒介素养、数字素养等内涵很有帮助。

---

① ANDERSON N, PUNGENTE J. Scanning Television [M]. Canda：Harcourt Brace & Company，2000：115.
② JAMES W P. Media Literacy [M]. Sage Publishion，2001：21.

第三章

媒介素养三维结构理论：
新媒体时代的媒介素养重构

上一章对媒介素养内涵的变迁进行了简要回顾，总结了现有媒介素养理论框架的特点与局限性。其中，基于"能力"的理论框架便于一线教学人员操作，但也容易让人对能力和素养的理解出现偏差；基于"过程"的理论框架有利于学习者对媒介素养习得过程的理解，但对教师的要求较高。这些媒介素养理论框架、研究成果，为本书媒介素养三维结构理论的确立奠定了基础。本章将从确定媒介素养研究的逻辑起点入手，对新媒体技术的发展历程、特征及其日常生活的拓展与重塑进行深入分析，并在此基础上总结新媒体技术时代对媒介素养的需求。根据这些需求，进一步构建媒介素养三维结构理论。

第一节 媒介素养研究的逻辑起点

本书探讨的核心问题是"新媒体技术影响下的媒介素养构成"。要回答这个问题，首先需要分析一个本原性的问题：媒介素养研究的基本问题是什么？只有在研究的基本问题上达成共识，我们在分析新媒体技术如何改变社会生活时才会找到比较类似的视角。而这共同的视角，恰恰是本书核心理论——媒介素养三维结构的重要基础。回答了媒介素养研究的本原性问题后，就可以分析新媒体的发展对人类社会生活所造成的影响，进而探讨对人们的媒介素养所带来的挑战。

从20世纪30年代英国学者利维斯（F. R. Leavis）等人最早发出媒介素养教育的号召，到1999年我国学者开始关注媒介素养，再到如今媒介素养的相关话题得到越来越多人的关注，几十年来这一研究取得了不小的进展。随着研究的逐渐深入，我国学术界出现了建立媒介素养学科的呼声。学科建设的标准，既包括具有特定的研究对象、相对独立的知识体系、特定术语和专业语言、科学的研究方法以及相应的研究机构、学术部门、专业协会，但更为重要的是理论体系是否完整与严密。① 而这与其逻辑起点的确定有着十分密切的关系。

逻辑起点，即逻辑始项、逻辑开端，有时也被称为逻辑出发点，是指一门科学或学科结构的起始范畴。一般来说，在确定逻辑起点时，通常会以黑格尔提出的质的规定性为标准：逻辑起点应是最简单、最基本的范畴；逻辑起点应揭示对象的最本质规定，以此作为整个学科体系赖以建立的基础，而理论体系的全部发展都包含在这个萌芽中；逻辑起点应与对象在历史上的最初的东西相符合，即逻辑起点应与历史起点相同。② 按照这样的确定标准进行推理，不难发现，"媒介对人的影响"是媒介素养研究的逻辑起点。

一、"媒介对人的影响"是媒介素养理论体系中最简单、最基本的范畴

在黑格尔看来，作为"开端"的逻辑起点是"不以任何东西为前提""不以任何东西为中介"的。理论体系的推演过程，就是不断地丰富"开端"的过程。③ 因此，逻辑起点应该是一个理论体系中最简单、最基本的范畴。

"媒介对人的影响"，正是媒介素养理论体系中最简单、最基本的起始范畴。之所以说它最简单，是因为它可以用来说明媒介素养理论体系中的其他概念、范畴，如"媒介批判能力""媒介素养理念"等，而其本身却是不需要说明的，就像"数学上不证自明的公理一样"。④

之所以说"媒介对人的影响"是最基本的范畴，首先是因为它是媒介素养研究活动中最常见的现象。从媒介素养诞生之日起，围绕着"媒介对人的影响"这一基本范畴，文化学者、传播学者、教育专家等进行了众多的论述，相应的教育和研究实践活动也不断开展。可以说，它是人们探讨得最多的问题。其次，

---

① 张开. 媒介素养学科建立刍议 [J]. 现代传播（中国传媒大学学报），2016，38（1）：143-146.
② 瞿葆奎，郑金洲. 教育学逻辑起点：昨天的观点与今天的认识（一）[J]. 上海教育科研，1998（3）：2-9.
③ 何菊玲. 教育学逻辑起点研究之质疑——兼谈教育学理论体系的发展 [J]. 华中师范大学学报（人文社会科学版），2007（6）：119-124.
④ 瞿葆奎，郑金洲. 教育学逻辑起点：昨天的观点与今天的认识（二）[J]. 上海教育科研，1998（4）：15-20，6.

它是媒介素养理论体系中必不可少的一个范畴。尽管众多学者提出了不同的媒介素养定义，毋庸置疑，媒介素养是在大众传媒时代，针对"多种媒介对人的影响"而提出的一种思想和方法。它以培养人的媒介素养为核心，使人们具备正确使用媒介和有效利用媒介的能力。① 最后，在媒介素养理论体系中，"媒介对人的影响"是不以其他范畴为前提和根据的。从"媒介对人的影响"这一概念推演开来，就会逐步派生出"媒介素养的内涵""媒介素养研究理念""媒介素养研究范式"等范畴，并由众多概念、范畴构成一个系统结构，最终形成完整的媒介素养理论体系。此外，"媒介对人的影响"这一范畴具有渗透性和扩展性。对这一问题的回答，不但使媒介素养形成了一个逻辑严密的系统，而且会不断促使媒介素养理论体系产生新的概念、新的范畴，从而对媒介素养的发展产生巨大的作用。

二、"媒介对人的影响"揭示了媒介素养的最本质规定

逻辑起点应该揭示对象的最本质规定，以此作为整个体系赖以建立起来的根据、基础，而科学理论体系的"全部发展都包括在这个萌芽中"。概念的逻辑推演和展开，就是把内蕴于开端中的内容充分展示发展起来。黑格尔认为，逻辑学的范畴体系应以"纯有"为开端，按照"存在"—"本质"—"概念"的次序排列。西方哲学、物理学、马克思的《资本论》的逻辑体系都是以这样的次序形成的。这样的次序，与列宁所强调的"在逻辑上思想史应当与思维规律相一致"这一重要原则的含义是相同的。② 按照这个原则，一个理论体系的安排也应当与人类认识中概念、范畴的推演过程相一致，即从"存在"到"本质"再到"概念"的次序。

媒介素养理论体系的形成，也应当遵循"存在"—"本质"—"概念"这个基本次序和原则，即以"媒介素养存在"范畴为开端，进到"媒介素养本质"范畴，再到"媒介素养概念"范畴。这样的顺序，与人们对媒介素养的认识过程相一致。人们从各种"媒介素养存在"入手，并从中抽象出一般，然后上升到理性认识，最后逐步把握媒介素养的本质、规律、目的等。

"媒介对人的影响"不仅标志着媒介素养的"存在"，而且揭示了媒介素养

---

① 张开. 媒体素养教育在信息时代 [J]. 现代传播，2003（1）：116-118.
② 郭元祥. 教育学逻辑起点研究的若干问题思考——兼与有关同志商榷 [J]. 教育研究，1995（9）：30-34.

的最本质规定。对媒介素养而言，"媒介对人的影响"是最原初的、最本原的，它是第一性的，是整个媒介素养理论体系赖以建立起来的根据和基础，整个媒介素养理论体系的"全部发展都包括在这个萌芽中"。媒介素养的本质、理念、内容与方法、媒介素养与媒介文化等其他范畴，都从"媒介对人的影响"派生出来，由此形成一个逻辑严密的"问题系统"。与此同时，"媒介对人的影响"还具有永恒的意义。"任何一种新发明的技术都是新的媒介，都是人的肢体或中枢神经系统的延伸，都将反过来影响人的生活、思维和历史进程。"① 近年来，网络、手机、动漫、游戏等新媒体的日益普及带来了众多的社会问题。这些问题"不仅妨碍了网络社会中大部分或一部分网络行为者的正常的社会生活轨迹和秩序，而且对整个网络社会生活造成了较大的影响，并在一定程度上影响了网络社会正向变迁过程的形成"②，因此亟待从事媒介素养实践的人们做出回答。可以预见，随着新媒介的不断出现，"媒介对人的影响"会表现出不同的形式，媒介素养也会面对更多的新问题。

三、"媒介对人的影响"：逻辑起点与历史起点的统一

历史和逻辑的统一，理论地再现历史，这是建立一门科学或学科理论结构体系的一个根本原则，正如黑格尔所说，"在科学上最初的东西，也一定是历史上最初的东西"。③

"媒介对人的影响"正是这样一个媒介素养"历史上最初的东西"。媒介素养教育是因为反思"媒介对人的影响"而产生，并始终围绕着"媒介对人的影响"这一核心而展开。

早在20世纪20年代，英国学者就致力于媒介影响研究。由于电影的普及带来的流行文化，及其所传播的审美情趣与传统文化多有冲突，其价值观念也往往与学校正统教育相悖离，而年轻人天性敏感，可塑性强，容易受到媒介产品的影响。因此，教育家或文学批评家们从"保护主义"的角度出发，对媒介素养教育活动采取了一种批判模式，即反对大众传媒及其所传播的大众文化，

---

① 马歇尔·麦克卢汉.理解媒介：论人的延伸[M].何道宽，译.北京：商务印书馆，2000：10.
② 冯鹏志."数字化乐园"中的"阴影"：网络社会问题的面相与特征[J].自然辩证法通讯，1999（5）：35-44.
③ 瞿葆奎，郑金洲.教育学逻辑起点：昨天的观点与今天的认识（二）[J].上海教育科研，1998（4）：15-20，6.

避免年轻人受到强大、有害的大众传媒内容的不良影响。教师在课堂上只是讲授很少的媒介内容，其最终目的是保护。正如著名学者莱恩·马斯特曼（Len Masterman）所说，这种媒介素养教育事实上是一种排斥媒介的教育。由于其在本质上把媒介几乎视同为一种疾病，认为学生接受媒介教育就像打预防针进行免疫一样，因此这一模式被形象地称为"免疫模式"。①

20世纪60年代，在教育民主化的背景下，世界媒介素养教育的观点发生了根本转变，即由排斥媒介转为培养学生对媒介内容的辨别能力。例如，1963年英联邦政府的《纽塞姆报告》（Newsom Report）就提出，虽然媒介倡导的价值观念与学校教育不符，但是大众传媒仍然可以提供教育材料或作为一种教育方式，电视和电影的价值需要认真研究。这份报告还强调，流行文化和媒介产品等教学内容可以在中学广泛而且系统地教授，电影电视可以作为文学课程的补充。②可以看出，这份报告开始认识到媒介的正面影响，肯定了媒介在学生生活中的地位。60年代末，加拿大的一些教育工作者注意到了在电视媒介环境中成长起来的儿童，在认知取向、价值观及行为等方面与以往的学龄儿童存在差异，并逐渐认识到帮助学生正确及有效地使用影视语言作为新的教育沟通方式的重要性。他们开始在部分学校开设影视教育课，实施"屏幕教育"。③ 这一时期，美国、法国、日本、澳大利亚等国的媒介素养教育都不约而同地认识到了电视、电影等媒介的正面影响，把媒介素养教育的重点放在了培养学生的"批判性观看技巧"上。与前一阶段不同的是，更多教师在课堂上经常使用大众传媒资料，而且更强调传媒在教育中的积极作用。例如，有学者强调"媒介素养教育的基础是丰富、鼓励，而不是批评和限制"。④

20世纪90年代以来，世界媒介素养教育进入多元化发展时期。如法国将媒介素养教育的内涵上升为公民教育；日本把媒介素养教育作为"信息化教育"的一部分，与终身学习相关联；⑤ 英国的媒介素养教育则脱离了原先的保护主义的思路，进入"超越保护主义"的发展阶段。这一方面是由于众多教育界人

---

① 党芳莉. 20世纪英国媒介素养教育的理论发展和实践 [J]. 海南师范学院学报（社会科学版），2006（3）：144-147.
② Ministry of Education. Half our Future：The Newsom Report [R]. London：Ministry of Education, 1963：10.
③ 张艳秋. 加拿大媒介素养教育透析 [J]. 现代传播，2004（3）：90-92.
④ 党芳莉. 20世纪英国媒介素养教育的理论发展和实践 [J]. 海南师范学院学报（社会科学版），2006（3）：144-147.
⑤ 王帆. 论全球媒介素养教育的发展进程 [J]. 教育评论，2010（1）：162-165.

士进一步认识到媒介的正面影响、作用和地位，如媒介内容往往更贴近日常生活，因而更能有效地激发学生的参与热情及学习兴趣；另一方面，则是因为人们越来越注意到，学生在成为媒介素养教育对象之前，已积累了有关媒体的认知体验。根据最新的受众研究结果，那种认为孩子是媒介效果被动的受害者的观点已经受到有力挑战。实际上，孩子是比我们原来想象的更成熟、更具评价能力的受众。他们至少比许多媒介素养教育工作者原有的估计更复杂、更具批判性。[①] 这些有关人们在面对媒介影响时具有主动性、批判性等深刻认识的形成，是媒介素养教育发展过程中的一次飞跃。

可以看出，媒介素养教育的发展史始终是围绕着一个范畴展开的，这个范畴就是"媒介对人的影响"。最初的"免疫模式"与媒介传播效果的"魔弹论"密切相关，即年轻人"很容易受到媒介产品的影响"，应该接受媒介素养教育以避免受污染。20世纪60年代的媒介素养教育理念，则是媒介传播的"有限效果论"在媒介素养教育领域的直接反映，认为电影和电视对学生有积极影响，可以在学校广泛和系统教授。20世纪90年代以后的"超越保护主义"，不但对媒介的正面影响有了进一步认识，而且深刻认识到人在面对媒介影响时具有主动性和批判性。媒介素养教育的发展史提示我们，无论在哪个阶段，"媒介对人的影响"都是媒介素养教育的研究起点。人们对"媒介对人的影响"这一范畴的认识，始终是影响媒介素养教育理念、目标、内容、过程、方法或手段等最重要的因素，也是评价媒介素养教育质量和效果最重要的指标。

媒介素养在其发展过程中与媒介素养教育有着密切的关系。各国在提出媒介素养的倡议时，都同时强调要开展媒介素养教育。从这个意义上看，媒介素养教育是从教育学视角探讨"媒介对人的影响"，进而通过开展教育提升大众特别是儿童的媒介素养；而媒介素养研究更多的是从传播学视角探讨范围更全面的"媒介的影响"。其中的"影响"，除了对"人"的影响，还包括对社会、文化等的影响。因此，"媒介对人的影响"既是媒介素养教育的逻辑起点，也是媒介素养研究的逻辑起点。

---

① 大卫·帕金翰. 英国的媒介素养教育：超越保护主义 [J]. 新闻与传播研究, 2000 (2): 73-79.

第二节　新媒体技术及其对媒介素养的需求

虽然有关"新媒体"的议题一直都是学术会议和高峰论坛的热点，但严格地说，"新媒体"一词作为学术用语缺乏科学性、严谨性，有人甚至称之为"混乱的概念"。① 在对"新媒体"概念和新媒体技术发展历程进行梳理的基础上，本节将从媒介素养研究的逻辑起点开始，深入分析新媒体技术对社会生活的影响、对人的影响等，总结新媒体技术对公民媒介素养的需求，进而根据这些需求建构"媒介素养三维结构理论"。

一、新媒体：一个复杂的概念

根据已有的文献，"新媒体"（New Media）一词较早出现在1967年美国哥伦比亚广播电视网（CBS）技术研究所所长戈德马克（P. Goldmark）的一份商业计划书当中。1969年，美国传播政策总统特别委员会主席罗斯托（E. Rostow）在向尼克松总结提交的报告书中也多次使用了该词。但也有观点指出，1959年马歇尔·麦克卢汉（Marshall Mcluhan）在芝加哥全美高等教育学会举办的题为"与时间赛跑：高等教育新视野与要务"会议上发表的演讲，题目就是《电子革命：媒体的革命影响》。麦克卢汉认为："从长远的观点来看问题，媒介即讯息。所以，社会靠集体行动开发出一种新媒介（如印刷术、电报、照片和广播）时，它就赢得了表达新讯息的权利。"这里所说的"新媒体"，虽然是一个历时性概念，却可以从侧面说明，有关"新媒体"一词起点的问题，是一个"让学界伤透脑筋的问题"②。

此外，对于"新媒体"一词，不同组织和个人给出了不同的定义。但概括各类定义的特点，无非有以下四种：

（一）相对观

相对观突出的是"新媒体"一词中的"新"，既有时间上的"新"，也有特征上的"新"。如前文所说麦克卢汉对"新媒体"的理解与表达中，就反映出

---

① 匡文波."新媒体"概念辨析 [J]. 国际新闻界，2008（6）：66-69.
② 廖祥忠. 何为新媒体？[J]. 现代传播（中国传媒大学学报），2008（5）：121-125.

明显的"相对"含义，强调了这一概念的历时性："印刷术的君王统治结束了，新媒体的寡头政治篡夺了印刷术长达 500 年的君王统治。寡头政治中，每一种新媒体都具有印刷术一样的实力，传递着一样的讯息。……电子信息模式的讯息和形式是同步的。我们的时代所得到的信息，不是新旧媒体的前后相继的媒介和教育的程序，不是一连串的拳击比赛，而是新旧媒介的共存，共存的基础是了解每一种媒介独特的外形所固有的力量和讯息。"①

巴尔（Francis Balle）和埃梅里（Et Gerard Eymery）在《新媒体》一书中，对"新"的理解则包含了"新事物""创新""新形态"等多重含义。它可以是像"安德列·舍尼埃所说的'新思想'那种意义上的'新'"，也可以是与"传统"相对的"未见过的""新颖的""创新的"等。②

以时间为刻度或以出现顺序为分类标准来定义媒体形式的观点，其缺陷是显而易见的："新"与"旧"的说法并不能指认被定义对象的本质特征，而且缺乏可持续的操作性。此外，只注重"新"的价值判断的定性思维对于技术科学研究的定量思维并无助益，因为含糊的定性并未触及新媒体的本质。③ 但是，不可否认，"新媒体"的内涵确实会随着传媒技术的进步而有所发展。从人类传播史的角度而言，它就是一个时代范畴，特指"今日之新"而非"昨日之新"或"明日之新"。④这样的理念，对于业界和普通大众来说，减少了很多探讨学术概念的麻烦，直接面向了实用。

（二）网络观

网络观将新媒体等同于网络媒体。UNESCO 早期给出的定义，就是典型的网络观：新媒体就是网络媒体。1998 年，时任联合国秘书长安南在联合国新闻委员会年会上呼吁利用互联网加强新闻传播，并提出了"第四媒体"的概念。这一观点虽然简洁，但是在很长时间内才得到认可。一些学者将新媒体定义为"以数字技术为基础，以网络为载体进行信息传播的媒介"。⑤

随着媒体技术的不断发展，对新媒体的理解日益丰富，除了网络化，数字

---

① 斯蒂芬妮·麦克卢汉，戴维·斯坦斯.麦克卢汉如是说：理解我［M］.何道宽，译.北京：中国人民大学出版社，2006：3.
② 弗兰西斯·巴尔，杰拉尔·埃梅里.新媒体［M］.张学信，译.北京：商务印书馆，2005：7.
③ 廖祥忠.何为新媒体？［J］.现代传播（中国传媒大学学报），2008（5）：121-125.
④ 匡文波."新媒体"概念辨析［J］.国际新闻界，2008（6）：66-69.
⑤ 陶丹，张浩达.新媒体与网络传播［M］.北京：科学出版社，2001：3.

化、交互性、虚拟性、智能化等特征也成为人们关注的焦点。

(三) 数字观

廖祥忠倾向于将"新媒体"理解为以"数字媒体为核心的新媒体",即通过数字化交互性的固定或即时移动的多媒体终端向用户提供信息和服务的传播形态。美国新媒体艺术家列维曼诺维奇描述得更为具体:"新媒体将不再是任何一种特殊意义的媒体,而不过是一种与传统媒体形式没有相关性的一组数字信息,但这些信息可以根据需要以相应的媒体形式展示出来。"这个"与传统媒体形式没有相关性的一组数字信息",正是我们所理解的"新媒体"。

匡文波认为,"新媒体"的严谨表述是"数字化互动式新媒体"。从技术上看,"新媒体"是数字化的;从传播特征看,"新媒体"具有高度的互动性。"数字化""互动性"是新媒体的根本特征。新媒体的传播过程具有非线性的特点,信息发送和接收可以是同步的,也可以异步进行。尽管匡文波认为"数字化"是新媒体的根本特征,但他却明确反对使用"数字媒体"这一概念。因为"数字媒体"可以被人理解为制作过程的数字化。在他看来,"这样的理解几乎可以将所有的媒体都列入数字媒体的范畴"①。

(四) 综合观

虽然大多数专家学者的定义会突出"新媒体"概念的某一特点,但除了被明显反对的"数字观"之外,他们都会不同程度地认可其他观点。如熊澄宇、廖毅文将之称为新传媒,或数字媒体、网络媒体,并解释其是建立在计算机信息处理技术和互联网基础之上,发挥传播功能的媒介总和。与传统媒体相比,它主要拓展了包括信息传播、交互、即时、延展和融合等特征在内的新功能。②蒋宏、陈剑认为,新媒体是指20世纪后期在世界科学技术发生巨大进步的背景下,在社会信息传播领域出现的,建立在数字技术基础上的,能使传播信息大大扩展、传播速度大大加快、传播方式大大丰富的,与传统媒体迥然相异的新型媒体。③宫承波认为,门户网站、搜索引擎、虚拟社区、电子邮件、网络文学、网络游戏属于新媒体。④

---

① 匡文波. "新媒体"概念辨析 [J]. 国际新闻界, 2008 (6): 66-69.
② 熊澄宇, 廖毅文. 新媒体——伊拉克战争中的达摩克利斯之剑 [J]. 中国记者, 2003 (5): 56-57.
③ 蒋宏, 徐剑. 新媒体导论 [M]. 上海: 上海交通大学出版社, 2006: 14.
④ 宫承波. 新媒体概论 [M]. 北京: 中国广播电视出版社, 2012: 1-2.

<<< 第三章 媒介素养三维结构理论：新媒体时代的媒介素养重构

还有一种很具有代表性的综合观，那就是把近年内基于技术变革出现的一些新的传播形态，或一直存在但长期未被社会发现传播价值的渠道、载体都称作"新媒体"。① 持这种观点的人将手机电视、网络电视、网络广播、博客、播客、楼宇电视、车载移动电视、光纤电缆通信网、都市型双向传播有线电视网、高清晰度电视、互联网、手机短信、数字杂志、数字报纸、数字广播、数字电视、数字电影、触摸媒体等，均列入新媒体。它与相对观不同的是，相对观只重视"新"渠道、载体，而综合观还会关注那些长期存在而未被发现价值的旧形式。这种做法，最大的问题在于容易造成分类混乱的逻辑错误。

基于以上分析，本书所说的新媒体是指采用网络技术、数字技术、移动通信技术等进行信息传递与接收的信息交流平台，包括固定终端与移动终端。②

二、新媒体技术的发展历程

作为公民交往沟通、传播信息的重要技术支撑，新媒体技术的发展可以分为三个阶段：以浏览信息为主的 Web 1.0 时代，以分享信息为主的 Web 2.0 时代和以聚合信息为主的 Web 3.0 时代。③

（一）Web 1.0：编辑发布，即时传播

Web 1.0 时代主要是以浏览信息为主的。在 2003 年以前，网络用户通常单纯借助网络浏览器浏览门户网站获取有用信息，用户接收信息的主要模式是读。在 Web 1.0 中，网页是其主要构成单位，客户端和服务器是其体系结构，互联网浏览器是其浏览工具。Web 1.0 以数据为核心，所有资源可以通过互联网在一个网页上直观具体地表现出来。在 Web 1.0 时代，信息传播呈现出金字塔型结构，信息传播模式以"网站—受众"为主，用户被动地接受新媒体信息，而不能"分享"信息。Web 1.0 不仅是网站的代名词，而且是功能丰富、扩展性强的程序，为新媒体的发展奠定了坚实的技术基础。

虽然 Web 1.0 时代的网站采用的手段和方法各不相同，但它们呈现出来的特征却是一致的。无论是研发出第一个大规模商用浏览器的网景（Netscape）公司，还是提出互联网黄页的雅虎（Yahoo）公司，以及凭借搜索服务而后来居上的谷歌（Google）公司，这些在 Web 1.0 上做出巨大贡献的公司都呈现出以下

---

① 陈晓宁.广播电视新媒体政策法规研究［M］.北京：中国法制出版社，2001：16-35.
② 周茂君.新媒体概论［M］.重庆：西南师范大学出版社，2019：3.
③ 张弛.新媒体背景下中国公民政治参与问题研究［D］.长春：吉林大学，2015：15-16.

特征：

第一，技术创新主导模式。回顾互联网发展的历程，很多网站在创始阶段的技术创新痕迹十分明显，即信息技术的变革和使用在网站的新生与发展中发挥着核心作用。如搜狐网是以搜索技术崛起的，新浪网是以技术平台立足的，腾讯网和盛大网则分别以即时通信和网络游戏起家。

第二，基于点击流量的盈利共通点。Web 1.0 的兴起，使得眼球经济、注意力经济的思想逐渐为人们所接受。无论是早期融资还是后期获利，Web 1.0 依托的都是为数众多的用户和点击率，以点击率为基础上市或开展增值服务。受众的多少，决定了盈利的水平和速度。因此可以说，Web 1.0 时代的盈利有一个共通点，那就是巨大的点击流量。

第三，门户合流。从早期的新浪网、搜狐网、网易，到后来的腾讯、谷歌等网络新贵，Web 1.0 的发展呈现出综合门户合流的现象。之所以出现这样的情况，当然是由于门户网站的特点决定的。相比于其他类型的网站，门户网站的盈利空间更加广阔，盈利方式更加多元化，可以更加有效地实现增值意图。

第四，明晰的主营兼营产业结构。Web 1.0 时代的网站在实现合流的同时，还形成了主营与兼营结合的明晰产业结构。各大门户网站以主营作为突破口，以兼营作为补充点，形成拳头加肉掌的发展方式。例如，除了对新闻的共同兴趣，新浪网、搜狐网、网易分别以广告、延伸门户矩阵和游戏作为兼营的补充。

第五，动态网站。动态网站是指网站内容可以根据不同情况动态变更的网站，一般是通过数据库进行架构的。动态网站除了要设计静态的网页，还要通过数据库和程序来使网站具有更多自动的和高级的功能。在 Web 1.0 时代，包括论坛等在内的动态网站已经开始广泛应用。

（二）Web 2.0：双向互动，主体互嵌

Web 2.0 是 Web 1.0 的发展和延续。布罗格·唐（Blogger Don）对其下的定义是："以 Flickr、Craigslist、Linkedin、Tribes、Ryze、Friendster、Del. icio. us 等网站为代表，以 Blog、TAG、SNS、RSS、Wiki 等社会软件的应用为核心，依据六度分隔、XML、Ajax 等新理论和技术实现的互联网新一代模式。"

与 Web 1.0 相比，Web 2.0 主要具备以下特征：

第一，用户参与网站内容制造。与 Web 1.0 网站主要由网站向用户单向信息发布的模式不同，Web 2.0 网站的内容通常是用户发布的。这种模式使得用户既是网站内容的浏览者，又是网站内容的制造者；用户不再只是被动地接受

信息，而是信息接受的主动者，用户逐渐成为信息传播的主体，同时也得到了更多参与的机会。例如，维基百科（Wikipedia）以"向全人类提供自由的百科全书"为目标，允许访问网站的用户自由阅览和修改绝大部分页面的内容。这就是典型的用户创造内容。

第二，更加注重交互性。Web 2.0改变了各类网站各行其道的现实，实现了网站之间的互通，网站之间的内容更丰富、联系性更强。在Web 2.0时代，新媒体的信息交流具有更强的交互性，用户可以看到更多可自由选择的信息。在这一时期，信息的分享、交互机制初步形成，用户通过新媒体实现了多向度的交流。不仅用户在发布内容过程中实现与网络服务器之间交互，而且实现了同一网站不同用户之间的交互，以及不同网站之间信息的交互。

第三，去中心化、开放、共享。与Web 1.0时代自上而下的由少数资源控制者集中控制主导的互联网体系不同，Web 2.0转变为自下而上的由广大用户集体智慧和力量主导的互联网体系。[①] 在Web 2.0模式下，用户可以不受时间和地域的限制分享各种观点。他们可以得到自己需要的信息，也可以发布自己的观点。Web 2.0有一些典型的技术，如博客（Blog）、RSS、百科全书（Wiki）、网摘、社会网络（SNS）、P2P、即时信息（IM）等。但这些技术本身不是Web 2.0网站的核心。与其说Web 2.0是互联网技术的创新，不如说是互联网应用指导思想的革命或者说是互联网理念和思想体系的升级换代。

（三）Web 3.0：开放包容，智能便捷

2005年，比尔·盖茨（Bill Gates）在微软公司的高管会上提出Web 3.0这一新名词，随后这一概念被迅速传播。谷歌公司前CEO埃里克·施密特（Eric Schmidt）曾经将其定义为"一系列组合在一起的应用"。Web 3.0的核心软件技术是人工智能，能够进行语义的智能学习和理解，因此Web 3.0技术的运用可实现互联网更加个性化、精准化和智能化。

与Web 1.0和Web 2.0相比，Web 3.0的特征主要表现为：

第一，可实现信息的集成与重组，并与现实生成同步。Web 3.0无论是对门户网站，还是对信息都可实现重组与拼装。用户可以获得互联网中文章、图片、音乐、视频等所有可能获得的资讯，可以按照某一个主题进行内容的聚合，如"北京冬奥会"用户可以将与奥运相关的天气、交通、风光、场馆、队员等信息

[①] 中国互联网协会.2005-2006中国WEB 2.0发展现状与趋势调查报告［EB/OL］.中国互联网协会，2006-02-23.

加入个人主页中，实现"一站式"资讯服务，也可以组合门户网站、博客网站、论坛、音乐、电子商务等所有网站的信息。

第二，可实现跨平台通信。Web 3.0所实现的是信息可以直接从底层数据库之间进行通信。底层数据库具备完整的信息交换机制，信息可以直接和其他网站相关信息进行交互，实现Windows、Linux（Unix）和Mac系统的融合兼容，并能将设计和编程、三维虚拟现实技术和交互网络编程技术等高度融合，通过第三方信息平台同时对多家网站的信息进行整合使用。①

第三，信息的个性化。Web 3.0可充分发挥网民的创造性，使网民完全按照自己的喜好创造自己的个性网站，整合自己的网络资讯，拥有自己的数据，并能在不同网站上使用。

第四，实现语义网络与语言的智能化互通。Web 3.0可实现语义的智能学习和理解，一方面，可对用户的语音、文字等需求进行智能化的主动提取，并对语义加以分析处理，然后给出用户所需要的资源。同时Web 3.0用翻译引擎加门户的方式把全世界的所有人互动起来，用自己的母语可以跟全世界所有人没有语言障碍地交流、沟通，实现互联网的最高境界——模糊无限，构造全世界的和谐。②

三、新媒体技术的特征

学术界对新媒体特征的观点进行了持续的探讨。概括而言，依托移动通信技术、互联网技术等迅速发展而来的新媒体技术，主要具备开放性、虚拟性、便捷性和泛在性等特征。

（一）开放性

新媒体技术是基于新技术不断向前发展和进步的媒体形态，其传播速度非常快，影响范围非常广。当今世界，新媒体技术将世界各个国家联系在一起，使每个地区的人们在交流上没有距离障碍，这一点充分体现了新媒体的开放性特征。新媒体能够实现不同媒介的相互融合，媒介的相互融合促进了新媒体的开放性和共享性。这里的"开放"超越了政治意义上的开放，从某种程度上来

---

① 张德成，王植青. 开放教育资源的智能聚合与个性化建构——基于Web 3.0的开放教育资源建设 [J]. 现代教育技术，2008（8）：89-92.
② JAMES H, LEE B. Integrating Applications on the Semantic Web [J]. Journal of the Institute of Electrical Engineers of Japan, 2002, 122（10）：676-680.

说，开放是新媒体能够存在和发展的基本条件。

新媒体的开放性主要包括技术上的开放、媒介上的开放与内容上的开放。

技术上的开放，是指新媒体所需要的技术条件或称为物理条件是开放的、共享的。若没有技术上的开放与共享，新媒体必将会失去其开放的技术平台。新媒体的每一次革新，都需要技术研发者开放其相关技术，为广大民众所共享，通过其他研发者和需求者的使用以实现其商业价值。除此之外，新媒体技术的开放还有着政治领域的价值，新时期新媒体的产生离不开互联网技术的支撑，互联网技术这种开放性平台，使得广大民众能够在互联网上快速地实现沟通、传播信息、了解社会状况。比如，2008年美国总统选举奥巴马的获胜，在很大程度上是依赖于互联网技术。当时，奥巴马竞选团队通过互联网来塑造其良好政治形象，与网民进行不断沟通，鼓励民众投票。同样，由于特朗普热衷于利用推特发文，社交媒体对政治外交带来的影响也引起了各界的深思。

媒介上的开放，主要强调的是在全球开放性的媒体大生态下，媒体出现的两种变化：一是不同的媒介出现了融合的趋势；二是新的媒介开始介入。媒体发展到今天，已经不再是由一个单介质所构成，而是由多个介质相互交融、复合而形成的一个社会组织，呈现出多元介质发展的趋势。媒介的开放依赖于技术的发展，先前是互联网，现在是移动互联，这些技术上的革新进一步推动了介质的开放。比如，以当前的移动互联为例，它的技术支撑是技术，技术的开放和运用推动了移动互联的普及。

内容上的开放，一方面是指新媒体改变了以往媒介话语权掌握在少数人手中的现实，让每一个普通民众都可以成为信息的传播者。另一方面也是指各个媒体机构之间对媒体信息的开放共享。当今新媒体是以技术支撑的移动互联模式，未来会逐渐呈现出云计算的媒体模式，云计算适合于未来包含有报纸、网络、电视、杂志、移动媒体等多个形态的媒体集团。新媒体借助云计算可以把复杂的、多媒体形态的报道简单化，也能够把大众的订阅服务简单化、集约化。并且，新媒体内容生产方式也发生了相应变化，比如，用户生成内容的出现，为微博、博客、论坛、电子商务网站等提供了重要的内容来源，从而促进了网络的繁荣。①

（二）虚拟性

虚拟性是新媒体的重要特征。新媒体的虚拟性包括两个方面：一是信息本

---

① 匡文波. 到底什么是新媒体？[J]. 新闻与写作，2012（7）：24-27.

身的虚拟性；二是信息传播关系的虚拟性。从一定意义上说，新媒体是基于数字化信息而产生的，它的信息交流和传播是借助信息平台的虚拟化来实现的。人们可以利用软件把数字化信息加以修改，从而制作出形象逼真的虚拟信息，比如，常见的电视动画片、数字电影中的特效制作等都是技术人员利用相关技术对现实世界的模拟。再如，21世纪初英国报业联合会新媒体公司创作出虚拟主持人阿娜诺娃，给当时的信息交流和沟通产生了不小的影响。

新媒体技术的虚拟性不仅指信息本身的虚拟性，而且指信息交流和传播关系的虚拟性。现实生活中，信息传播的主要目的就是让人与人之间通过信息交流和沟通，建立起彼此信任的关系。在传统媒体时代，信息的传播者和接收者都是特定的人或组织，信息的传播者非常清楚信息的来源和去向。但是，在新媒体的环境下，多种形态的媒体形式相互融合，信息通过多种媒体形态传播之后，信息的发出者往往就变得较为模糊，使得信息的传播者和接收者呈现为一种网络的虚拟化，传播者不了解接收者的信息，接收者也不了解传播者的信息，彼此的相关信息都是未知的，这样通过新媒体在人与人之间就建立起了一种虚拟的人际关系，这种人际关系不一定存在实质性的关系，两者之间或许就是由于共享某种信息而在新媒体上实现了直接或间接的接触。当前，新媒体传播关系的虚拟性表现为人们能够有目的地选择自己所需要的信息，评价传播者发出的信息，参与为制定正确和合理的决策而做的调查问卷。新媒体的这种虚拟性特征，在一定程度上推动了社会的文化发展和政治进步。

与此同时，由于新媒体技术的虚拟性，使得网民可以使用虚拟身份和没有经过严格审查的传播者身份，很容易地传播正确的或不正确的观点、合理的或不合理的意见、核实的或未核实的信息。例如，2012年山西"地震谣言"事件，山西省公安机关查明的5名造谣者中，既有外地打工者，也有当地的工人，还有在校大学生。他们或是出于玩笑起哄，或是为了提高网上点击率，未经证实，即在百度贴吧等处发布了有关"山西地震"的信息，并由此造成了山西数百万人街头"避难"的恶劣影响。①

（三）便捷性

新媒体技术的便捷性主要表现在信息传播的地理范围、信息传播的速度两个方面。

新媒体技术的发展，扩大了信息传播的空间范围，使整个国家、各个机构、

---

① 宫承波. 新媒体概论［M］. 北京：中国广播电视出版社，2007：121.

广大民众能够通过新媒体联系起来。尤其是数字电视、移动互联网等电子媒体的出现，使得社会新生信息可以更加方便地传播给新媒体使用者。电话、书信等传统媒体主要是依靠地面的信息传播系统，不时会受到各种因素的影响，从而阻碍信息传播。新媒体的出现，使大众能够不受地理位置的限制而进行对话。中国每年"两会"期间，国务院总理和政府部门负责人会通过中国政府网和广大网民群众见面，征询民众的意见，听取民众的心声。不同地方、不同工作岗位的民众也可以通过自己的移动手机、网络等向政府传递建议。

新媒体技术的便捷性还体现在信息传播的速度。传统媒体的传播常常由于天气、交通等因素无限地降低信息传播的速度，从而使信息的有效性大大降低。新媒体的出现在很大程度上加快了信息传播的速度，它的传播主要是依靠光纤通信线路，通过光纤传递信息的速度可达 30 万公里/秒。传统大众传播媒介信息传播具有单向性、信息反馈不方便等特点。相对于传统媒体而言，新媒体传播的速度要快得多。此外，新媒体具有在线评论功能。这一功能使新媒体信息的沟通和反馈的时间大为缩短，在较短时间内就可以把信息传输到每一个信息接收端，这种即时交流和服务基本上消除了双方在时间上存在的间隔，突破了时间的限制。新媒体的便捷性所提供的即时通信、咨询和移动互联极大地满足了用户需求，增强了用户的参与度。①

近年来，随着人工智能技术的快速发展，传媒业开始进入智能时代，信息传递的速度更是大为提高。人工智能技术在新闻传播领域的渗透，起始于 2009 年美国西北大学智能信息实验室研发的智能写作软件——"统计猴"（Stats Monkey）的运用。当前，很多著名的新闻媒体机构都已在新闻的采写、编辑和传播环节使用了自动写作技术、相关软件和解决方案，一些互联网公司也凭借自身强大的技术优势，跻身自动写作产品的开发。国外，如《洛杉矶时报》将自行开发的智能系统用于地震等突发新闻的报道；路透社和《华盛顿邮报》使用智能程序核实新闻的准确性，协助编辑进行审稿；《卫报》《纽约时报》均将智能软件用于筛选网络文章，向社交网站平台推送或生成实验性纸媒产品。国内自 2015 年腾讯财经频道自动化新闻写作机器人 Dreamwriter 开创先河以来，新华社、阿里巴巴公司与第一财经集团、今日头条、南方日报社也纷纷推出了各种写作机器人②。而人民日报社则在语音互动方面进行了尝试，开发了语音机

---

① 匡文波."新媒体"概念辨析［J］.国际新闻界，2008（6）：66-69.
② 耿磊.机器人写稿的现状与前景［J］.新闻战线，2018（1）：43-46.

器人"小融"。这些新闻媒体机构在新闻传播领域主动研究、运用自动写作技术,其最大动力来自对新闻报道和推送的时效性的追求。事实证明,人工智能技术的运用,提高了新闻生产的效率。如美联社使用的 Wordsmith 系统,1 分钟最多可生成 2000 篇报道;今日头条使用的"xiaomingbot",在奥运会期间共撰写 457 篇报道,平均每天 30 篇以上;阿里巴巴公司与第一财经集团使用的"DT 稿王"平均每天可发布 1900 篇公告,相当于一位资深编辑 100 小时的工作量。①

(四)泛在性

与传统的媒体技术相比,新媒体技术是多种传播技术、形态的融合,因而可以很容易地消解媒体之间的界限和社群之间的界限,使得各类媒体技术之间、人与人之间的联系更加频繁且直接,传播状态也由过去的一点对多点改变为多点对多点。可以说,新媒体技术开创了"泛在传播"的聚合时代。② 具体而言,新媒体技术的泛在性主要表现在以下四个方面。

一是传播层级泛化。与保罗·F. 拉扎斯菲尔德提出的传播理论不同,新媒体时代,传播呈现了个人对个人、个人对多人、多人对个人、多人对多人等多级传播通道。传播通道不再是线性的,而是非线性的;传播层级不再是有量化定义的,而是成为泛化的和未定义的。这样的传播形态,削弱了处于传播过程中间层的"意见领袖"的影响力和先天优势,终端受众在泛在传播中享有了与任何层级信息对称的权力,拥有了平等的信息源及信息发布、信息接受的权力,即每一受众、传者在传播通道上的可利用社会资源是对等的,不会因为传者和受者的社会身份权力的差异而导致传播效力、传播权限的变化,实现了"所有人面向所有人"的社会化传播,打破了集权的权威传播形式。人人都可以发表个人见解和资料信息,还可以以确定的身份与人交往,彼此建立信任,形成伙伴关系,并表现出强大的扩张力。

二是传播关系泛化。与传统社会中人际关系常常受制于一定的地域空间、血缘、亲缘、业缘等各种现实不同,新媒体技术条件下的人际交往是极其广泛的。不同职业、不同信仰、不同地区、不同文化背景的人与人之间交流的地域、时间限制消失了。在聊天室、BBS、博客、播客、维客、游戏等各类新媒体空间中的参与者,可以来自世界各地,人数众多。人们可以根据具体的对象、情境和对方的反应调整具体的传播内容、方式与技巧。人与人之间能够相互交流思

---

① 敬慧. 机器新闻写作热潮下的传统新闻生产冷思考 [J]. 科技传播, 2017, 9 (20): 5-6.
② 冯锐, 金婧. 论新媒体时代的泛在传播特征 [J]. 新闻界, 2007 (4): 27-28.

想、交换意见、表达情感、需要、态度，可以在一起娱乐、学习。手机、博客、播客、维客能为这些特殊的人提供一个交往高效、新鲜而有活力的传播场域。人们原先难以实现的许多需求在新媒体传播状态下会被激活与满足，人与人之间的互动交流变得多元且复杂。

三是传播介质泛化。新媒体技术的诞生与普及，使得传统媒体改变了过去的面貌，以电子化、数字化、智能化的形式展现在人们面前。它以巨大的多媒体特性、超文本特性，提供了诸如电子邮件、文件传递、网络电视、网络广播等服务业务，汇聚了报纸、杂志、书籍、广播、电视、图片及人际传播的媒介属性。利用新媒体技术，人们可以像看电视一样收看直播节目，可以自由选择电视剧或影片观看，可以利用手机上网、聊天、发送电子邮件、阅读电子报，可以像PC机一样运行应用程序浏览新闻，搜索下载资料。手机与PC之间的界限逐渐在消失，各种新媒体技术正在积极利用快速发展的契机，整合各种媒体的优势，不断创造着形式更为丰富的产业融合。

四是传播主体泛化。在新媒体时代，传播主体主导的传播模式已经被打破，新媒体传播的传受关系发生了变化，传播形态也相应发生了变化。任何组织、机构、个人，都可以作为传播主体参与传播活动，传播主体由一元走向了多元。多元传播主体格局的形成，可以使得不同的社会群体和社会阶层都能通过新媒介发出自己的声音。[1]

四、新媒体技术对日常生活的拓展与重塑

近几十年来，媒体技术的快速发展，使得与新媒体相关的众多术语不断出现：多媒体技术、数字技术、信息技术、通信技术、网络技术、Web 2.0技术、数字媒体技术、自媒体、社交媒体……尽管这些术语的内涵表达不尽相同，但对这些技术给经济、政治、文化等社会生活的方方面面造成的巨大影响，却得到了一致的重视和关注。

新媒体与传统媒体的区别及其对传播环境的改变，是新闻传播学界交流讨论的热点话题。研究者认为，新媒体区别于传统媒体的最重要的特征，是传播方式的根本性改变：由单向变为双向，由一点对多点变为多点对多点，因而实

---

[1] 冯锐，金婧. 论新媒体时代的泛在传播特征 [J]. 新闻界，2007 (4)：27-28.

现了前所未有的互动性。① 还有学者从国家、社会、个人三个层面对新媒体给社会带来的结构性的变化进行了总结：在国家层面，以互联网为代表的新媒体带来的最大挑战，是信息或舆论管理难度的增加；在社会层面，互联网的出现使现实社会中人们的关系状态发生了前所未有的改变；而在个体层面，个人一旦进入互联网，他的思维、行为方式，包括信息获取方式、通讯方式、言论方式、话语方式、娱乐方式等就必然发生变化，这是不以人的意志为转移的。②

在教育界，新媒体对大学生思想政治教育的挑战与冲击备受关注。③ 除了新媒体的发展对学生的交往方式、学习和思维方式、价值判断产生的深远影响，新技术的发展趋势及其在教育中的应用也同样是教育技术研究者持续讨论的焦点。④

整体来说，新媒体对社会生活的影响可以概括为以下四个方面。

（一）新媒体的不当使用引发一系列安全问题

媒体技术的不断发展，在给经济社会发展带来更多机遇和便利的同时，也带来了更为严峻的安全风险。与现实社会相比，新媒体技术条件下的安全风险往往又更加难以控制，其中涉及的安全问题主要包括以下层面：

一是身心安全。新媒体对人们生活方式的重塑，引发了各式各样的身体健康问题。新媒体产品的不当使用，可能导致使用者视力减退、消化不良、食欲不振、睡眠障碍、记忆衰退等问题。长时间上网或使用智能手机等新媒体产品，不仅让成年人饱受颈椎、腰椎疾病的困扰，青少年的肩颈、脊柱问题也日益普遍。此外，肥胖、近视、消化不良等问题，与人们长时间使用智能设备久坐不动密切相关。更加值得注意的是，新媒体产品对青少年极强的吸引力，容易使其产生依赖、沉迷上瘾，出现心理危机和人格障碍等问题，严重者还会有厌学、逃课甚至辍学的现象发生。

二是信息安全。所谓信息安全，是指保障国家、机构、个人的信息空间、

---

① 方兴东，胡泳. 媒体变革的经济学与社会学——论博客与新媒体的逻辑 [J]. 现代传播，2003（6）：80-85.

② 程曼丽. 从历史角度看新媒体对传统社会的解构 [J]. 现代传播（中国传媒大学学报），2007（6）：94-97.

③ 汪顿. 新媒体对"90后"大学生思想政治教育的新挑战 [J]. 思想教育研究，2010（1）：71-74.

④ Pelletier K, Brown M, Brooks D C, et al. 2021 Educause Horizon Report Teaching and Learning Edition [EB/OL]. The Learning and Technology Libarary, 2021-02-10.

信息载体和信息资源不受来自内外各种形式的危险、威胁、侵害和误导的外在状态和方式及内在主体感受。① 由于法律法规的不健全和技术监管的相对滞后，当前个人信息安全侵害的形式包括信息泄露、盗用、滥用和伪造等。信息泄露，是指让人知道了不该知道的个人信息，这是个人信息安全侵害的最基本形式。具体包括通过 U 盘、移动硬盘等拷贝泄露，通过有线、无线网络等传输泄露，通过纸质材料外带泄露以及自行在网络平台上发布与个人信息有关的内容而被他人有目的地搜集。信息盗用，是指未经同意或批准而非法获取并使用个人信息，这经常发生在信息泄露之后。信息滥用，是指没有限制地使用个人信息。信息伪造，是指无权限人假冒他人的个人信息。

此外，垃圾短信、骚扰电话、垃圾邮件等的存在，使得个人安全面临着多重威胁；淫秽、色情、暴力等违法和不良信息的传播，对公共道德、秩序以及未成年人的健康成长都是巨大的隐患；虚假新闻、谣言在虚拟空间中的传播，扰乱了社会舆论，损害了媒体公信力，侵犯了当事人的权益，破坏了社会秩序，增加了公众的不安全感，引发了信任危机。

（二）新媒体促成人们社会交往的悄然变化

电子媒介时代最主要的一个特征就是大多数物理的、社会的、文化的、政治的以及经济的"边界"都发生了渗透性的变化，某种程度上这种边界在功能上似乎开始消失。②

以口语为主的交际场景，其基本特点是交往对象面对面、近距离和在场；以文字媒介为主的书信交往，则拉远了交往对象之间的距离且无须在场，而这种距离感还使得交往对象情感克制、理性、彬彬有礼，人际关系也略显疏离而和谐；电话的出现，拉近了交往对象的距离，满足了交往双方的情感需求……此后，随着通信设备的不断变革，不同的电子媒介形成的不同交往场景都促成人际交往方式的悄然变化。

麦克卢汉将媒介技术比作人体或人类感官的延伸。如文字与印刷媒介是视觉器官——眼睛的延伸，广播是听觉器官——耳朵的延伸，电子媒介是人的中枢神经系统的延伸。每一种媒介的形式都与感官相联系，产生新型的知觉形态，使用不同的传播技术会影响人类感觉的组织。麦克卢汉认为，一切媒介本身对人和社会都施加难以抗拒的影响。电子媒介消除了城市与乡村之间的"中心—

---

① 上海社会科学院信息研究所. 信息安全辞典 [M]. 上海：上海辞书出版社，2013：1.
② 张海燕. 电子媒介、场景与社会行为 [D]. 兰州：兰州大学，2007.

边缘"结构，消解了城市的集权，使人在交往方式上重新回到个人对个人的交往。因为电子媒介调动人所有感官而使人们重新体验深度参与，这种深度参与使我们回到自己和他人密切接触的状态。也就是说，电子媒介打破了旧的时空概念，使人与人之间的时空距离骤然缩短，不仅造成了"重新部落化"，而且使整个世界紧缩成一个"地球村"。① 可以看出，"地球村"指的是人们的交往方式以及人的社会和文化形态在媒介的影响下发生的重大变化。

当前，在媒介融合态势下，网络、手机等新型媒介营造的虚拟空间的出现，使得新媒体在人们的社会交往中占据的地位日益重要。相关研究表明，网络、手机的使用，使得虚拟交往逐渐增多，现实交往不断减少，并在一定程度上增加了个人的孤独感；并且，与现实人际关系相比，通过新媒体交往形成的人际关系的信任感和凝聚感不强；另外，青少年过度的媒介依赖，还造成了网络成瘾、追星综合征等病态心理和行为。

(三) 新媒体带来学习的深刻变革

在人类教育多年的发展过程中，新技术的出现，往往会伴随着新的信息传播方式，因而也通常会催生学习方式的变革。在过去的几十年间，随着网络技术、信息技术、数字技术、新媒体技术的不断普及，课本、课程、课堂、校园等一系列教育元素也随之发生了相应的改变。例如，课本从原先的纸质教材变成了纸质教材与电子教材并存；课程发展出了网络课程、移动课程、微课程等；传统的课堂、教室、校园也开始进一步走向数字化、网络化、智慧化。这些教育元素的改变，也带来了学习思维和观念的深刻变革，它不可避免地给学习带来翻天覆地的变化。

一是学习内容更加丰富。新媒体环境的跨地域性和开放性，使得基于新媒体的学习也具有了开放性的特征。在新媒体环境中，教学案例、课件、电子档案等学习资源极为丰富，而且呈现出文本、图像、动画、音频、视频、软件等多种形式。这些学习资源可以为所有参与学习的学习者共同使用，没有任何限制；学习者也可以在学习资源的发布平台发表自己的看法，将自己创建的学习资源加入其中，供其他学习者共享。

二是学习方式更加多元。在教育教学中广泛应用的新技术，如计算机技术、网络技术、数据库技术、数据存储技术、信息通信技术、人工智能技术、虚拟

---

① 埃里克·麦克卢汉，弗兰克·秦格龙. 麦克卢汉精粹 [M]. 何道宽，译. 南京：南京大学出版社，2000：372-376.

现实技术、仿真技术、物联网技术等，使得在线学习、移动学习、个性化学习、合作学习、自主学习、深度学习等各种学习方式不断涌现。特别值得注意的是，这些新型学习方式有共同特点——以新媒体技术为重要基础，即学习呈现出"媒介化"的鲜明倾向。当前，新媒体技术环境下的媒介信息过载，已经造成了使用者注意力的损耗、信息的降级和贬值、知识建构的缺失等现象。因此，对未来的学习者来说，如何适应新媒体环境下"媒介化"倾向日趋明显的学习，将是不容忽视的巨大挑战。

（四）新媒体导致文化的复杂变化

新媒体技术对文化的影响是最为复杂的。一方面，新媒体技术催生了全新的参与式文化（Participatory Culture）。按照麻省理工学院比较媒介研究中心主任亨利·詹金斯（Henry Jenkins）在其1992年的著作《文本盗猎者》中的说法，"参与式文化"指的是以Web 2.0网络为平台，以全体网民为主体，通过某种身份认同，以积极主动地创作媒介文本、传播媒介内容、加强网络交往为主要形式所创造出来的一种自由、平等、公开、包容、共享的新型媒介文化样式。可见，当今不断发展的媒介技术，使普通公民能参与到媒介内容的存档、评论、转换和再传播中来，媒介消费者通过对媒介内容的积极参与而一跃成为媒介生产者。这种文化使得传播模式与传受关系发生了改变，而且促使共享性文化得以快速发展。[1] 另一方面，网络新媒体也造成了审美传统淡漠、道统灌输的疏离、反叛规则的风行、众语喧哗的兴盛。这些现象的背后，实际上是文化环境的本质变化：新媒体技术的发展，改变了文化生态环境、媒介文化性状、受众文化认知途径、文化观念等。文化生态环境已经不是以往的审美为要的环境，自然也不是政治文化主宰的环境，众多蚁族在网络生存环境下相互影响，造就了虚拟与实有相互交融的文化环境。[2]

五、新媒体时代公民媒介素养的需求

无论是否意识得到，处在新媒体时代的人们，其媒介素养正面临着全新的挑战。20世纪30年代，面对以广播、电影为首的大众传播媒介带来的流行文化，英国率先在全世界提出了"媒介素养"（Media Literacy）这一概念并开展媒介素养教育，其根本目的是保护本国文化传统、价值观与民族精神的纯正和健

---

[1] 蔡骐，黄瑶瑛. 新媒体传播与受众参与式文化的发展[J]. 新闻记者，2011（8）：28-33.
[2] 周星. 新媒体时代的文化景观与应对策略[J]. 艺术百家，2012，28（4）：23-33.

康。此外，由于国情的不同，不同的国家也产生了不同的媒介素养理念。如加拿大媒介素养教育强调培养学生的"自我认同能力"和"公民意识"，积极应对美国文化的渗透；澳大利亚媒介素养教育作为其多元文化政策的重要组成部分，以尊重民族差异、促进社会和谐为指导，着重培养国民多元文化认同观念；美国、日本等国开展媒介素养教育的重要任务之一，则是为了让青少年远离低俗、暴力文化的污染。

不断发展的媒体技术也同样催生了不同的媒介素养要求。20世纪70年代出现的"信息素养"（Information Literacy），是源于图书检索技能的发展和演变；①"计算机素养"（Computer Literacy）则是计算机的普及应用在20世纪80年代为信息素养注入的新鲜因素；② 1994年出现的数字素养（Digital Literacy）概念框架是"数字时代的生存技能"；视觉素养（Visual Literacy）是在人们利用视觉图像进行交流的机会越来越多的背景下兴起的；在社会化媒体和网络媒体普遍应用的背景下，又有了对网络素养（Network Literacy）的相关要求。从20世纪90年代开始，随着新媒体技术的飞速发展，"新媒介素养"（New media literacy）成为学术界关注的焦点。詹金斯（2006）基于"参与式文化"提出了由扮演角色、行动、模仿、挪用、多任务、分布认知、概括智慧、判断、媒介导航、网络技能、协商11大核心技能构成的新媒介素养；段京肃、杜骏飞（2007）也提出，面对不同文化的媒介信息，媒介素养需要拓展跨文化交际的意识，增强跨文化传播的能力。

与新媒体技术的快速发展对人类社会生活的重塑相对应，在新媒体时代人们的媒介素养面临的挑战则主要体现在：

（一）全面保障个人安全

在互联网只进入一部分人生活的PC时代，远离互联网的人们或许还能健康、安全地生存。但进入新媒体时代，面对无处不在的新媒体不当使用而可能造成的身心伤害、让人难辨真假的信息、违法和不良的信息、多重威胁的个人信息安全乃至安全事件传播增加的不安全感，人们必须主动地掌握相应的新媒体使用安全的知识、能力和态度，才能较好地保障个人身心健康、财产安全、生命安全等。

例如，为了整治愈演愈烈的电信网络诈骗，我国政府投入大量人力、物力、

---

① 王旭卿. 美国的信息素养教育 [J]. 中国电化教育，2000（3）：15-17.
② 刘孝文. 信息素养及相关概念的学术梳理 [J]. 图书馆杂志，2008（4）：12-13，29.

财力。但是，长久以来以属地展开的地方分权治理模式，使得实施网络犯罪行为的罪犯在网络空间横向上已经可以自由地整合资源时，政府部门却只能围绕着属地展开纵向上的控制。这当然极大地影响了电信网络诈骗治理的成效。面对这样的尴尬和困境，2015年6月，国务院批准建立由公安部牵头，整合包括中国人民银行、银保监会、工业和信息化部、中央网信办、中央宣传部、外交部、安全部、中国电信、中国联通、中国移动等共计23个部门的打击、治理电信网络新型违法犯罪工作部际联席会议制度。① 与此同时，相关部门还在不断加快技术升级和立法，增强打击力度，但由于诈骗手段的日趋隐蔽、专业化、智能化，以及治理过程中的小额资损案件多、取证难、破案成本高等诸多困境，近年来电信网络诈骗仍然频频发生。因此，在加强立法、加大打击力度、完善技术监控手段的同时，对公众开展媒介素养教育，加强防范能力培养，是降低治理成本的重要措施，也是现有治理手段的重要补充。

（二）构建新型交互模式

新媒体技术的发展，构建了全新的媒介人际关系空间，形成了与传统人际交往不一样的多种关系模式。它为促进人们交互提供了机遇，也对人们的交互能力提出了新的挑战。

例如，在新媒体技术环境下，由于不少媒体对价值导向判断和社会责任履行方面的欠缺和不足，青少年"偶像崇拜现象"表现出狂热化、盲目化、表层化、娱乐化、高消费化等问题。一些"粉丝"对所喜欢的明星的言论和行为给予无条件的支持；还有一些在情感上对明星偶像极为依赖，产生不切实际的幻想；有的甚至为了从事支持或参与偶像有关的活动，不惜花钱、浪费和挥霍，以至于对他人的劳动不尊重，对法律也充满亵渎和蔑视。这些问题的产生既与青少年个体心理发展的阶段性特点有关，也与时代变迁、社会转型、商业策划、媒介渲染、教育偏失、榜样教育失效等问题密切相关。② 因此，如何使青少年克服直接接受媒介传递信息的惰性和习惯，自觉对泛滥的信息进行质疑、判断和选择，形成理性的偶像崇拜观，是新媒体时代媒介交互素养的重要内涵，也是媒介素养教育的核心任务之一。

（三）适应数字时代学习变革

为了适应新媒体时代的发展，人们除了必备的媒介安全素养和媒介交互素

---

① 孙少石. 电信网络诈骗协同治理的制度逻辑 [J]. 治理研究, 2020, 36 (1): 100-113.
② 赵畅. 当代青少年偶像崇拜研究 [J]. 中国青年社会科学, 2019, 38 (6): 117-122.

养，还需要不断提高利用媒介技术促进个人发展的能力。在某种意义上说，媒介安全素养、媒介交互素养是身处新媒体时代的人们的"必需品"，媒介学习素养则是人们适应新媒体时代而主动收集的"营养品"，它包括使用媒介获取知识、学习技能，促进个人更好发展的知识、能力和态度。

例如，在短短几年内就已经吸引了全球目光的慕课（Massive Open Online Course，简称 MOOC，大规模开放在线课程），已经引发了教育界的一场海啸，甚至被认为是"印刷术发明以来最大的教育革新"。① 值得注意的是，虽然慕课课程的注册量动辄几万、数十万，但是很少能达到两位数的完成率却使之备受诟病，成为慕课可持续发展过程中最突出的障碍。② 实际上，研究者多年来对远程教育中普遍存在的这一痼疾进行的研究发现，从学习者角度来看，那些远程学习技能（信息素养、时间管理能力、师生交互能力）缺乏、错选专业、没有选择合适的课程等级、课业负担过重、不及格科目多、缺少学习动机、个人意志与成功信念易动摇、经济困难的人群更容易辍学。③ 可以看出，与信息素养作为适应信息社会的基本能力一样，对于未来的终身学习而言，信息素养、时间管理能力、师生交互能力等远程学习技能将成为影响个人发展的基本学习素养。

（四）助力媒体空间理性重构

网络媒介的迅猛发展，让普通网民有了话语表达与民主参与的平台。但是，由于种种原因，在普通公民建构的媒体空间中，非理性的成分还占据着很大的比重，由此引发的群体事件、社会冲突不容忽视。尽管世界各国政府不断通过立法、催促行业自律等种种手段加以控制，但众多的事例和事实证明，普通民众媒介文化素养的培养仍然是重构新媒体空间理性的关键。

特别值得一提的是，近年来，"全媒体不断发展，出现了全程媒体、全息媒体、全员媒体、全效媒体……导致舆论生态、媒体格局、传播方式发生深刻变化"。全新的传播环境形成了多元共生、纵横交错的历史和现实空间，全球性的流动跨越民族国家的疆界，造成了民族、国家的断裂，新的生存方式、生存空间和生存困境使文化和身份的认同变得异常艰难。④ 仅以我国的相关研究为例，

---

① 姜泓冰. "慕课"，搅动大学课堂 [N]. 人民日报，2013-07-15.
② 王勃然，金檀，赵雯. 慕课与"高"辍学率：基于学习者视域 [J]. 黑龙江高教研究，2017（10）：159-164.
③ 李莹. 远程开放教育辍学研究：结论与反思 [J]. 开放教育研究，2014，20（3）：79-87.
④ 李龙. 现代性、文化与身份的认同 [J]. 古代文明，2008（3）：70-71，112.

研究者发现，新媒体对大学生文化认同产生了全面而深刻的影响：无论是去仪式化，还是个体建构过程的凸显，新媒体都对相对稳定的国家主流文化的主导地位形成了挑战；[①] 在自媒体语境下，多元文化相互激荡、交锋，致使大学生对本民族文化认同度有所下降、构建认同性的路径呈现"趋浅表化"特征，整体现状令人担忧并引起了社会各界广泛关注。[②]

综上所述，在新媒体技术迅速发展的背景下，有关"媒介对人的影响"这一研究成为不可回避的时代命题。本研究的目的，是通过文献研究、比较研究、案例分析等方法，全面深入地探讨新媒体技术的发展对人们媒介素养构成的影响。在此基础上，以普通公民的视角，提出新媒体技术时代媒介素养的三维结构模型。

第三节　媒介素养三维结构分析

一、素养结构理论

素养是教育学、心理学、图书馆学、情报学等学科领域的常用术语。在这些学科领域多年的研究成果中，与其相关的素质结构、能力结构研究成果极其丰富，如智力结构、教师素质结构、科学素养结构、信息素养结构、核心素养结构等，它们也形成了形式各异的结构理论。根据划分素质结构、能力结构的方法不同，这些理论大概包括以下几种：

（一）因素构成理论

因素构成理论通常将素质、能力等划分为若干因素，并进行深入分析。这种方法对于深入理解素养、能力的本质、合理设计并进行测量、科学拟订培养原则等均具有重要意义，因此运用也较为广泛。以现代心理学中一个非常重要的研究课题——智力结构为例，英国心理学家斯皮尔曼（C. E. Spearman）于

---

① 杨建义. 新媒体对大学生文化认同影响的多维探析 [J]. 马克思主义与现实，2013 (6)：189-192.

② 闫方洁. 自媒体语境下的"晒文化"与当代青年自我认同的新范式 [J]. 中国青年研究，2015 (6)：83-86，82.

1904年提出了"二因素说",即G因素(一般因素)和S因素(特殊因素);美国心理学家瑟斯顿(Louis L. Thurstone)把能力分解为7种原始的能力,即词的理解、言语流畅性、数字计算能力、空间知觉能力、记忆能力、知觉速度和推理能力。又如,对于教师专业素质结构的构成,也有二分法、三分法、四分法、五分法等。

(二) 层次结构理论

层次结构理论认为,能力是按等级层次组织起来的。区分层次组织的线索,有的是从一般到特殊,也有的是按照重要性的程度。如1961年英国心理学家弗农(P. E. Vernon)提出的智力层次结构理论,就是在斯皮尔曼(C. E. Spearman)提出的G因素和S因素之间增加了大因素群和小因素群,从而设计出了因素间的层次结构;美国著名心理学家麦克利兰(David. C. McClelland)于1973年提出的著名的素质冰山模型,则将人员个体素质的不同表现划分为表面的"冰山以上部分"和深藏的"冰山以下部分"。

(三) 多元结构理论

多元结构理论可以看作层次结构理论的进一步发展。但是,层次结构理论当中的"层次""结构",是对能力本身而言的,而多元结构理论则不再局限于原先的能力要素分析,将能力与外部环境进一步联系起来,重视对能力的外部作用的探索。如美国耶鲁大学的心理学家斯腾伯格(R. J. Sternberg)于1985年提出的智力三元理论,就突出了智力的复杂性和多层次,在分析智力的内在成分的同时,还重点分析这些智力成分与经验的关系,以及智力成分的外部作用。[1]

二、媒介素养的三维结构

根据当前能力、素养研究的发展趋势,结合以往媒介素养内涵研究的两种主要理论框架,本书将媒介素养的结构划分为过程、内容和结果三个维度,如图3-1所示。

(一) 过程维度

过程维度主要描述的是媒介素养习得和掌握的过程。本书采用了美国媒介

---

[1] STERNBERG R J. Beyond IQ: A Triarchic Theory of Human Abilities [M]. Cambridge: Cambridge University Press, 1985: 3-5.

<<< 第三章 媒介素养三维结构理论：新媒体时代的媒介素养重构

素养研究中心划分的媒介素养习得"五阶段"：获取、分析、评价、创造和参与。[1]

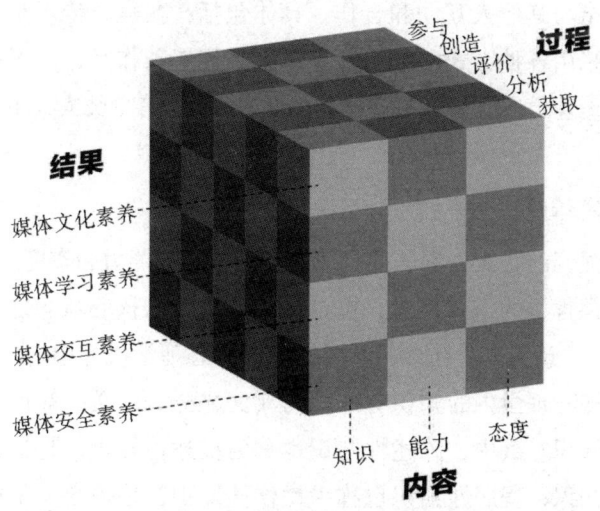

图 3-1 媒介素养三维结构

获取，是指人们收集相关的和有用的信息。其目的在于正确理解这些信息。具体包括：充分认识和理解传播语言、符号和技巧；培养广泛获取信息的能力；选择达成目标所需的相应信息。

分析，是指人们从艺术、文学、社会、政治和经济等角度对信息的形态、结构、排序方式以及产生的背景等进行的分析。具体包括：运用现有的知识和经验来预测结果；运用目的、受众、观点、尺寸、类型、角色、情节、主题、氛围、场景、情境等影视语言阐释信息；运用对比、事实/观点、因果分析、列表排序等方法分析信息。

评价，是指人们将信息与自身经验联系起来，并对信息的准确性、质量和相关性做出判断。具体包括：解读不同类型的媒介产品；从媒介产品的内容和形式着手进行评价；基于自身的伦理、宗教或民主原则评价信息质量；通过口头、书面或电子形式对各种媒介信息做出回应。

创造，是指人们使用语言、声音以及图像来表达意图，并使用不同传播技术来创造、编辑和发布信息。具体包括：运用头脑风暴进行策划、撰写和修改

---

[1] CENTER FOR MEDIA LITERACY. Literacy for the 21st Century：An Overview and Orientation Guide to Media Literacy Education ［EB/OL］. Center for media literacy，2008-05-15.

等过程；熟悉掌握语法规则，有效使用书面和口头语言；成功创造或选择不同的形象；利用各种传播技术。

参与，是指与其他人互动和合作。具体包括：在媒介传者与受者两种身份中自由转换；采用各种方式，利用已有成果来创造新作品；负责任地参与媒介互动，不违背伦理道德，坚守莎士比亚的名言："相信少数人，不害任何人，爱所有人。"

（二）内容维度

内容维度强调的是媒介素养的具体内涵：知识、能力和态度。

知识，既是哲学的重要概念，也是认知心理学的核心概念之一。但哲学研究中的"知识"，意为人类社会的共同知识，而心理学研究中的"知识"，则是个体知识。认知心理学中的知识有广义与狭义之分。广义的知识又分为陈述性知识和程序性知识。其中，陈述性知识也称为描述性知识，是描述客观事物的特点及关系的知识；程序性知识也称为操作性知识，是一套关于办事的操作步骤和过程的知识。① 媒介素养三维结构理论中所说的媒介知识，包括书籍、报纸杂志、广播电视、电影、互联网、手机、动漫、电子游戏等不同媒介的特征、发展简史以及各种媒介理论等。

"能力"的概念很复杂。在心理学范畴，能力是一种心理特征，是顺利实现某种活动的心理条件。比如，人们使用社交媒体与人沟通的能力、使用手机软件进行学习的能力等，都叫能力，这些能力是保证人们使用媒介进行交互、学习的心理条件。人的能力是各种各样的，可以分为一般能力、特殊能力、模仿能力、创造能力、流体能力、晶体能力、认知能力、操作能力和社交能力等。②

态度，是个体自身对社会存在所持有的一种具有一定结构和比较稳定的内在心理状态。作为一种重要的社会心理现象，态度通常具有社会性、主观经验性和动力性等特性。③ 例如，不同个人对广告、网络新闻等的态度，对记者职业伦理与职业道德的态度，都是他们对广告、网络新闻、记者等所持有的稳定的心理状态。

---

① 彭聃龄. 普通心理学 [M]. 北京：北京师范大学出版社，2012：391.
② 彭聃龄. 普通心理学 [M]. 北京：北京师范大学出版社，2012：389-395.
③ 全国13所高等院校《社会心理学》编写组. 社会心理学 [M]. 天津：南开大学出版社，2008：135.

（三）结果维度

结果维度反映的是普通公民由低到高的媒介素养构成需求，即媒介安全素养、媒介交互素养、媒介学习素养和媒介文化素养。

媒介安全素养，是指在使用媒介时保护自己的身体健康和心理健康，保证个人财产、生命等安全的知识、能力和态度。具有较强媒介安全素养的人们，对媒介化社会可能会给现实生活带来的负面影响有较清醒的认识和了解，因而能经常学习媒体相关法律法规和技术，培养基本的伦理意识和法律意识、批判和质疑精神，既避免伤害他人、触犯法律，也避免受到他人的伤害。当今时代，媒介安全素养是媒介使用者最基本也是最重要的素养，但我们却常常将其忽视。如果连使用媒介时的身心健康都不能保证，这样的媒介素养教育很难说是成功的。

媒介交互素养，是指媒介使用者与媒介进行交互，或利用媒介与他人进行交流的知识、能力和态度。这里所说的交互，既有人与媒介的交互，也有人与人的交流，由此也就形成了多种交互模式。无论是哪一种模式，都对当代人提出了与以往不一样的媒介素养要求。媒介交互素养在新媒体技术时代的媒介素养体系当中占有十分重要的地位。如果说媒介安全素养是一种必需，媒介交互素养则是一种必要。它是媒介使用者面对新媒体技术所带来的"参与式文化"的选择和需要。在社交媒体日益发达的时代，我们越发感觉到，网络不仅仅是电脑的连接，还是人的连接。随着交互模式的改变，媒介改变了我们的安全需求，变革了我们的学习方式，更提升了我们的文化需要。因此，媒介交互素养在媒介素养体系中起着承上启下的作用。

媒介学习素养，是指使用媒介获取知识、学习技能、促进个人更好发展的知识、能力和态度。面对新技术发展带来的信息爆炸和教育的高度媒介化，学习者的学习过程几乎与媒介是不可分离的。学习者不但需要学会如何不被媒介信息所牵制，分辨信息的真假和价值大小，而且要学会如何通过媒介高效、准确地获取所需要的信息，甚至需要不断提升分析、传播信息的能力。媒介学习素养在媒介素养体系中的重要作用是不言而喻的。

媒介文化素养，是指使用媒介时应该具有的文明规范、文化自觉、文化安全等知识、能力和态度。媒介文化素养是媒介素养三维结构的结果维度当中最高层次的要求。它是文化素养的一个组成部分，又与文明素质、政治素养、科学素养等密切相关。尽管它是很多国家媒介素养教育的逻辑起点，又常常被看作媒介素养教育的终极目标,但是,媒介文化素养的形成不是一朝一夕的事。也正因为如此,媒介素养被誉为"与科学文化素质和道德素质相比肩的另一种重要的公民素质"①,媒介素养教育也已经被当成了公民教育的子系统,成为公民教育的重要内容。②

---

① 蔡骐. 媒介化社会的来临与媒介素养教育的三个维度 [J]. 现代传播(中国传媒大学学报), 2008 (6): 106-108.
② 陈晓慧, 刘铁珊, 赵鹏. 公民教育与媒介素养教育的相关性研究 [J]. 中国电化教育, 2013 (4): 35-39.

第四章

媒介安全素养：
安全问题的媒介化呈现及其防范

从本章开始，将以媒介素养三维结构中的结果维度为主线，分析四个层次的媒介素养。在对各种素养进行分析的时候，首先探讨的是其在理论模型当中存在的原因和意义，随后是其具体的构成要素。

如前所述，本书所说的媒介安全素养，是指人们在使用媒介时保护自己的身体健康和心理健康，保证个人财产、生命等安全的知识、能力和态度。这里所说的"安全"，主要是身体、心理、财产、生命等方面的安全。

第一节 安全与安全理论

一、从安全到媒介安全

"安全"在汉语中使用较为频繁，内涵也相对统一。根据汉语大词典出版社2007年出版的《汉语大词典》，"安全"有两层含义：其一是"平安，无危险"，其二是"保护、保全"。上海辞书出版社2001年出版的《当代汉语词典》的释义："安"是指"安定、平安、安好"，与"危"相对；"全"则有"不缺、完整、齐全、保全"之义。上海辞书出版社2020年出版的《辞海》中释义："安"是指"安全，安稳"，"全"有"保全"之义。

具体而言，汉语中的"安全"含义有二：

一是指平安的、无危险的，用以描述某种状态。如西汉著名哲学家焦赣所著《易林小畜之无妄》中的"道里夷易，安全无恙"，其中"安全"正是泛指事物平安未遭损害。

二是保护、保全。如《晋书·慕容垂载记》中"孤受主上不世之恩，故欲安全长乐公，使尽众赴京师，然后修复国家之业，与秦永为邻好"的"安全"，正是"保护、保全"之义。

英语中"安全"的含义除了与汉语类似的"与危险相对"，还有些许不同。根据《韦伯国际词典》的解释，在英语中，"安全"（security）既有"免于危险"（freedom from danger）之义，还有"免于恐惧或焦虑"（freedom from fear or anxiety）以及"保护"（protection）的含义。

可以看出，在汉语和英语中，"安全"主要表示不存在危险、没有恐惧、没有不确定性的一种状态，同时还包括进行各种保护的措施。换句话说，安全不仅是一种状态，还包括获取安全的手段。

近年来，由媒介引发的各类安全事件得到了越来越多的重视，媒介安全也因此成为社会关注的热点。麦奎尔（Denis McQuail）指出："人们认为媒介具有'伤害'社会（引发冲突和失序）以及对社会有益的可能性（维持秩序和社会整合）。"[1] 媒介会引发各类影响安全的负面事件是媒介的自发属性，同时，维持社会秩序也是媒介的"有益的"属性。

二、多重视角的安全理论

"安全"成为学术界研究的概念，较早出现于军事安全领域。随后，这一概念逐渐包含了能源、经济、生态以及社会方面，并成为各界关注的重点。对安全问题的关注，重点在于保障自然和人类社会环境安全，推动可持续发展。[2] 多年来，在社会各界的共同关注下，形成了需求论、感觉论、保障论等多重视角。

（一）需求论

著名心理学家亚伯拉罕·马斯洛（Abraham Harold Maslow）于1943年提出的"需求层次理论"，将人的需求从低到高依次分为生理需求、安全需求、社交需求、尊重需求和自我实现需求五种。其中"安全需求"位于第二个层次。马

---

[1] 丹尼斯·麦奎尔. 麦奎尔大众传播理论[M]. 崔保国, 李琨, 译. 北京: 清华大学出版社, 2006: 73.
[2] KULLENBERG G. Regional co-development and security: A comprehensive approach [J]. Ocean & Coastal Management, 2002, 45 (11): 761-776.

斯洛认为，整个有机体是一个追求安全的机制，人的感受器官、效应器官、智能和其他能量主要是寻求安全的工具，甚至可以把科学和人生观都看成是满足安全需要的一部分。① 这一理论在现代行为科学中占有重要地位。它也是管理心理学中人际关系理论、群体动力理论、权威理论、需要层次理论、社会测量理论的五大理论支柱之一。②社会学研究表明，安全是人们为了安全、稳定，免受恐吓、焦躁和混乱的折磨，而对体制、秩序、法律、界限的需要，以及对保护者实力的要求。它是比生存需要更高层次的需要，它往往要求一个可以预料、有组织、有秩序、有法律的世界。

（二）感觉论

所谓感觉论，也可以称为状态论，是指将安全当成一种"免于威胁或危险的"感觉或状态。如美国现实主义理论家阿诺德·沃尔弗斯（Arnold Wolfers）指出，安全是指在客观上对所获价值不存在威胁，主观上不存在这样的价值会受到打击的恐惧。③ 比尔·麦克斯温尼（Bill Mcsweeney）也认为，安全是指客观上不存在威胁，主观上不存在恐惧。④ 国内学者也把安全看成是一种"主观感觉"，是人类对自己生命和生命条件的放心，对自己前途和未来的自信。同时，也看成是一种"客观存在"，是具有对抗一切现实或潜在危险的实实在在的保障；⑤ 或者是主体的利益不受来自外部和内部的破坏、威胁以及任何其他危害性影响的一种状态。⑥ 简单来说，安全就是在客观上不存在威胁、主观上不存在恐惧。⑦

（三）保障论

与感觉论不同，保障论更多地把安全当成一种相对的状态，因此强调安全需要更多的力量加以保障、保护等。如英国学者巴瑞·布赞（Barry Buzan）认为，安全是对免于威胁的"追求"，因此，"安全的底线是生存"，安全是一种

---

① 戴维·霍瑟萨尔. 心理学史（第4版）[M]. 郭本禹，等译. 北京：人民邮电出版社，2011：507-508.
② 叶浩生. 西方心理学的历史与体系 [M]. 北京：人民教育出版社，1998：564-565.
③ WOLFERS A. National Security's an Ambiguous Symbol [J]. Political Science Quarterly，1952, 67 (4)：481-502.
④ MCSWEENEY B. Security, identity and interests [M]. Cambridge：Cambridge University Press，1999：156.
⑤ 夏保成，刘凤仙. 国家安全论 [M]. 长春：长春出版社，2008：3.
⑥ 子杉. 国家的选择与安全 [M]. 上海：上海三联书店，2005：8.
⑦ 阎学通. 中国的新安全观与安全合作构想 [J]. 现代国际关系，1997（11）：29-33.

能力。绿色环境政治研究者诺曼·迈尔斯（Norman Myers）同样认为安全不仅仅是意味着没有战争。① 国内学者也认可这种动态的保障论。他们认为，安全是减少事故损失的有效手段，是国际经济贸易市场的准入条件，是经济持续、健康、协调、科学发展的重要保证。从社会进步的角度来看，安全是人民安居乐业的基本保证，是社会稳定的重要标志；从政治改革的角度来看，安全是执政为民的重要工作，是国家性质的本质要求。②

从以上关于安全内涵的研究可以看出，许多学者均认为安全具有二元性：客观方面是指外界的现状，而主观方面则是指人们的心理状态。无论是需求论，还是感觉论和保障论，国内外学者大多认可安全是指客观上不存在威胁、主观上不存在恐惧。有的甚至认为，安全首先是一种主观感觉，是人们对自己生命和相关事物的无忧和放心，是对自己前途和未来的一种自信。

按照辩证唯物主义的基本观点，持二元属性观点的学者，混淆了安全与安全感之间的区别。安全是一种客观状态，而安全感则是主观的，是主体对客观安全状态的反映，这种反映可能是正确的，也可能是错误的。安全作为一种状态是客观的，它不是也不包括主观感觉，甚至可以说它没有任何主观成分，是不依人的主观愿望为转移的客观存在。③ 因此，就属性而言，安全是主体的利益不受来自外部和内部的破坏、威胁以及任何其他危害性影响的一种状态，安全的基本属性应该是其客观性。安全是客观的，不存在主观性，也不可能在具备客观性的同时又具备主观性。

（四）风险社会理论

风险社会理论兴起于 20 世纪 80 年代后期。它通过风险的视角来审视现阶段人类发展所面临的生存问题和困境，并以建构性的态度来解决风险问题，从而实现社会的和谐进步。"风险社会"一词最初由德国社会学家乌尔里希·贝克（Ulrich Beck）在其 1986 年出版的《风险社会》一书中提出，用于描述当今全球化时代背景下所存在的风险。随着近年来金融危机、疯牛病、SARS 病毒、新冠肺炎疫情等全球性风险的不断出现，风险社会理论也日益受到重视。在贝克看来，风险社会是现代化发展进程中因工业化出现问题而对其进行反思的新的

---

① 诺曼．迈尔顿．最终的安全：政治稳定的环境基础 [M]．王正平，等译．上海：上海译文出版社，2001：67.
② 钟群鹏．失效分析与安全发展纵横谈 [N]．光明日报，2004-11-26.
③ 刘跃进．国家安全学 [M]．北京：中国政法大学出版社，2004：44.

历史时期。尽管现代社会的制度高度发达，关系紧密，几乎覆盖了人类活动的各个领域，但是它们在风险社会来临的时候却无法有效应对，难以承担起事前预防和事后解决的责任。在面对全球化带来的各种危机时，形形色色的治理主体不会承担责任，反而是利用法律和科学作为辩护之利器，进行"有组织地不承担真正责任"（organized irresponsibility）的活动。①

英国著名社会学家吉登斯（Anthony Giddens）对风险社会理论的发展同样做出重要的贡献。他更加强调制度性风险，其分析话语侧重于社会政治理论叙述。由于吉登斯的理论深入分析了风险社会对个人的日常生活的影响，并直接推导出更多的具有操作性的政策措施，因此受到了英国政府的重视。②

第二节 媒介安全素养：全面保障个人安全

快速发展的媒体技术，带来了一个并不安全的环境：在互联网中，网络黑客袭击、网络病毒传播等活动严重威胁着网络运行的安全，网络欺诈、网络盗窃、网络洗钱等违法犯罪活动直接危害着公众的财产安全；电视、网络、游戏等媒介中暴力、淫秽、色情等有害信息的传播，对未成年人的身心健康是一种潜在的威胁；新闻媒体中不时会出现一些虚假新闻，让人充满焦虑，防不胜防……在这样危机四伏的媒介环境中，我们每一个人需要提高自身的安全意识，掌握一定的安全知识和能力。

具体来说，新媒体时代的媒介安全素养之所以成为必需品，是因为在危机四伏的媒介环境中，由媒介引发的各类安全事件可谓层出不穷。从过度使用媒体导致的身心伤害到虚假新闻传播造成的社会恐慌，从暴力色情传播导致的青少年犯罪到个人信息泄露造成的电信网络诈骗，再到恐怖主义袭击、自然灾害及生态安全、食品安全……相关问题得到了社会各界越来越多的重视，媒介安全也因此成为社会关注的热点。

一、公民身心伤害潜在可能增加

研究者有关电视、网络、手机等的一系列研究，都证实了不正确的媒介使

---

① 乌尔里希·贝克. 风险社会 [M]. 何博闻, 译. 南京: 译林出版社, 2004: 13.
② 杨雪冬. 风险社会理论述评 [J]. 国家行政学院学报, 2005 (1): 87-90.

用方式对生理和心理健康所产生的负面影响。

(一) 生理影响

医学研究表明，长时间地注视电视、计算机、手机、平板电脑等屏幕，对人体生理有害，对未成年人的身体损害更大。这些伤害主要有以下几种：

视力减退。长时间盯着电视屏幕，会使得眼睛的运动比任何其他运动都少，甚至是无运动。[①] 学前儿童眼睛的晶状体还未发育成熟，睫状肌还很娇嫩，如果长时间地看书、看电视，会大大减少眼球运动的机会，从而导致视力下降，增加近视的危险。与电视屏幕相比，手机、平板电脑等电子产品的屏幕更小，也更容易造成视觉疲劳。长时间使用电子产品者，眼睛还会出现干涩、发红、视觉疲劳等症状。一项针对嘉兴市1068名一年级初入学儿童进行的调查表明，儿童普遍存在用眼过度现象，其中每日看书阅读时间平均达到10小时，计算机、iPad、手机等电子产品接触时间超过3小时，做作业时偏头写字、握笔不正确是屈光不正的危险因素（其OR值分别为1.87，3.46，1.78，6.54，P值均小于0.05）。[②]

消化不良。不少家庭喜欢边看电视边吃饭，或进餐后立即看电视。这容易导致为消化食物而正需大量供应血液的消化系统供血相对减少，使得胃肠功能紊乱而消化不良，从而使个人出现腹胀、腹泻、打嗝、厌食等症状。另一方面，如果儿童每天看电视4小时以上，又很可能导致肥胖。[③] 这是因为，看电视时，血液集中在胃部，使胃液分泌旺盛，引起食欲。使用其他的新型电子媒介，也会出现类似的问题。总之，过长的"屏幕时间"是导致现代人肥胖的一大原因。

电磁辐射。针对电磁辐射与健康关系的研究已经开展了多年。电磁场作为环境污染的一种新形式，受到政府和社会各界的普遍关注。科研人员通过流行病学调查、动物实验、人体实验等多种方法，试图阐明电磁场产生的生物学效应和作用机制，但并未能得出明确的结论。在电磁辐射与健康的关系不明的情况下，国际非电离辐射防护委员会（ICNIRP）和大多数国家都采用了相对较严

[①] 凯特·穆迪.电视的影响与儿童电视病 [M].粟秀玉，译.北京：中国广播电视出版社，1988：17.

[②] 郭志丽，蒋丽君，张勤梅，等.嘉兴市小学一年级学生屈光异常及近视影响因素分析 [J].中国学校卫生，2016 (9)：1389-1391.

[③] ANDERSON P M, KRISTIN F B. Childhood Obesity: Trends and Potential Causes [J]. Future Child, 2006, 16 (1)：19-45.

格的标准,以降低引起危害的风险。[1] 与此同时,也有很多人相信,如果人体长时间处于超限制的电磁辐射当中,其中枢神经系统、心血管系统、免疫系统、生殖系统及视觉系统会受到不同程度的危害,引起睡眠障碍、记忆力减退、心动过缓或过速、窦性心律不齐、白细胞或红细胞减少、癌细胞增值加速、视力下降等。[2]

睡眠问题。过长时间使用媒介,还会影响睡眠。中国预防医学科学院的研究表明,使用手机对睡眠有明显的不良影响;有手机的观察组失眠发生率比没有手机的对照组高出2.72倍。[3] 调查发现,学龄前儿童每天都观看电视以及观看电视时间过多,不仅会影响儿童正常的休息与睡眠,而且会减少儿童进行户外活动的时间。儿童晚上结束观看的时间越早,正常的休息与睡眠越不易受影响。[4]

斑疹。由于电视机、计算机屏幕产生的静电荷,使荧光屏吸附较多的灰尘,空气流动时,灰尘又聚集在人的面部,导致毛囊污染及多发性小疖或斑疹。

媒介的不当使用,不但可能会造成身体伤害,还有可能引发手关节疼痛、身体疲乏无力等不良生理反应。更需要注意的是,过长时间地使用手机、游戏等媒介可能会造成生命危险。近年来,因为通宵玩电子游戏、看手机引发猝死[5]、开车时看手机引发交通事故[6]、走路时过度专注看手机的"低头族"跌伤、导致交通隐患甚至坠河丧命的悲剧[7]不时见诸媒体,也引发了社会的广泛关注。

(二)心理影响

媒介使用的心理影响,可以从两个层次来进行分析。正常的媒介使用,可能会产生积极影响,也可能会产生消极影响;过度的媒介使用,则可能会产生媒介依赖、媒介成瘾,造成消极的心理影响。

---

[1] 姜槐,许正平.电磁辐射与人体健康[J].中华劳动卫生职业病杂志,2002(4):4-5.

[2] 李兰秀,曾安婷,李多.家用电器的电磁辐射与人体健康[J].大学物理,2015(4):58-60,65.

[3] 曹兆进,等.移动电话手机对睡眠质量及抑郁影响调查[J].环境与健康杂志,2000(5):264-267.

[4] 彭聃龄,张令振.学前儿童电视节目理解特点的研究[J].中国广播电视学刊,1990(2):62-65.

[5] 崔玉艳.熬夜玩手机是在透支生命[N].家庭医生报,2015-07-06.

[6] 吴艺.近三成死亡事故由开车玩手机引发[N].人民公安报,2014-11-15.

[7] 赵丽."低头族"的世界危机四伏[N].法制日报,2016-11-25.

电视媒介为幼儿提供的画面世界是纷繁复杂的，它并不是现实世界的直接的反映，而是经过创作者的理解加工后而形成的"屏幕真实"。但儿童对社会与环境的知识背景并不完整，他们对外部世界的认识、经验也十分有限，因此，他们判断事物的能力还不高。这也让很多家长、教育者和研究人员产生了疑问：孩子们能辨别屏幕上的真实吗？电视会不会对他们的心理健康造成影响？早期研究发现，人清醒时的脑电波呈现β波，而看电视20分钟以后，大多数人的脑电图显示α波，这是一种清醒但不思考问题或闭目静处时才出现的脑波，还有一部分人会过度兴奋甚至癫痫痉挛，出现"抑制波"。[1] 而最新研究也发现，中年时花太多时间看电视可能会损害老年时的大脑健康，并加速认知能力下降。[2]

网络使用对个体产生的心理影响主要集中在以下方面：

一是认知过程。互联网的自组织的特性，会导致使用者的思维模式发生转变，即从要素主义的线性的思维模式转向后现代主义的非线性的思维模式。[3] 这种转变可能类似于那些在中学阶段由于大量知识的学习而导致的认知过程出现的变化，如抽象思维的发展、普遍真理的学习。[4] 能够使信息过载得以有效地减弱或消除的认知策略是，既要考虑用户的计算机与信息技巧方面的知识，同时也应该考虑用户的人格特点。互联网使用可能会使用户的心理状态发生改变。[5] 此外，互联网用户的时间感、空间感、现实的知觉（perception of reality）、自我感（sense of self）会在互联网中发生改变。[6]

二是情绪情感。研究发现：一部分人觉得由于花费太多的时间上网而感到内疚，但互联网又是唯一让他们感到舒服的地方；互联网是某些人改变心境的工具，互联网使用可能让用户感觉舒服（comfort）与力量感（competence）；[7]

---

[1] 凯特·穆迪. 电视的影响与儿童电视病 [M]. 粟秀玉, 译. 北京：中国广播电视出版社, 1988: 17.

[2] RETTNER R. Too much TV may be bad for your long-term brain health [EB/OL]. Live Science, 2021-05-20.

[3] GRANIC I, LAMEY A. The self-organization of the internet and changing model of thought. New Ideas in psychology, 2000 (18): 93-107.

[4] OLSON D R. The world on paper [M]. Cambridge: Cambridge University press, 1994: 15-16.

[5] HESS B. Graduate student cognition during information retrieved using the world wide web: a pilot study [J]. Computer & Education, 1999 (33): 1-13.

[6] MORAHAN M J, SCHUMACHER P. Incidence and correlates of pathological Internet use among college students [J]. Computers in human behavior, 2000, 16 (1): 13-29.

[7] MORAHAN M J, SCHUMACHER P. Incidence and correlates of pathological Internet use among college students [J]. Computers in human behavior, 2000, 16 (1): 13-29.

人们感知到的欣快感（perceived enjoyment）与互联网的使用频率之间呈现正相关①；互联网可以给用户以归属感和人性支持（human support），② 也导致了社会孤立（social isolation）③ 和社会焦虑（social anxiety）④；过多使用互联网会导致孤独和抑郁的增加，即使是因为交流而使用互联网，也会导致社会卷入的减少与心理幸福感降低。⑤ 值得注意的是，网络使用对网民的正面情绪影响受到网民性别、婚姻状况、职业或地位的影响，并与年龄、学历、收入存在显著的正向相关关系；网络使用提升女性正面情绪的影响力比男性强；对离异、丧偶和其他类群体的影响力比未婚、已婚和同居群体强；对有伴侣的影响力比无伴侣群体强；对体制内群体的影响力强过对体制外群体；对非学生群体的影响力强过对学生群体。此外，随着网民年龄或者学历或者收入的增长，网民受到互联网正面情绪的影响力越来越大。⑥ 同样，网络使用对网民的负面情绪影响受到网民的婚姻状况、职业或地位的影响，并与年龄、收入存在显著的正向相关关系，与学历存在显著的反向相关关系。在改善网民负面情绪方面，网络使用对未婚群体的影响力弱于对已婚和其他群体；对有伴侣群体的影响力强于对无伴侣群体；对非学生群体的影响强于对学生群体。此外，随着网民年龄和收入的增加，互联网在改善他们负面情绪方面的作用会越来越显著。而随着学历的提高，这种作用力反而会下降。

过度使用网络造成的消极心理影响主要表现为：首先，损害人际关系和社会交往。过度使用网络者在网络上花费了大量的时间，致使其没有充裕的精力和足够的时间来处理人际关系。一些网络成瘾者在使用完网络时会觉得焦虑，他们经常期盼着下次上网，还会对自己的上网情况向他人撒谎；容易失去时间

---

① THOMPSON S, VIVIEN L, RAYE L. Intrinsic and extrinsic motivation in Internet usage [J]. Omega, 1999, 27 (1): 25-37.
② SPROULL L, FARAJ S. Atheism sex and database: the net as a social technology [C]. In: KAHIN B, KELLER J. Public access to the Internet. Cambridge, MA: MIT Press, 1995: 62-81.
③ STOLL C. Silicon Snake Oil [M]. New York: Doubleday, 1995: 15.
④ TURKLE S. Virtuality and its discontents: Searching for community in cyberspace [J]. The American Prospect, 1996 (24): 50-57.
⑤ KRAUT R, PATTERSON M, LUNDMARK V, et al. Internet paradox: A social technology that reduces social involvement and psychological well-being? [J]. American psychologist, 1998, 53 (9): 1017-1031.
⑥ 田丽, 王洪波. 互联网对网民心理影响的实证研究 [J]. 图书情报工作, 2011 (6): 11-15, 60.

观念，感到上网给他们的工作、经济状况及社交方面造成问题。① 其次，影响性格的健康发展。长时间上网者不能有效实现现实和虚拟现实间的角色转换，从而导致心理错位和行动失调，丧失了许多对周围现实环境的感受力和参与意识，从而容易形成缄默、孤僻、冷漠、紧张、攻击、欺诈的心理和责任感的缺乏，表现在性格上则主要是疑心和懒散。由于在网络世界中理想自我与现实自我的差距可以化为零，一个年轻人可以扮演成老者，这种虚拟性容易产生不信任的态度，而且长时间上网可能导致生活节奏被打乱，从而表现为对待生活、学习的懒散。

对于那些在心理上对网络产生依赖的现象，通常称之为"网络成瘾"（Internet Addiction Disorder，简称 IAD）。这一概念最早于 1994 年由美国精神医师戈德伯格（Goldberg）提出。经过社会学家和心理学家的广泛关注和大量研究，已经提出了若干理论模型，产生了一系列研究成果。

二、信息鱼龙混杂让人难辨真假

互联网的迅速发展，带来了网络虚假信息的泛滥。大量的网络虚假信息，或损害他人名誉，引发不必要的纠纷，或造成经济损失、人身伤害，或扰乱、破坏公共秩序和社会稳定，污染网络环境，导致道德滑坡，挑战社会主流价值观。

（一）虚假新闻

真实性是新闻报道的基本要求。早在 1695 年，关于新闻报道的指南就指出，报纸只有通过报道的真实性才能赢得社会声誉。② 1954 年，国际记者联合会通过的《记者行为守则声明》中，也将"记者对真实性的尊重"列为第一条。③ 新闻真实性，强调新闻对于外部事件的准确观察和对于事物、事实或是事件的准确陈述。符合真实性要求的新闻报道，是对外部真实世界的确切反映。④

---

① 梅松丽. 大学生网络成瘾的心理机制研究 [D]. 吉林：吉林大学，2008：98.
② BROERSMAN M. The Unbearable Limitations of Journalism On Press Critique and Journalism's Claim to Truth [J]. International Communication Gazette, 2010, 72（1）：21-33.
③ WHITE A. To tell you the truth：the ethical journalism initiative. 转引自：陈昌凤. 媒介"专业性"的适用性及其真实性原则 [J]. 新闻与写作，2014（7）：60-62.
④ 陈昌凤，王宇琦. 公众生产信息时代的新闻真实性研究 [J]. 新闻与写作，2016（1）：48-52.

1. 无处不在的虚假新闻

尽管真实性已经成为全球通用的媒介伦理和新闻报道必须反映事实的核心和本质①，然而，虚假新闻却作为一种传播现象长期地存在着。"无论是历时性地回溯古今新闻史，还是共时性地比较中外新闻界，它在每个时代、各个国家都普遍地存在着，只不过严重程度、具体表现形态、形成原因以及社会应对机制有所不同。"② 美国《时代》杂志曾经盘点过"历史上十大最令人震撼的假新闻"，包括格鲁吉亚电视台发布的"俄罗斯入侵"假新闻③、麦凯恩支持者捏造被袭事件④、美国夫妇制造"男孩爬入热气球骗局"⑤、美国 Ochoco 大坝决堤事件⑥、

---

① CHRISTIANS C G, RAO S, WARD S, et al. Toward a Global Media Ethics：Theoretical Perspectives [J]. African Journalism Studies, 2008, 29 (2)：135-172.
② 刘自雄，任科. 现代性、后现代性与虚假新闻——关于虚假新闻几个基本理论问题的探讨 [J]. 现代传播（中国传媒大学学报），2012 (8)：38-41.
③ 2010年3月13日，格鲁吉亚"伊梅季"电视台播放了一条"俄罗斯再次入侵，总统遇刺身亡"的新闻，让格鲁吉亚人异常震惊。惊慌失措的人们涌上大街，通信网络几乎瘫痪。一名士兵因心脏病发作去世，他的母亲也进入医院治疗。外国记者迅速行动起来，但很快被为格鲁吉亚工作的前记者大卫·克拉克尼尔阻止。他只发给记者们两个字的短信："假的"。
④ 2008年美国总统大选期间，麦凯恩的支持者、20岁的阿什丽·托德称，一名男子在她的右脸上刻下一个反写的 B 字母，并威胁她必须支持奥巴马。两天后，托德承认自己有过精神病史，有时候甚至会丧失记忆。警方后来发现，那个 B 字是她自己刻上的，她因此被控虚报案情。此外，美国脱口秀主持人小莫顿·唐尼曾宣称自己在旧金山机场候机室遭新纳粹分子袭击，额头上被画上反 B 字母，但后来他承认那是自己照镜子画的。
⑤ 2009年10月15日，美国科罗拉多州男子理查德·希内向警方、媒体和美国联邦航空管理局打电话，声称他6岁的儿子误乘氢气球被带到2000米高空。搜救人员经过多方搜索，最后发现男孩竟安然无恙地待在家里。这起事件引发全美关注，成千上万的人观看了电视实况转播，全球媒体也纷纷报道这起事件。然而，后来证实，这一事件是理查德·希内为了从电视台得到一个电视真人秀节目的合约而制造的骗局，希内夫妇分别被判入狱90天和20天。
⑥ 1999年，美国俄勒冈州中部的 KSJJ 电台主持人宣称，当地 Ochoco 大坝已经决堤，下游地区可能被洪水淹没。由于前一年那里确实发生过洪水并导致了数百户居民撤离，这个骗局让不少人信以为真。在 KSJJ 电台最后承认那只是一个玩笑后，该电台也遭到了潮水一般的投诉。

神力投手的谎言①、外星人入侵地球②、冒充俄国沙皇之女③、希特勒日记骗局④、皮尔当人头骨⑤和拿破仑战死⑥等。

　　进入新媒体时代，虽然各国政府都会对媒介环境进行严格监管，但失实、失真的信息仍然时有出现。这些信息的传播，有些混淆了视听，有些引起了受众的恐慌，还有些甚至导致了经济、政治、社会危机的发生。⑦ 如 2015 年 3 月 18 日，网上流传了一个所谓新加坡总理公署网站文告的截图，称新加坡建国总理李光耀已经逝世。国内媒体据此纷纷报道，环球网、中新网、央视以及各大

---

① 1985 年 4 月 1 日，美国《体育画报》发布报道，称一位名为希德·芬奇的垒球投手，能以 270 公里的时速精确投球。报道还称，芬奇曾在西藏受过密宗高僧的指点，练习过瑜伽。但该报在副标题下还有一行字，每个单词首字母组合后就成了"Happy April Fool's Day"（愚人节快乐）。实际上，此人根本没有打过垒球，而"芬奇"这个名字在牛津英语词典中就是"谎言"的意思。
② 1938 年 10 月 30 日，哥伦比亚广播公司的主持人奥森·威尔斯在圣诞节特别节目中，将威尔斯的《世界大战》科幻小说改编成了广播剧。一连串的假新闻让许多民众信以为真，误以为真有外星人攻击地球事件发生，引发一场全美社会骚动，其紧张程度不亚于第二次世界大战。有 600 万人收听了广播，近 170 万人相信广播中的新闻是真的，而 120 万人吓得惊慌失措。
③ 俄国沙皇尼古拉斯二世最小的女儿阿纳斯塔西娅·尼古拉耶芙娜女大公 17 岁时被杀死。但有传闻称这位女大公逃脱了，她的埋骨之所多年来无人知道。当她的墓穴 1991 年被找到时，却没有发现遗体。为此，至少 10 个女人宣称她们就是阿纳斯塔西娅，其中最著名的就是安娜·安德森。她自称为罗曼诺夫王朝的继承者，关于她身份的官司打了 32 年，最后法官认定其证据不足。
④ 1983 年，德国《明星》周刊杂志记者杰丹·黑德曼自称从一位名叫费希尔的收藏家手中，发现了纳粹头子希特勒的亲笔日记。他称，这些日记是 1945 年 4 月从一架坠毁的飞机上找到的。日记经过三次笔迹鉴定，后被认定为真品。《明星》花费 600 万美元买下这些日记，因担心敏感信息泄露，他们拒绝允许德国"二战"专家检验这些日记。两周后这些日记开始在其杂志上连载，西德专家发现日记是用 80 年代纸张书写的，谎言露出马脚。
⑤ 当 1912 年在英格兰苏塞克斯郡东部皮尔当村发现原始人头骨化石时，科学家认为他们发现了最权威的人类进化证据——现代人与猿人之间的缺失环节。在随后 40 多年中，500 多位科学家写了有关这块化石的论文，直到 1973 年被证明是假的。这个所谓原始人头骨化石是猩猩的下颚骨和人类头骨拼合成的。
⑥ 1814 年，一位身穿军装的男子来到英国丹佛的海船旅馆，带来了拿破仑被杀死的消息。这意味着，英国与法国的长期战争就要结束了。这个消息在英国传播开后，伦敦股票交易所中的政府债券价值飙升。该所委员会发现三个人在大量购买政府债券，分别是海军英雄科克兰爵士、他的叔叔安德鲁以及他们的财政顾问理查德·巴特，他们最后被以诈骗的罪名起诉。
⑦ 柳珊，朱璇．"批判型受众"的培养——德国青少年媒介批判能力培养的传统、实践与理论范式 [J]．新闻大学，2008（3）：70-75, 52.

门户网站都刊发了报道，推出纪念专题。很快，联合早报网发布辟谣文章《假网站截图称李光耀去世，总理公署报警》后，中新网、凤凰网、央视新闻等纷纷转载辟谣，新浪网则就未核实消息表示致歉。这则新闻从21：50左右爆出，到22：15开始各网纷纷辟谣道歉，短短25分钟内，假新闻从出炉到广泛传播，到辟谣，再到辟谣本身成为大新闻，足以让人感觉到移动互联网和社交媒体给新闻生产带来的巨大改变：在这样的光速新闻时代，保证信息传播的真实性存在极大的难度。①

又如，2014年4月初，有媒体报道称，所谓"香蕉艾滋"的病症全称为"黄叶病热带第4型"，近期由东南亚蔓延至莫桑比克及约旦，可能已传入拉丁美洲。文章预测，这种无法抵抗的病毒最终可能摧毁全球85%的香蕉生产，世界上的香蕉或将灭绝。

专家回应称："香蕉枯萎病硬说成'香蕉艾滋病'的手法与前几年有人把香蕉枯萎病说成'香蕉癌症''香蕉SARS'如出一辙，目的就是利用'艾滋病''癌症'和'SARS'这些很吓人的概念混淆是非，引起人们恐慌，破坏正常的消费和市场秩序，危害我国香蕉产业安全。"

虚假媒介信息的传播，使媒体的公信力受到了不小的影响。一项有关我国主流媒体公信力的调查认为，面对日新月异的新媒体竞争，传统媒体原有的话语权威在不同程度上和不同层面上被网络媒体消解。普通民众常常通过网络知晓突发新闻事件，然后在传统主流媒体当中了解相关深度报道，从而形成了网络媒体的及时性、互动性和传统主流媒体的深刻性、权威性互补的格局。当前，报纸、广播和电视等传统主流媒体的受众群呈现出老龄化的趋势，年轻的受众流失较为严重。媒介使用族群的分化，直接导致了主流媒体在年轻族群心目中公信力评价偏低的后果。值得注意的是，高学历群体对传统主流媒体公信力的评分较低。②

2. 虚假新闻的类型解析

随着近十余年来中宣部、中国记协以及其他组织积极采取措施应对新媒体环境下的虚假新闻顽疾，有关虚假新闻的分类也进一步细致明确。1999年，新闻出版总署颁布的《报刊刊载虚假、失实报道处理办法》，将虚假新闻划分为假

---

① 年度虚假新闻研究课题组. 2015年虚假新闻研究报告 [J]. 新闻记者，2016（1）：4-15.
② 强月新，徐迪. 我国主流媒体的公信力现状考察——基于2015年问卷调查的实证研究 [J]. 新闻记者，2016（8）：50-58.

新闻和失实新闻两种形态，涵盖的规范对象包括新闻报道和纪实作品。此后，董天策将其划分为假新闻、失实新闻、公关新闻（或称之为策划新闻、商业炒作、疑似新闻）三种形态。① 赵振宇将其划分为假新闻事件、假新闻报道、新闻炒作与新闻失实四种类型。②

也有学者认为，这些分类都是从"现代性"新闻价值观对虚假新闻做出的定性描述。新闻价值观的"现代性"（Modernity）与"后现代性"（Post-Modernity）是英国学者约翰·哈特利提出的新闻分析框架。他以此框架将新闻分为两种：一种是现代性新闻，即人们公认的标准新闻。如《泰晤士报》刊登的公共事务、国家安全、经济发展等"硬新闻"和调查性报道，其本质是要维护新闻对现代化、进步和追求真实的承诺，把揭露事实真相当作自己追求的目标。现代性新闻注重报道的权威性、真实性与客观性，吻合了新闻专业主义的价值观。另一种是后现代性新闻（post-modern news），即"那些大量销售的报纸、期刊和广播电视节目，专门从事名人逸事、生活方式以及非消息性报道"。这些报道具有"女性化、私人化、年轻化"的特征，其中的很大一部分根本就不是新闻，而是有关生活方式和身份认同的故事。新闻更感兴趣的是名人，而不是权威；是交流，而不是真实。其目的是迎合受众、扩大受众队伍，而不是为了发现新闻背后的新闻。这类新闻强调趣味、煽情和夸张，已经溢出了新闻专业主义的边界。哈特利认为，自"二战"以来，现代性新闻日趋没落，读者队伍不断缩小，报纸种类不断减少；报纸输给广播电视，大报斗不过小报，公营媒体输给私营媒体，垃圾新闻战胜硬新闻。在他看来，后现代性新闻在西方国家已经取得了主导地位，就连头版新闻也已经背离了现代性的面孔，日趋变得女性化、年轻化、城市化、个人化，越来越多的新闻成为"民主娱乐"（Democratainment）。③

3. 虚假新闻产生的危害

虚假新闻的传播，有可能会造成以下危害：

扰乱舆论导向。在人们关注的新闻当中，有很大一部分是能满足心理需求的，特别是有关党和国家政策方针、市场变化、灾难事故的重大新闻。如果这些新闻出现虚假现象或报道不实，则会影响正常的舆论导向，对社会秩序产生

---

① 董天策. 虚假新闻的产生机制与治理路径 [J]. 新闻记者, 2011 (3): 33-37.
② 赵振宇. 进一步厘清虚假新闻概念的几个层次 [J]. 新闻记者, 2011 (6): 62-65.
③ 刘自雄, 任科. 现代性、后现代性与虚假新闻——关于虚假新闻几个基本理论问题的探讨 [J]. 现代传播（中国传媒大学学报）, 2012 (8): 38-41.

消极影响。

损害媒体公信力。媒体公信力是衡量媒体影响力、权威性的重要因素。媒体只有具备较高的公信力,才能得到受众的认可和支持,这是媒体重要的资源和能力。虚假新闻的出现和传播,降低了人们对新闻媒体的信任,进而对其产生怀疑和抵触情绪。

侵犯当事人的权益。有些虚假新闻虽然不影响社会秩序,但侵犯了当事人的权益,对其经济、声誉、形象、心理带来了消极影响。[①]

4. 虚假新闻产生的原因

对于虚假新闻的不同看法,导致了其产生原因的不同认识。

持新闻专业主义观点的学者认为,虚假新闻的产生,主要是由于新闻传播模式的变化、相关部门的监管措施不完善和疏于查证。

第一,公民参与新闻生产使得新闻传播模式发生了深刻变化。新媒体技术催生的论坛、微博、微信等平台,不但赋予了民众参与和诉求表达的机会,而且深刻改变了新闻传播的模式,在一定程度上给新闻真实性带来了更大的挑战。民众借助微博、论坛等网络平台发布的信息,真伪难辨。

第二,对新媒体的监管措施还不完善。当前,新媒体越来越多地成为虚假新闻首发源头。随着媒体生态的巨大变化,我们在考察虚假新闻的生产与传播时,早已不能局限于传统媒体本身,必须将其新闻网站、新闻客户端、官方微博、官方微信公众账号等一并纳入考量。很多新媒体平台的影响力甚至远远超过所属的母体。但是很多媒体和记者往往将这些新媒体传播平台作为传统媒体的补充,奉行略有差异的把关流程和机制。近年来若干有影响的虚假新闻往往发源于这些新媒体平台,甚至迅速呈现爆炸式传播,危害更甚,其中教训值得吸取。

第三,疏于查证是导致虚假新闻产生的主要原因。一般来说,恶意造假的新闻相当罕见,更多的是由于各种主观或客观的原因产生的失误:有的是记者没有采访,直接将网上的内容搬上媒体;有的是采访过程中轻信采访对象提供的情况,疏于查证。在不同形态媒体日渐融合的环境下,新闻的时效性及点击量成为媒体追逐的目标,以致忽略职业道德和既定的采编规范,放弃需要耗时费力的事实核查程序。失范失序必然导致失真失实,这已是诸多事实一再验证

[①] 朱格锋. 新时期虚假新闻的危害及治理 [J]. 新闻战线,2016(8):8-9.

的基本规律。①

总之,尽管大多数新闻工作者表示继续忠于真实,但是各种力量却削弱了新闻工作者对真实的追求:在源源不断地大量生产新闻的新兴媒体文化中,新闻变得碎片化;信息源反过来控制了记者;新闻工作标准的改变使媒体把关人不再起作用;廉价的极端的观点充斥于报道之中;更多的媒体只把注意力放在发现"大新闻"上,这些新闻只能暂时地吸引碎片化的大众。②

但是,也有一些学者认为,虚假新闻不但有生产的土壤,也有着消费市场。一方面,理想主义的新闻专业理论与实用主义的新闻生产实践之间存在着结构性的矛盾。新闻业被赋予了"坚持真理、报道真相、捍卫真实"等理想主义的神圣职责,但是一个国家的新闻业、新闻媒体、新闻工作者总是置身于具体的历史文化情境中,它既富有理性主义气质,同时也是现实主义的、实用主义的和犬儒主义的,还裹挟着很多的非理性,乃至反智主义。按照自由市场法则,新闻界生产的是畅销的新闻产品,是高度实用主义的,因此,虚假新闻的存在也就有了生产基础。另一方面,公众的混沌状态也决定了新闻信息的需求和接受不尽然是理性主义的,作为后现代哲学价值观的多元主义已经在一定意义上成为现实。这就使得虚假新闻的存在有了消费的市场。③

(二) 网络谣言

1. 网络谣言:谣言发展的新阶段

谣言是一种普遍的社会舆论现象。通过口语的方式传播的谣言,其传播效果与范围是有限的。然而,随着互联网的高速发展和普及,谣言借着网络快速地扩散,其传播范围更为广泛,传播速度更为迅速,传播路径也更为复杂,危害更为严重,控制也更为困难。可以说,网络谣言是谣言发展的新阶段。它是网络使用实体以特定方式传播的,对网民感兴趣的事物、事件或问题的未经证实的阐述或诠释。④

2. 网络谣言传播的特征分析

与传统环境中的谣言相比,网络谣言的传播具有以下特点:⑤

---

① 年度虚假新闻研究课题组.2015年虚假新闻研究报告 [J].新闻记者,2016 (1):4-15.
② 年度虚假新闻研究课题组.2015年虚假新闻研究报告 [J].新闻记者,2016 (1):4-15.
③ 刘自雄,任科.现代性、后现代性与虚假新闻——关于虚假新闻几个基本理论问题的探讨 [J].现代传播(中国传媒大学学报),2012 (8):38-41.
④ 巢乃鹏,黄娴.网络传播中的"谣言"现象研究 [J].情报理论与实践,2004 (6):586-589,575.
⑤ 谢永江,黄方.论网络谣言的法律规制 [J].国家行政学院学报,2013 (1):85-89.

第一，传播渠道多。网络谣言可以借助于博客、贴吧、微博、微信、论坛、短信、短视频等多种渠道进行传播。因此，与传统谣言采用链状模式（个人—个人）或树状模式（个人—群体）进行传播不同，网络谣言通常采用放射状模式（个人—群体—群体）进行传播。在这种传播模式中，大众既是信息的接收者也是信息的传播者。

第二，传播互动强。在网络中，每个人既可以是信息的编辑者或发布者，也可以是信息的接受者。网络谣言借助微博、论坛等互动平台进行传播，吸引更多的人加入与谣言有关事件的信息挖掘活动，使得围绕谣言事件的新闻源越来越广，并进一步吸引更多的人参与讨论，形成持续的连锁反应。有些讨论者不满足于只提供信息，还会加入个人情绪和看法，运用自己的思维将谣言进行重新解释和构建，因此很有可能使得信息变异，进一步混淆视听。

第三，传播速度快。网络谣言的传播方式，可以使其可能在几小时甚至几分钟内就形成几何式的增长，形成空前的规模。

第四，影响范围广。传统谣言一般在人群中通过口头传播，其影响范围较小。而网络谣言的传播突破了时空的限制，使得谣言在很短时间内就可以遍及全国，甚至跨越国界。

3. 网络谣言产生的危害

网络谣言不同于传统谣言的传播特点，决定了网络谣言的社会危害性更大、后果更严重。主要表现在：

破坏社会秩序。随着互联网的普及程度越来越高，"人人都有麦克风、时时刻刻都发言"的自媒体、微信息时代已经到来。由于网络谣言的传播速度快，加之造谣者往往"语不惊人死不休"，网络谣言便会在短短的时间内成为一个不稳定因素的节点，进而成为引发社会突发群体事件的导火索。而一旦网络谣言对社会造成了危害，要去破解它、弥补它，需要付出巨大的经济和社会成本。

引发信任危机。谣言自古以来就是社会稳定的大敌，所谓"众口铄金，积毁销骨""三人成虎"等，都是用来形容谣言之"厉害"的。在诸多网络谣言中，针对社会公众人物、社会伦理道德和社会基本制度的负面信息，从根本上破坏公众对政府、社会和政治制度的信任，造成严重的思想混乱，威胁着社会的稳定，影响着群众对社会发展的信心。当前，中国特色社会主义进入新时代，我国社会主要矛盾已经转化为人民日益增长的美好生活需要和不平衡不充分的发展之间的矛盾。在这一时期，网络谣言很容易成为引发社会震荡、危害公共安全的直接因素。一些社会矛盾，往往成为网络议题设置的重点。网络造谣者或为国外反华势力所利用，或迎合人们内心的不安全感和不确定性，利用网民心理弱点，编造散布极具蛊惑性和危害性的贫富分化、资源分配不平衡、腐败问题等方面的谣言，更容易引发社会危机。

损害国家形象。除了个人无意识地传播网络谣言之外，一些专门从事虚假信息传播的组织机构有组织地制造事端，混淆是非，引领网络舆论。他们制造的谣言既有对公民个体、社会组织的诽谤，也有针对公共事件的捏造，不仅侵害个体权益、污染网络生态，更影响社会稳定、损害国家形象。在西方敌对势力插手或者指使下，一些别有用心者经常将网络谣言的矛头指向党和政府，恶意捏造事实，产生巨大的眼球效应。一些人甚至叫嚣称，"谣言并非止于智者，而是止于下一个谣言"。

4. 网络谣言产生的原因

网络谣言产生和屡禁不止的原因，主要是"三缺失"和"三困难"。

所谓"三缺失"，指的是权威信息缺失、把关人缺失、公信力缺失。由于权威信息的缺失、滞后或者模糊，在一些重大突发事件或焦点事件中，网络谣言就会成为人们获取事件信息的主要途径；由于把关人的缺失，信息可以相对自由随意地进行流动，从而导致了不实信息和虚假信息能够广泛传播；由于传统媒体的公信力缺失，在重大事件出现后，传统媒体对谣言进行的澄清，反而进一步扩大了谣言的扩散。①

所谓"三困难"，指的是防止扩散困难、监管困难、更正困难。网络谣言传播的快速和实际存在的时差，使得谣言扩散的防止存在困难；海量的信息、缺乏新闻专业主义影响的网民以及已经产业化的虚假信息，加上网络低门槛、匿名性和弱把关的特征，在客观上造成了监管的困难；逆火效应②的存在，使得"越辟谣越信谣"的矛盾情况频发。③

三、违法与不良信息传播危害重重

色情、暴力、反动、伪科学与迷信、诱赌、厌世等违法和不良信息传播始

---

① 白树亮. 网络谣言成因及治理对策研究 [J]. 新闻界, 2010 (4)：82-83.
② 逆火效应（Backfire Effect）是指：当一个错误的信息被更正后，如果更正的信息与人原本的看法相违背，它反而会加深人们对这条（原本）错误的信息的信任。更正信息的行为就像一把逆火的枪，虽然没有射出子弹，但"击中"了谣言，让更正后的（或原本）真实的信息更加没有市场。这一效应由密歇根大学的布伦丹·奈恩（Brendan Nyhan）和佐治亚州立大学的杰森·雷夫勒（Jason Reifler）于2006年提出的。
③ 陈庆新，赵乐平. 网络谣言的产生原因与应对策略 [J]. 当代电视, 2017 (1)：98-99.

终伴随着大众媒体的发展。随着网络等新媒体的发展，以往这些人们难以接触到的违法与不良信息变得随处可见。为了避免新媒体的负面影响，各国政府采取了大量不同的措施。一般来说，法律、共同管理、自律、技术等手段都是较为通用的管制策略。其中，法律是最传统的管理手段，它主要由政府制定，由国家强制力保证实施；自律则指新媒体行业的自愿协议，一般是指国家未参与其中的行业自愿行为；共同管理的主要参与方则包括政府、行业、公民等所有利益相关者，这是一种多方利益协调的合作模式；技术手段则主要指各种预防未成年人接触违法与不良信息的技术工具，如过滤软件等。整体来说，对违法与不良信息传播的管理，美国较多地通过法律手段，英国以自律为主，澳大利亚主要通过共同管理，比利时则以技术手段为主。①

在中国互联网违法和不良信息举报中心网站的"举报指南"中，"违法信息"是指《互联网信息服务管理办法》中规定的"互联网信息服务提供者不得制作、复制、发布、传播的九类信息"（违反"九不准"的违法与不良信息）：（1）反对宪法所确定的基本原则的；（2）危害国家安全，泄露国家秘密，颠覆国家政权，破坏国家统一的；（3）损害国家荣誉和利益的；（4）煽动民族仇恨、民族歧视，破坏民族团结的；（5）破坏国家宗教政策，宣扬邪教和封建迷信的；（6）散布谣言，扰乱社会秩序，破坏社会稳定的；（7）散布淫秽、色情、赌博、暴力、凶杀、恐怖或者教唆犯罪的；（8）侮辱或者诽谤他人，侵害他人合法权益的；（9）含有法律、行政法规禁止的其他内容的。

相关管制策略的采用和网站的开通，标志着我国互联网进入了自律和规范发展的阶段。但是，互联网等新媒体的复杂性，使得对违法与不良信息传播的约束仍然面临着巨大的困难。

（一）淫秽色情信息传播

各国的国情不同，对于淫秽色情信息的界定也不一样。例如，美国在其传播法案中使用了三个不同的关键词：不雅（indecency）、色情（pornography）和淫秽（obscenity）。其中，"色情"趋于中性，而"淫秽"信息才是不受宪法第一修正案保护的被查禁的对象。此外，美国对印刷、广播、有线电视和网络等不同媒体的限制标准也不尽相同。其中，对网络与平面媒体管制色情信息是以"米勒三项标准"为依据的，即判断"淫秽"时的凭借：（1）按照当代社区标

---

① 匡文波，高岩. 新媒介环境下西方国家保护未成年人免受不良信息侵害的策略分析[J]. 国际新闻界，2010（1）：39-45.

准该作品从整体上看是否会激起普通人（average person）的淫欲（prurient interest in sex）；（2）作品是否以明显令人生厌的方式形容或描绘由可适用的州法律具体界定的性行为；（3）作品整体上缺乏重大文学、艺术、政治或科学价值。①

在中国互联网违法和不良信息举报中心网站的"举报指南"中，"淫秽信息"是指在整体上宣扬淫秽行为，具有下列内容之一，挑动人们性欲，导致普通人腐化、堕落，而又没有艺术或科学价值的文字、图片、音频、视频等信息内容，包括：（1）淫亵性地具体描写性行为、性交及其心理感受；（2）宣扬色情淫荡形象；（3）淫亵性地描述或者传授性技巧；（4）具体描写乱伦、强奸及其他性犯罪的手段、过程或者细节，可能诱发犯罪的；（5）具体描写少年儿童的性行为；（6）淫亵性地具体描写同性恋的性行为或者其他性变态行为，以及具体描写与性变态有关的暴力、虐待、侮辱行为；（7）其他令普通人不能容忍的对性行为淫亵性描写。"色情信息"是指在整体上不是淫秽的，但其中一部分有上述中（1）至（7）的内容，对普通人特别是未成年人的身心健康有毒害，缺乏艺术价值或者科学价值的文字、图片、音频、视频等信息内容。

世界各国往往会采取各种措施，对淫秽色情信息的传播进行管制。从世界各国管制和立法的历史来看，对色情信息传播的管制，主要是认为它造成的两大危害：

第一，破坏公共道德和秩序。世界上大多数国家政府都认同淫秽色情的传播会造成人们心灵腐化、道德堕落，对公共道德、社会秩序、婚姻家庭、社会稳定造成消极影响。早在20世纪20年代，法国政府就因为淫秽出版物泛滥而导致的社会风气日益低下忧心忡忡，倡议召开了禁止淫刊国际会议。33个国家代表最后讨论通过了《国际禁止淫刊公约》。② 即使在面对宪法所确保的"言论自由"这一障碍时，美国也为了维护人们心中的道德感，不断修正有关"淫秽"和"色情"的标准，以规制此类信息的传播。

第二，危害未成年人的健康成长。尽管在维护言论自由和公共道德之间存在分歧，但世界各国在保护未成年人免受淫秽色情信息的危害方面有着几乎一致的共识，即未成年人缺乏对事物的辨别能力及自控能力，其生理、心理和思

---

① 龚文库，张向英. 美国、新加坡网络色情管制比较 [J]. 新闻界，2008（5）：131-134，145.

② 魏玉山. 我国历史上加入的第一个国际出版公约——《国际禁止淫刊公约》[J]. 出版发行研究，1993（4）：56-58.

维尚处在发育和发展过程中，接触淫秽色情信息会严重影响他们的身心健康。因此，保护未成年人的身心健康作为一项重大的公共利益，甚至比保护言论自由更为优先。

(二) 媒体暴力

媒体暴力，一般被认为是包括电影、电视、电子游戏、报刊等在内的媒体含有或刊登暴力内容，并对人们正常生活造成某种不良影响的暴力现象。[1] 但大多的研究都认为，媒体暴力很难界定和量化。著名学者格伯纳（George Gerbner）把暴力定义为"以公然的武力对待他人或自身，或者违背他人意愿使其遭受伤害或杀害的痛苦的强制性行为"[2]。在这个定义中，暴力行为本身就含糊不清。[3]

多年来，专家学者通过理论和实验对媒体暴力信息传播产生的影响进行了研究。有关媒体暴力对行为影响的主要理论有社会学习理论、社会认知理论、一般情绪攻击模型、兴奋迁移理论和激素理论等，其结论主要包括：经常观看暴力性节目的人，其攻击性行为不断得到强化，会触发人们去模仿；反复地接触媒体暴力，会在人们的头脑中建立详细的、互相联系的、与攻击有关的思维网络，并渐渐地习得了攻击的认知和情感，从而导致个体攻击行为的增加；在暴力性的节目中，攻击行为通常被描述为"合理的""恰当的"，因而削弱了人们对攻击行为的抑制；观看太多的暴力节目，减少了人们对暴力的恐惧，对受难者的同情心也降低了。因此，人们更容易接受暴力，更容易有暴力行为；如果观看大量的暴力节目，人们会认为世界是一个危险的地方，更有可能对碰到的陌生人表现出敌意；观看暴力使人们更容易产生愤怒情绪，攻击性行为也更易发生。[4]

实验研究的结论证实了暴力信息传播与攻击性行为之间的相关性：20世纪20年代的电影与儿童犯罪行为研究认为，电影直接影响青少年犯罪倾向和行为[5]；1982年美国精神健康研究所也证明了电视暴力的确导致了青少年儿童的

---

[1] 赵允芳. 解剖"媒体暴力现象"[J]. 传媒观察, 2004 (12): 18-20.

[2] 格伦·斯帕克斯, 谢里·斯帕克斯. 媒介暴力的影响[M]//简宁斯·布莱恩特, 道尔夫·兹尔曼. 石义彬, 彭彪, 译. 媒介效果：理论与研究前沿. 北京：华夏出版社, 2009: 199.

[3] 彭桂兵. 媒体暴力"三问"[J]. 青年记者, 2013 (18): 28-29.

[4] 王渭玲. 媒体暴力的研究现状与展望[J]. 西北大学学报（哲学社会科学版）, 2012 (1): 173-175.

[5] 刘晓红, 卜卫. 大众传播心理研究[M]. 北京：中国广播电视出版社, 2001: 25.

侵犯行为；暴力视频电子游戏的接触和攻击性行为之间的联系①、暴力歌词对攻击性情绪和行为以及反社会行为的促进效果②也获得了令人信服的证据；我国有关部门1996年的抽样调查显示，65%以上的工读学生、50%以上有违法犯罪行为的青少年均直接接触并受过各种不良信息的影响，主要媒介是录像、书刊、电影、电视、广播、游戏机和多媒体等。③

（三）困难重重的不良信息传播控制

在媒介融合的背景下，不良信息变得随处可见，未成年人接受不良信息的风险较以往更大。世界各国的经验表明，只凭借法律法规、技术约束等手段都难以做到一劳永逸地解决这一难题。

如何对不良信息传播进行有效监管，是世界各国法律法规体系关注的重点问题之一。以美国为例，在美国的成文法中，就有《通信内容端正法》（Communication Decency Act，简称 CDA）、《未成年人色情保护法》（Child Pornography Prevention Act，简称 CPPA）、《未成年人在线保护法》（Children Online Protection Act，简称 COPA）、《未成年人互联网保护法》（Children Internet Protection Act，简称 CIPA）和《性掠食者法》（Sexual Predator Laws，简称 SPL）等一系列旨在保护未成年人免受不良信息侵害的法案。

CDA 法案是美国《1996 年电信法》第五部分的内容，其中涉及的禁止性内容包括：禁止在互联网中向 18 岁以下的未成年人传输性内容；清除父母为限制孩子接触网上色情信息使用过滤技术时遇到的障碍；网络服务提供者应对非法或有害的内容进行过滤而不论这些内容是否受宪法保护等。在《1996 年电信法》中的第 551 项还有一个"V-chip"（反暴力芯片）法律条款，规定电视生产厂家应在每一台 13 英寸及以上的电视机里安装 V-chip，以分辨并"锁住"预先设定的某些级别的节目内容，从而限制儿童接触电视中的淫秽、暴力和有伤风化的节目。

---

① ANDERSON C A, BUSHMAN B J. Effects of violent video games on aggressive behavior, aggressive cognition, aggressive affect, physiological arousal, and prosocial behaviour: a meta analytic review of the scientific literature [J]. American Psychological Society, 2001, 12 (5): 353-359.

② ANDERSON C A, CARNAGEY N L, EUBANKS J. Exposure to violent media: the effects of songs with violent lyrics on aggressive thoughts and feeling [J]. Journal of Personality and Social Psychology, 2003, 84 (5): 960-971.

③ 徐建，肖建国. 21 世纪中国青少年法律保护的走向 [J]. 当代青年研究, 1996 (3): 1-2, 36.

2000年通过的CIPA法案要求学校和图书馆在其电脑中安装淫秽、色情信息过滤软件。过滤软件必须保证能够屏蔽淫秽的、色情的和其他伤害未成年人的图片。

SPL则是为了保护未成年人免受成年人的引诱和强迫，包括在线下从事非法性行为，或者在网络上提供自己的色情照片等。①

但是，即使是如此重视法律监管的美国人，也不得不在两种利益之间做出妥协和平衡：一方面，为了维护公共道德秩序，保护青少年的健康成长，有必要对淫秽色情加以限制；另一方面，在这样做的时候，政府又不能侵犯宪法所保障的表达自由，包括欣赏和传播一般的"色情"信息的自由。在这样的妥协和平衡下，当前美国对于色情内容有了更多的宽容。20世纪30年代之前，即使一本书中包含了一些露骨的色情描写，书的作者、出版商以及销售商等都可能遭受惩罚；从20世纪中期以来，虽然最高法院宣布"淫秽"不受第一修正案的保护，但由于最高法院对"淫秽"的界定较为严格（尽管不是很明确），从而使得政府对一般色情言论的管制变得非常困难。②

类似的情况在日本同样存在。20世纪90年代，由于电视媒体暴力、色情等问题所引发的青少年恶性犯罪频发，日本社会在法律监管困难重重、成效不明显的情况下，不得不将目光投向媒介素养教育，期望通过提高青少年的媒介素养，达到抵消大众媒体负面影响的目的。日本电视界为了重塑公众形象，缓冲政界压力，对主管广播电视事业的日本邮政省关于推行媒介识读活动的建议做出了积极响应。1999年，日本广播协会（NHK）与日本民间放送联盟共同成立了"电视与青少年问题专家委员会"，以探讨电视界开展媒体识读活动的方法和途径。从2001年起，日本电视界逐步把媒介识读活动的重心转移到学校教育领域。2001年7月，日本民间放送联盟开始在部分地区的高中实施"媒介识读工程"，该工程为有兴趣开展媒体识读教育的学校提供必要的人力、技术和物力支持，旨在让高中学生通过亲自制作电视节目来了解电视，进而培养他们的媒介识读能力。③

相比之下，我国的媒介安全还面临着相关法律法规不健全、行业监管不自

---

① 董媛媛，王涪宁. 美国防止互联网色情信息侵害未成年人的法律体系评述［J］. 国际新闻界，2010（2）：91-96.
② 郑海平. "淫秽色情"与言论自由：美国的经验［J］. 东吴法学，2012秋季卷：12-20.
③ 王东. 日本媒介识读教育的兴起及其背景分析［J］. 山东师范大学学报（人文社会科学版），2002，47（3）：81-83.

觉、技术运用不充分等无法回避的问题。这就对媒介安全素养教育提出了更加迫切的要求。①

四、个人信息安全面临多重威胁

当今时代，信息已经成为促进社会、经济、文化、科技发展的重要因素。与此同时，信息安全的重要性也日益凸显。从国家的层面看，信息安全事关国家的安全；从组织机构的层面看，信息安全关系到组织机构的正常运作和持续发展；从个人的层面看，信息安全则成为保护个人隐私和财产的必然要求。

"信息安全"的概念是不断演进的。对于信息安全的定义，一直存在争议，众说纷纭。一般来说，信息安全主要是指信息产生、制作、传播、收集、处理直到选取等信息传播与使用全过程中的信息资源安全。目前对信息安全最主要的关注点集中在信息传输的安全、信息存储的安全以及网络传输信息内容的安全三个方面。②

（一）个人信息与个人信息安全

在 1995 年的《欧洲联盟数据保护规章》中，个人信息被定义为"一个被识别或可识别的自然人（数据主体）的任何信息"。其中，"可识别的自然人"是指一个可以被证明，即可以直接或间接地，特别是通过对其身体的、生理的、经济的、文化的或生活身份的一项或多项的识别。美国联邦贸易委员会将个人信息区分为个人身份信息和非身份信息。其中，个人身份信息包括姓名、地址、电话等；非身份信息指人口统计信息，包括年龄、性别等。2005 年推出的《中华人民共和国个人信息保护法示范法草案学者建议稿》，个人信息是指自然人的姓名、出生年月日、身份证号码、户籍、遗传特征、指纹、婚姻、家庭、教育、职业、健康、病历、财务情况、社会活动及其他可以识别该个人的信息。③

与个人信息相关的另一个概念是隐私（privacy），它是指私人生活安宁不受他人非法干扰，私人信息保密不受他人非法搜集、刺探和公开等。可见，个人

---

① 卢峰. 媒介素养之塔：新媒体技术影响下的媒介素养构成 [J]. 国际新闻界，2015 (4)：129-141.
② 俞晓秋. 国家信息安全综论 [J]. 现代国际关系，2005 (4)：40-49.
③ 罗力. 社交网络中用户个人信息安全保护研究 [J]. 图书馆学研究，2012 (14)：36-40, 76.

信息是隐私的组成部分。①

与普通的个人信息相比，网络上的个人用户信息除了可以据以识别判断某个主体身份的个人资料之外，还包括浏览器名称、计算机型号、通用资源定位器或网址、访问网站的时间、访问过的特定网页以及进行过的电子交易等活动记录的集合。这些网络活动记录集合可以在一定程度上反映个人用户的浏览历史、兴趣爱好、消费习惯等。②

个人信息安全，是指确保个人信息不被泄露、盗用、滥用、删除、修改、伪造等，仅为那些被授权者获取使用，且处于安全可控状态。

个人信息安全，包括用户信息的保密性、完整性、可用性、可控性及可靠性五个方面。保密性是指确保信息仅为那些被授权者获取使用；完整性是指保护信息不被删除、修改、伪造、乱序等以确保其完整准确；可用性是指保证被授权者可以按需获取使用信息；可控性是指信息和信息系统处于安全监控管理状态；可靠性是指信息系统在规定条件下完成特定功能的概率。

(二) 个人信息安全存在的威胁

在日常生活中，个人信息安全存在着诸多威胁。从内容上看，个人联系方式、个人自然情况和家庭地址是遭到侵害最多的三类信息。其次是身份证号码、工作信息和银行卡信息。这些信息的侵害，往往会使个人在办理相关事务时带来不便，甚至造成财产和生命损失。从形式上看，个人信息安全侵害的形式包括信息泄露、盗用、滥用和伪造等。其中，信息泄露的现象最为严重，其次是信息滥用、盗用和伪造。其最为直接的表现则是源源不断的垃圾短信、接二连三的骚扰电话、铺天盖地的垃圾邮件等。③

在网络环境下，个人信息安全存在更大的威胁。主要表现在：个人信息的泄露风险和保护难度不断增加；信息泄露源头多、涉及面广，个人信息缺乏法律保护。④

1. 垃圾短信

垃圾短信，是指未经用户同意向用户发送的用户不愿意收到的短信息，或

---

① 颜祥林. 网络环境下个人信息安全与隐私问题的探析 [J]. 情报科学, 2002 (9): 937-940.
② 罗力. 社交网络中用户个人信息安全保护研究 [J]. 图书馆学研究, 2012 (14): 36-40, 76.
③ 罗力. 上海市民个人信息安全素养评价研究 [J]. 重庆大学学报（社会科学版）, 2013 (3): 95-99.
④ 薛瑞汉. 网络环境下的个人信息保护：问题与对策 [J]. 中州学刊, 2013 (11): 174-176.

用户不能根据自己的意愿拒绝接收的短信息，主要包含以下属性：（1）未经用户同意向用户发送的商业类、广告类等短信息；（2）其他违反行业自律性规范的短信息。

人们收到的手机垃圾短信大致包括骚扰型、欺诈型、非法广告型、短信订制型、诅咒型等。其中，骚扰型短信多为一些无聊的恶作剧；欺诈型短信发送的目的是想骗取用户的钱财；非法广告型短信发送一些非法广告，如出售黑车、麻醉枪等；短信订制型短信是短信业务提供商违规群发，其目的在于误导用户订制短信业务；诅咒型短信多以让更多用户转发为目的而加以诅咒内容以威胁短信接收者按照其意愿来做出不自愿行为。

垃圾短信造成了巨大的社会危害。其一，不法分子利用短信进行勒索、诈骗等违法犯罪活动。近年来，此类犯罪活动主要以中奖、征婚、敲诈等方式出现，而且一度非常猖獗。其二，一些居心叵测、别有用心的人利用短信传播不实消息和谣言，还可能会在群众中造成大面积恐慌。例如2003年"非典"期间，由于短信中某些虚假消息的迅速传播，致使一些地方发生了药品、食品的抢购风潮。其三，少数不法分子利用它传播黄色信息，败化社会风气。另外，境外少数敌对分子企图利用它编造、散布各种谣言，引发社会恐慌，破坏社会稳定。

2. 骚扰电话

骚扰电话，泛指那些不是接收者愿意接听的电话。根据2016年我国最大的网络电话服务商——触宝电话大数据中心发布的《2016年中国骚扰电话形势分析报告》，从2015年8月到2016年7月，中国骚扰电话呈现出以下特征：

（1）广告推销超越"响一声"[①] 成为骚扰电话之最。

（2）骚扰电话瞄准经济发达地区，北京、上海、广州等大城市用户受骚扰概率最大。

（3）骚扰、诈骗电话借势社会热点的趋势越发明显。如某明星离婚事件爆出后，大量谎称该明星求助的诈骗鱼贯而出；在G20峰会期间，甚至出现了谎称自己是南非总统求打款的诈骗电话。

（4）春节骚扰电话最少，但春节过后骚扰电话急剧增加。

---

① 所谓"响一声"电话是指这样的一种骚扰电话：用户的手机只响了一声两声或者干脆就没响，呼叫的对方就已挂断了电话，如果用户回复电话，就会被导入信息台，致使大量话费损失。还有些电话在被叫回拨后会听到六合彩、赌博、赌马等诱骗信息。

（5）在一周当中，星期三是骚扰电话的高峰；在一天当中，上午9点到10点骚扰电话最多。

（6）男性比女性更快识别诈骗电话，45岁以上的用户接到骚扰电话概率最大。

骚扰电话大致可以分为人身骚扰型、广告型和诈骗型。其中，人身骚扰型电话是电话发起者（主叫）对电话接收者（被叫）进行多次反复拨叫，甚至辱骂、人身攻击、恐吓被叫，从而使被叫的个人生活遭到困扰。广告型骚扰电话的目的是推销某种产品或服务。此类电话虽然没有人身骚扰型情节恶劣，但是，随着其数量的日益增多，使越来越多的用户不胜其烦。诈骗型骚扰电话泛指那些以诈骗为目的的骚扰电话。此类电话表现形式多样，骗术千变万化，让人一不留神就会上当。例如，一些不法公司了解了企业、个人的各项消息后，或冒充合作伙伴，或冒充政府机关、公安法院，精心营造骗局，让人信以为真。2016年8月，山东省临沂市准大学生徐玉玉被骗后不幸离世的案件，就是骗子以教育部门发放助学金的名义实施的。[①] 同月，令人震惊的清华大学教师被骗1760万元案件也是典型的"冒充公检法"电信诈骗。又如，有些"响一声"电话在被叫回拨后会听到六合彩、赌博、赌马等信息，诱骗用户参与。

2015年，据北京市高级人民法院和福建省高级人民法院介绍，当前我国电信诈骗案例呈现出集团化、专业化和跨区域的特征。数量较多的诈骗类型主要有7种：提供彩票的特码、提供退税及补贴、有包裹藏毒、中奖、重金求子、银行账户不安全、法院通知领取传票等。

骚扰电话对电信用户和电信运营商都造成了不同程度的危害。对于电信用户而言，骚扰电话会对其正常工作、生活造成干扰。例如，一日数次的广告电话，让工作中的用户深受其扰，倍感厌烦；"响一声"电话常常在夜间发生，严重危害用户的正常休息；人身骚扰型电话更是对用户的精神生活造成严重伤害。此外，广告型骚扰电话可能会导致用户产生经济损失，甚至引诱一些用户参与非法活动。例如，一些用户在回拨诈骗型骚扰电话后，被其中的虚假中奖信息诱骗，提交了公证费、手续费等各种名目的费用；而一些包含六合彩、赌博、赌马等诈骗信息的骚扰电话，则让部分用户参与了非法行动。

对于电信服务运营商而言，骚扰电话会占用网络资源，进而影响用户的通话质量，导致用户的不满和投诉。例如，相关的技术测试表明，"诈骗型"的

---

① 曹菲，马立敏，刘爽. 近七成网友曾遭遇电信诈骗[N]. 南方日报，2016-08-29.

"响一声电话"在短时间内产生大量呼叫,占用大量网络资源,导致普通用户接拨电话的质量就非常低,影响网络质量和安全。这无形中造成了用户的话费损失和对电信服务运营商的不满,从而致使电信服务运营商遭到用户投诉。最近几年,骚扰电话和垃圾短信一直是"3·15"国际消费者权益日的投诉热点。

此外,除了人身骚扰型、诈骗型骚扰电话会给用户带来身心伤害、经济损失等直接危害,广告型骚扰电话带来的间接危害同样不容忽视。由于个人信息保护立法和执法存在缺陷和困境、个人信息保护意识薄弱等多方面的原因,使得目前骚扰电话仍然大量存在,大众媒体也对骚扰电话造成的直接伤害给予了极大的关注。这就使得用户对电信运营商、对社会都产生了严重的不信任感,加剧了社会现存的"信任危机"。①

3. 垃圾邮件

电子邮件是互联网最古老也是最普遍的一种信息沟通方式。有关数据显示,目前全球每天来往电子邮件数量已经超过2000亿封。随着电子邮件功能的不断强化,众多企业、个人将电子邮件当成是传递信息的重要工具,还有些个人甚至将电子邮件当作存储资料的"网上保险柜"。然而,随着近年来重要信息泄露事件时有发生,电子邮件安全的话题也开始进入公众视野。

其实,早在十年前,电子邮件研究专家就曾指出,电子邮件无法保证人们的"隐私合理期待",即只要人们发送的电子邮件中包含隐私信息,他们的隐私保护就无法得到"合理保证",人们不能像期待平信一样期待电子邮件的安全程度。这是因为,电子邮件的发送需要经过很多个互联网环节,每个环节都是泄密的出口。与此同时,电子邮件的用户也面临着垃圾邮件的困扰。

人们平常所说的"垃圾邮件(spam)"只是一个笼统的说法。实际上,在专业领域,"垃圾邮件"是指"未经邀约的商业电子邮件"(Unsolicited Commercial Email,简称UCE)或"未经邀约的大宗电子邮件"(Unsolicited Bulk Mail,简称UBE)。其中,未经邀约的商业电子邮件,是指未经收件人事前许可或同意,就径自对其大量递送内容为商业性质的电子邮件;而未经邀约的大宗电子邮件,同样是未经收件人事前许可而对之大量寄送的电子邮件,强调的是数量,而非邮件的内容。该类邮件的内容不仅仅限于商业广告,其他诸如宗教性、政治性、问卷形式、种族议题、色情等皆包括在内。

---

① 徐冬梅. 骚扰电话的分类、危害与监管困境分析[J]. 中小企业管理与科技(下旬刊), 2011 (9): 60.

<<< 第四章 媒介安全素养：安全问题的媒介化呈现及其防范

从世界范围看，目前基本上所有国家和地区的反垃圾邮件立法都将垃圾邮件的范围局限于"未经邀约的商业电子邮件"。我国2012年《全国人大常委会关于加强网络信息保护的决定》也把垃圾邮件的概念限于"商业性电子信息"。

一些法律界人士认为，从目前垃圾邮件的泛滥情况来看，在垃圾邮件的立法中采用"未经邀约的大宗电子邮件"的定义，强调垃圾邮件的"未经邀约不请自来"和"大量"两个特征，更有利于对层出不穷、形式变化多端的垃圾邮件进行有效控制。[1]

垃圾邮件的泛滥，不但对邮箱用户的个人信息权、隐私权造成了直接威胁和侵犯，也影响了互联网服务提供商（Internet Service Provider，简称ISP）的形象。

个人信息是信息社会的基础资源[2]，个人信息的控制权被视为消费者的一项"基本人权"[3]。垃圾邮件的发送，往往采用一定的技术分析手段，以实现用户的精准定位，向用户发送其可能需要的商业电子邮件，从而提高营销效率、降低成本。但是，它对于邮箱用户的个人信息权益却造成了不同程度的冲击。

首先，垃圾邮件侵犯了个人信息权。电子邮箱地址由"个人名称"与"邮箱服务公司/单位"两个部分组成。由于每个电子邮箱地址是唯一的，它可以用来"识别"其使用者，也就是说，电子邮箱地址是可以识别特定用户的个人信息。收集电子邮箱地址的方式既有正当的方式，如会员登记，也有非正当的方式，如自动收集软件、字典式攻击、网络钓鱼、网络病毒等方式。[4]

利用正当方式收集的用户电子邮箱信息发送垃圾邮件，违反了世界各国立法所广泛采纳的个人信息利用八大基本原则之"目的特定原则"。所谓目的特定原则，是指个人信用信息的收集、保存、处理、利用均应当按照明确的预定目的进行，除法律另有规定或经本人授权外，不得无明确预定目的、逾越预定目的或者擅自变更预定目的，而对个人信用信息加以收集、保存、处理、利用。[5]

---

[1] 陈星. 大数据时代垃圾邮件规制中的权益冲突与平衡及其立法策略 [J]. 河北法学，2014（6）：51-57.

[2] 齐爱民. 个人信息保护法研究 [J]. 河北法学，2008（4）：15-33.

[3] 洪海林. 个人信息保护立法理念探究——在信息保护与信息流通之间 [J]. 河北法学，2007（1）：108-113.

[4] 陈星. 大数据时代垃圾邮件规制中的权益冲突与平衡及其立法策略 [J]. 河北法学，2014（6）：51-57.

[5] 张晓军. 论征信活动中保护个人信用信息隐私权之目的特定原则 [J]. 中国人民大学学报，2006（5）：86-91.

利用非正当方式收集用户电子邮箱信息并发送垃圾邮件，则是侵犯了用户对于自身信息的决定权。个人对自身信息的决定权主要体现在两个方面：一是决定是否公开其个人信息，以及在何种范围内、于何时、以何种方式、向何人公开其个人信息。二是决定其已公开的个人信息可否被收集、利用和处理，并保障其已公开的个人信息完整、正确和及时更新。以非正当方式收集用户未公开和已公开的电子邮箱信息均侵犯了用户对自身电子邮箱信息的决定权乃至用户的人格尊严。

其次，垃圾邮件侵犯了收件人的隐私权。在美国的司法实践中，住户家门前的邮箱通常被认定为该住户所属的私人领域，住户享有不受垃圾邮件干扰的权利。这一观点在1970年罗恩诉美国邮政部案（Rowan v. Post Office Dept.）中得到了认可。法院认为：将非常重要的通信权利（就算不用去考虑其是否合宪）与免于被我们不想要的视图、声音和其他物质干扰的基本权利两相权衡，似乎发件人的通信权利必须在不接受邮件的收件人的邮箱面前止步。

与传统邮箱不同的是，电子邮箱并不存放在收件人的家中，而是存在于互联网服务提供商的服务器上。因此，有人认为由于电子邮箱并不存放于收件人的私人领域，垃圾邮件也就不构成对私人领域的侵犯。[1] 另一种观点则认为，虽然电子邮箱并不存放于用户家中，但是用户要使用电子邮箱必须具有电子邮箱账号及密码。账号与用户密码的设定，使得电子邮箱成为一个相当密闭的空间，阻隔了他人对电子邮箱的任意进入。电子邮箱的这一特点，表明了电子邮箱属于私人领域。在美国的司法实践中，则是使用了"合理的隐私期待"（reasonable expectation of privacy）这一标准来判断是否存在隐私权。该标准是指某一状态下"应该"有什么范围的隐私之认知，其中"合理"是指这个隐私范围的认知不能只凭行为人主观的认定，而必须一般人认为合理。收件人对于其电子邮箱是否均具有"合理的隐私期待"呢？一些法学专家认为，工作场合中电子邮件作为工作的工具使用，犹如办公室的固定电话一样，应当属于工作单位的财产，而不属于使用的员工个人，所以"当员工于工作场合中使用电子邮件时，很难主张自己创造了一个公司所不应侵入的有形或无形的私领域空间"。因此，用户对工作场合所使用的电子邮箱不具有或者具有较低的"隐私期待"。而用户对个人所使用的电子邮箱具有较高的"隐私期待"。对于用户拥有较高"隐私期

---

[1] 林建中. 隐私权概念之再思考——关于概念范围、定义及权利形成方法［D］. 台北：台湾大学，1998：65.

待"的电子邮箱通常是私人领域,因此,向此类电子邮箱大量发送垃圾邮件,将造成对用户私人领域的干扰,侵犯了用户的隐私权利,用户有权选择拒绝继续接收垃圾邮件。①

垃圾邮件的频繁转发,过度占用了网络带宽,造成邮件服务器拥塞,进而降低整个网络的运行效率,对互联网服务提供商也会造成不同程度的影响。在国际上,一旦频繁转发垃圾邮件的主机被上级国际互联网服务提供商列入国际垃圾邮件数据库,就会导致该主机不能访问国外许多网络。频繁收到垃圾邮件的用户也会因为 ISP 没有建立完善的垃圾邮件过滤机制,而转向其他 ISP。调查表明:ISP 每争取一个用户要花费 75 美元,但是每年因垃圾邮件要失去 7.2%的用户。②

此外,一些垃圾邮件妖言惑众、骗人钱财、传播色情,这让部分用户上当受骗,进一步加剧了社会的"信任危机",同时对社会的道德风尚也形成了巨大冲击。③

(三) 造成个人信息泄露的原因

根据中国互联网络信息中心发布的《2013 年中国网民信息安全状况研究报告》,仅 2013 年上半年,就有 74.1%的网民遇到过信息安全问题,总人数达4.38 亿。手机垃圾短信/骚扰短信、骚扰电话发生比例仍然较高,在整体网民中发生比例分别达 59.2%、49.0%;此外,手机欺诈或诱骗信息、手机恶意软件、假冒网站或诈骗网站、中病毒或木马、个人信息泄露、账号或密码被盗等相关事件也时有发生。这些安全事件对人们的生活产生了较大的影响。在遭受经济损失的人群中,平均每人损失了 509.2 元,2013 年上半年全国因信息安全遭受的经济损失高达 196.3 亿元。④

除了垃圾短信、骚扰电话和垃圾邮件,因个人信息泄露而造成其他损失的用户也在逐渐增多。2016 年 9 月,移动互联网第三方数据挖掘和分析机构艾媒咨询(iiMedia Research)发布的《2016 年中国电信诈骗事件分析报告》显示,43.2%的手机用户表示曾经历过电信诈骗。其中,受骗金额在 500 元以下用户居

---

① 陈星. 大数据时代垃圾邮件规制中的权益冲突与平衡及其立法策略 [J]. 河北法学,2014 (6):51-57.
② 房子敬. 杜绝垃圾邮件 [J]. 网络安全技术与应用,2004 (12):18-20.
③ 房子敬. 杜绝垃圾邮件 [J]. 网络安全技术与应用,2004 (12):18-20.
④ 中国互联网络信息中心. 2013 年中国网民信息安全状况研究报告 [EB/OL]. 中国互联网络信息中心,2013-10-01.

多，比例为40.7%，受骗金额为500至2000元的手机用户比例为25.1%，受骗金额2000元以上的用户占34.2%。艾媒咨询分析师认为，电信诈骗单笔涉及金额较高，骗子甚是猖獗。

报告显示，有超过一半的受骗人群遭遇过电话诈骗，以微信、QQ为首的网络诈骗和电信诈骗则分别占比25.1%和18.7%，电话诈骗方式相对更为普遍。而在诈骗手段方面，利用"网络购物陷阱"来行骗的比例最高，为31.3%。

工信部网络安全管理局发布的《2015中国网民权益保护调查报告》也显示，78.2%的网民个人身份信息、63.4%的网民个人网上活动信息被泄露过。①

这些报告和事例充分说明，个人信息保护确实是信息时代的一个巨大挑战。人们不禁要问：究竟是谁泄露了我们的信息？实际上，造成个人信息屡遭泄露的原因是多方面的。

第一，一些政府部门和商业机构存在过量采集用户信息的做法。目前，消费者不仅在现实生活中需要向部分政府机构和商业机构提供大量的个人信息，而且绝大多数第三方手机应用软件均要求在安装时获取位置、通讯录、推送消息、使用摄像头之类的授权，借此收集消费者的个人隐私信息，部分网络浏览器也在后台默默地收集着使用者的个人信息。② 中国社会科学院的调研结果表明，在有关机构收集的个人信息当中，大量是非必要或完全无关的，超出了所办理业务的需要。③

第二，部分互联网营销公司对法律法规缺少了解或置若罔闻，在开展业务过程中依然存在买卖用户数据的行为，在一些地方，甚至已经形成了个人信息的黑色产业链条。

第三，一些不法分子在利益的驱动下，利用非法手段获取居民的个人信息，个人信息被作为"商品"廉价出售。

第四，我国目前打击网络个人信息泄露行为仍处于查处难、取证难、维权难的境地。在个人信息安全方面，难以区别正当或非法使用个人信息；信息泄露取证难，难以确定个人信息是在哪个环节发生泄露；执法力度统一难，难以确保多个监管主体执法的尺度一致。

仅以2013年发生的几起信息泄露事件为例，就可以看出其中监管的困难。

---

① 筑牢个人信息安全"防护网"[N]. 经济日报, 2016-05-02.
② 胡军. 无序过度收集个人信息当休矣[N]. 中国消费者报, 2016-09-15.
③ 中国社会科学院法学研究所. 中国法治发展报告No.7（2009）[M]. 北京：社会科学文献出版社, 2009：85.

<<< 第四章 媒介安全素养：安全问题的媒介化呈现及其防范

腾讯 QQ 群数据库泄露事件：2013 年 11 月，国内某知名安全漏洞监测平台公布报告称，腾讯 QQ 群关系数据被泄露，数据下载链接很轻易在"迅雷快传"① 找到。根据 QQ 号，可以查询到备注姓名、年龄、社交关系网甚至从业经历等大量个人隐私。专家指出，当黑客掌握用户的社交关系后，可以完整了解用户个人情况，并利用社交圈的信任关系进行诈骗，而且成功率很高。腾讯 QQ 是我国公民使用最为广泛的即时通信工具，其 7000 多万个 QQ 群、12 亿多个 QQ 号（注：2013 年统计数据）当中，包含着大量的用户姓名、年龄、社交关系网甚至从业经历等个人信息。早在 2011 年，腾讯公司就声称已发现了技术漏洞并进行了修复，但是两年后，黑客仍然利用了腾讯相关业务的技术漏洞获取了数据库访问权限，将其所需数据库找到并导出。

若干酒店开房信息泄露事件：2013 年，如家、汉庭、咸阳国贸大酒店、杭州维景国际大酒店、驿家 365 快捷酒店、东莞虎门东方索菲特酒店等全部或者部分使用了浙江慧达驿站网络有限公司开发的酒店 Wi-Fi 管理、认证管理系统，而慧达驿站在其服务器上实时存储了这些酒店客户的记录，包括客户名、身份证号、开房日期、房间号等大量敏感、隐私信息。由于管理机制的不完善，用户连接酒店的开放 Wi-Fi 时，需要通过网页认证，而该认证并非在酒店服务器上完成，而是在浙江慧达驿站的服务器上完成，因此该服务器记录了开房者的客户信息。此外，客户信息的数据同步是通过 HTTP 协议实现的，需要认证，但认证用户名跟密码都是明文传输的，各个途径都可能被嗅探到，然后用这个认证信息，即可从慧达驿站的数据服务器上获得所有酒店上传的客户开房信息。

圆通快递信息被贩卖事件：2013 年 10 月 22 日，有消息称圆通快递有百万客户的资料在网上被兜售。当晚，圆通速递发布声明，承认"快件面单信息倒卖"属实，并向消费者致歉。10 月 25 日，圆通速递称倒卖其快件单号的网站已关停。圆通速递信息技术管理中心的技术人员认为，快递单号信息泄露的原因，可能是某些管理区域的工作人员泄露了账号密码，"内鬼"嫌疑很大。记者指出，继电信、房地产之后，快递行业似乎已经成为又一个公民信息泄露的"重灾区"。为此，法律界人士再次提议，我国应尽快出台有关网络隐私、个人信息安全立法的相关工作。对于达不到保密要求、存在技术漏洞的企业，应该出台

---

① 迅雷快传是一个文件分享工具。它采用迅雷创新的极速上传、下载技术，帮助用户分享文件。

相应的技术保密规范和惩罚机制。此外,对传播大量公民个人信息、利用泄露信息从事违法犯罪活动的行为要进行严厉打击。

以上报告和事例充分说明,个人信息保护确实是信息时代的一个巨大挑战。正因为如此,社会各界对加强个人信息立法的呼声也在不断提高。在加强立法监管和行业自律的同时,采取相应的措施,提高个人信息保护意识、培养个人信息保护的能力也同样重要。

综上所述,人们所处的媒介环境面临着巨大挑战。要确保不伤害他人、触犯法律,也不受到外在的伤害,需要时时刻刻保持警惕,提高安全意识,掌握安全技能。

五、安全事件传播可能增加公众不安全感

(一)各类安全事件的传播

按照安全的内涵,只要是通过媒介传播,会给公众带来危险、威胁或恐惧的,都可以称为"不安全"。以风险社会的视角,这些可能带来危险、威胁或恐惧的内容,主要包括恐怖主义袭击、生态安全、公共卫生安全、能源安全、食品安全、水安全等。

恐怖主义是困扰 21 世纪人类的重要难题。它是通过制造恐怖及恐惧心理实现政治目的,以实际的暴力和武力或以此为威胁进行的,有计划的、系统化的、有组织的行为及理念。[①] 2001 年发生在美国的"9·11"特大恐怖袭击事件,"表明恐怖主义已经构成了一种极其严重的全球性威胁"[②]。

国际上与安全事件报道研究相关的术语,主要包括"风险传播"(Crisis Communication)、"灾难传播"(Disaster Communication)、"应急传播"(Emergency Communication)、"健康传播"(Health Communication)等。其中,风险传播、灾难传播和应急传播所研究的对象和问题都与自然灾害、生态安全的威胁有关。

(二)大众传媒在安全事件报道中的重要作用

在面对自然灾害、生态安全、公共卫生安全、能源安全、食品安全、水安全等威胁时,大众传媒发挥的作用大致可以概括为以下几种:

[①] 何镇飚. 媒介安全论:大众传媒与非传统安全研究 [D]. 杭州:浙江大学,2010:39.
[②] 王逸舟. 恐怖主义溯源 [M]. 北京:社会科学文献出版社,2002:1.

<<< 第四章　媒介安全素养：安全问题的媒介化呈现及其防范

传播信息。在安全事件发生时，公众对于信息的需求往往会快速增长。而迅速有效地收集信息、加工处理信息而且能够直接向公众传播，正是大众传媒的特长。大众传媒能够通过信息的传播，帮助人们了解事件的进展。例如，2005年10月，"各国议会联盟"①第113届大会通过了题为《议会和媒体以公正、准确、可核实的方式向公众提供信息的分别作用，特别是以此方式提供关于武装冲突和反恐斗争信息的作用》的决议。该决议对媒体在保护民众安全、打击恐怖活动中的积极作用，给予了明确的说明："防止恐怖主义根源的形成与打击恐怖主义一样重要，各国政府和议会应在这方面发挥作用，媒体也应间接地发挥作用"。2008年汶川地震发生后，"央视、四川台以及其他一些中国主流媒体的直播、特写，成为震后全国人民获取准确信息的最好渠道。……与此同时，信息公开推动了抗震救灾的开展，也减少了谣言的滋生。"② 2020年，面对突如其来的新冠肺炎疫情，为了避免网络及其他渠道滋生的谣言导致人心不稳，央视作为官方媒体和权威媒体，坚持在第一时间公布权威信息，澄清是非，还原真相，粉碎谣言，维护社会稳定。③通过推出《共同战"疫"》《战疫情特别报道》《武汉直播间》等节目，为观众了解事态发展提供了全面且直观的视角；通过《央视快评》《国际锐评》等新闻评论节目发出主流媒体的最强音，充分发挥了主流媒体有效稳定民心、消解意见冲突、凝聚社会共识的职能，也日益坚定和提升了民众对国家抗击疫情能力的信任度。④

预警。"倘若一个国家是一条航行在大海上的船，新闻记者就是船头的瞭望者。他要在一望无际的海面上观察一切，审视海面上的不测风云和浅滩暗礁，及时发出警报。"美国普利策新闻奖创始人约瑟夫·普利策（Joseph Pulitzer）的这段名言，不仅是对新闻工作者社会责任的形象比喻，更是对大众传媒预警功能的精确概括：在危机即将来临或处于萌芽状态之时，大众传媒要对已有的信息进行收集、整理、分析，并及时向社会和公众发出警告。成功的预警，可以

---

① 各国议会联盟（Inter-Parliamentary Union，IPU），简称"议联"，原名为"促进国际仲裁各国议会会议"，是世界上最大的国际议会组织。由英国下议院议员威廉·兰德尔·克里默（William Randal Cremer）和法国国民议会议员弗雷德里克·帕西（Frédéric Passy）于1889联名发起成立。中国于1984年4月正式加入该组织。
② 杜骏飞. 通往公开之路：汶川地震的传播学遗产 [J]. 国际新闻界, 2008 (6): 34-38.
③ 邓志文. 突发公共卫生事件报道策略的数据分析——以《新闻联播》对新冠肺炎疫情的报道为例 [J]. 电视研究, 2020 (5): 15-18.
④ 曾祥敏, 刘思琦. 全媒体整合效应下的全方位疫情信息传播——中央广播电视总台新冠肺炎疫情报道分析 [J]. 电视研究, 2020 (3): 21-25.

减少经济损失，促进社会发展；预警的缺失，则会造成民心混乱，影响社会稳定。例如，随着天气预报、地震预报的不断进步，在地震、暴雨、台风袭击等自然灾害较为频繁的国家和地区，大众传播可以让不同的公众得到必要的信息，从而在自然灾害来袭之前和灾害之中，使公众得到必要的预警信息，并采取有效行动。

监督。大众传媒在安全事件报道中，发挥着所谓"第四权力"的监督作用。大众传媒可以对相关组织、个人在事件处理中的政策进行揭露、报道、评论或抨击，造成强大的舆论压力，促使其采取相关行动。这充分体现了大众传媒在安全事件中的监督功能。例如，2020年新冠肺炎疫情期间，央视新闻频道节目《战疫情·第一线》播出了黄冈市疾控中心负责人"一问三不知"的相关报道，引发强烈舆论反响，致使当晚黄冈卫健委相关负责人被免职。

影响认知。由于能引发人们广泛关注的安全事件往往有着较强的专业性，因此媒体对此类事件的建构，特别是在影响公众形成有关观念方面占据着核心地位。人们对事件的认知与关注，又会促进媒体作进一步深入报道。例如，在环境事件的传播中，公众关于气候变化的风险认知大部分由媒体提供。人们在评判当前社会最（或最不）重要的环境议题上与媒体看法非常相似。由于对公众认知的巨大影响，媒体在环境传播中起主导作用，媒体的框架选择、环境保护理念的建构等都在无声地影响公众的环境认知。[1]

（三）大众传媒在安全事件报道中的困境

大众传媒在各类安全事件报道中发挥着传播信息、预警、监督和影响认知四项职能，但与此同时也面临着无法回避的困境，大众传媒在安全事件报道中的表现却还难以令公众满意。

一是大众传媒成为不安全感的帮凶。各类安全事件往往不可避免地隐藏着理念、利益等的冲突，也因此成为大众传媒关注的焦点。但是，这些事件的不当报道，却会让受众产生不同程度的不安全感。以恐怖主义事件的传播为例，恐怖分子制造突发性的恐怖事件的重要目的，是通过媒体对暴力组织、行动及其后果的渲染报道，引起人们的注意，宣扬其政治理念。由于大众传媒逐渐增强的传播力和影响力，恐怖主义组织非常重视恐怖事件所产生的轰动性效应。恐怖组织在长期的活动经验中，了解并掌握了媒体的特性，为了唤起媒体和公

---

[1] 黄谷香. 主流媒体水污染报道分析与治理对策 [J]. 上海交通大学学报（哲学社会科学版），2020，28（3）：129-140.

众的更多注意，不择手段地将暴力活动升级，甚至为媒体的需求来设计恐怖活动。[1] 由于西方媒体对此类事件广泛而深入的报道，以至于在一些国家的普通民众中已经形成了谈虎色变的"媒介恐慌"。恐怖主义组织有时甚至不需要采取直接的行动，而是向记者透露信息或者放出风声，就可以达到实现社会恐慌的目的。

二是大众传媒报道安全事件时内容错误时有发生。对于专业性较强的安全事件报道，内容传播的真实、准确和科学是基本要求。但是，由于大众传媒工作者的知识结构问题，使得他们在传播此类信息时常常会犯错。早在20世纪七八十年代，英国学者就发现，电视科技新闻的准确度仅为48.5%。在过去的几十年间，各国采取了一系列措施，如在高校开设科学传播专业、让科学家更多地参与传播工作，以提升信息传播效果。但是，片面追求新闻的显著性、反常性、趣味性等，仍然使得大众传媒对安全事件报道的错误时有发生。从20世纪90年代的"'特异功能大师'发功扑灭大兴安岭火灾"到进入21世纪后"毒香蕉""从太空中可以看到中国的万里长城"，再到近年来"十万只浙江鸭子出征巴基斯坦灭蝗"等各类假新闻频发，虚假新闻成为一种在全世界范围内普遍存在的现象，对虚假新闻的研究则是一个持续升温的学术热点。

六、人工智能失控的风险始终存在

人工智能的发展具有阶段性，其可能引发的安全挑战也表现出不同特点。目前，人工智能正处于从弱人工智能向强人工智能逐步发展的阶段，近期更多的是需要应对技术的不完善或滥用带来的安全问题，远期则需要防范其可能产生超级智能而带来的不可控性。

（一）算法模型的复杂性，易导致结果不确定性

以深度学习为代表的智能计算模型体现出很强的学习能力，但目前的机器学习模型仍属于一种黑箱工作模式，对于人工智能运行中发生的异常情况，人们往往很难对其原因做出合理的解释，开发者也难以准确预测和把控智能系统运行的行为边界。如2017年人机围棋对弈中，AlphaGo多次弈出"神之一手"，很多人表示难以说清楚其决策的具体过程。而且，从监督学习进入强化学习，没

---

[1] MERARI A, FRIEDLAND N. Social psychological aspects of political terrorism [M] //OSKAMP S. International conflict and national public policy issues. Beverly Hills, CA: Sage, 1985: 185-205.

有任何人类知识的 AlphaGoZero 在自我对弈的初期常常出现一些毫无逻辑的诡异棋局，后期也会有出其不意的打法。当越来越多的智能系统替代人类做出决策、影响大众生活的时候，人们需要能够对其结果的合理性、安全性进行准确评估。

（二）技术滥用、管理缺陷引发的安全威胁

人工智能技术本身并无好坏之分，运用结果取决于人们使用的目的与管理过程。政府和职能部门、网络服务供应商、商业公司，如不能公平、正当守法使用和管理隐私数据，将引发"隐私战"。从全球来看，谷歌、苹果、微软等通过收购等方式，不断聚集资本、人才和技术垄断优势，形成"数据寡头"或"技术寡头"的趋势增强，可能会产生"数据孤岛"效应，影响人工智能发展的透明性和共享性，与政府的博弈将越发激烈。网络黑客可能会通过智能方法发起网络攻击，加大个人、企业、政府网络运行管理风险，影响社会稳定。智能化的网络攻击软件能自我学习，模仿系统中用户的行为，并不断改变方法，以尽可能长时间地待在计算机系统中。如果安全防护技术或措施不完善，无人驾驶汽车、机器人和其他人工智能装置可能受到非法入侵和控制，这些人工智能系统就有可能按照犯罪分子的指令，做出对人类有害的事情。

（三）超级智能的出现会带来巨大的不可控性

随着人工智能的快速发展，智能机器人拥有越来越强大的智能，在很多能力上都将超过人类，而没有自我意识的人工智能终将是人类的助手。比尔·盖茨（Bill Gates）、斯蒂芬·霍金（Stephen Hawking）、埃隆·马斯克（Elon Musk）、雷·库兹韦尔（Ray Kurzweil）等人所担忧的远期风险是，未来机器人或其他人工智能系统能够自我演化，并可能发展出类人的自我意识，从而对人类的主导权甚至存续造成威胁。尽管我们还不清楚这种超级智能或"奇点"是否会出现，但考虑到技术发展的不确定性，仍需要在法律制度、伦理规范等各方面做好充分准备，并在没有把握对其能够妥善应对之前，避免人工智能朝着这一方向发展。

在对人工智能发展利弊的争论中，比尔·盖茨、霍金和马斯克等人是"威胁论"的主要代表。他们担心的其实是机器学习对人类造成的安全、伦理和隐私三方面的威胁，以及由此带来的机器歧视人类、赶超人类甚至控制人类的可能。被称为"算法黑箱"的机器学习不透明的过程，如果缺乏了全社会特别是政府管理部门、法律界的及时关注和回应，就有可能出现智能算法的决策失误、运用不当等侵害他人权利的情况。而且，这种侵权行为呈现出不同的特征：其侵权的主体往往不是"人",而是各种"电子端口";侵权的方式不是传统的监听、监视、刺探、偷窥、侵入、跟踪、骚扰等,而是更智能、更隐蔽的非法侵入私人生活;侵权的内容也更加多元、隐秘。

为此,在智能传媒时代,每一位普通公民都需要增强对包括"智能侵权"在内的诸多风险进行批判的意识和能力。同时,培养媒介批判意识的策略上也需要有所变化。

第三节 媒介安全素养内涵解析

媒介安全素养是获取、分析、评价、创造、参与媒介信息时保障个人身心健康、财产安全、生命安全等而应该具备的知识、能力及态度等。如图4-1所示。

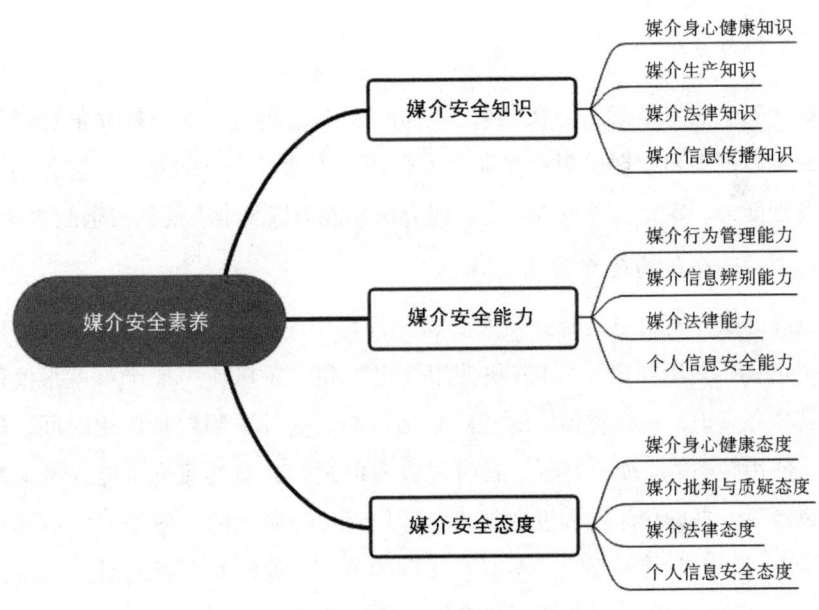

图4-1 媒介安全素养内涵

一、媒介安全知识

媒介安全知识是指人们在获取、分析、评价、创造、参与媒介信息时保护自己的身体健康和心理健康,保证个人财产、生命等安全的知识。媒介安全知识是媒介安全能力和态度的基础。

不同的学科领域对媒介安全知识提出了不同的要求。医学、心理学界关注的是媒体使用对身体、心理的影响。传播学者多从媒介自律和他律的媒介伦理视角考察媒介内容生产与传播对社会组织或个人的影响,从而探讨媒介内容生产的安全以及媒介对社会提供安全的问题。信息学科的专家则以信息安全、网络安全为出发点讨论媒介传播的安全。[1] 除此之外,社会学者倾向于从国家安全、文化安全的角度阐发传媒在构建国家安全、文化安全体系中的责任和措施,在本书中,我们将其作为媒介文化素养进行重点讨论。

基于以上的分析,媒介安全知识至少包括媒介身心健康、媒介生产、媒介法律以及媒介信息传播等四个方面的内容。

二、媒介安全能力

媒介安全能力是指人们在获取、分析、评价、创造、参与媒介信息时保护自己的身体健康和心理健康,保证个人财产、生命等安全的能力。它包括媒介行为管理能力、媒介信息辨别能力、媒介法律能力以及个人信息安全能力等。

(一)媒介行为管理能力

良好的媒介使用习惯需要强大的媒介行为管理能力作为支持。一些家庭制订的"电视机使用规定""计算机使用规定"和"手机使用规定"就很值得借鉴。其核心意识,一是对媒体的使用添加限制。这种限制包括使用时间、使用场所、使用频率等。研究发现,长时间收看电视的儿童的家庭,电视机大都放置在离饭桌、书桌和床比较近的地方,他们对父母制定的一些限制(不要边学习边看电视、不要看得很晚、不要看无聊的节目、固定看电视的时间)都没有执行。二是通过约束,以逐渐形成群体习惯和意识。

例如,为了减少暴力电视节目对儿童的影响,一些家长采取的是限制儿童

---

[1] 欧阳开宇,王安中. 媒介安全体系的价值认知与实现路径 [J]. 现代传播(中国传媒大学学报),2008(6):153-154.

观看暴力节目的措施。残酷场面较多的节目、色情节目、惊险节目、战争片、结伙凶杀、拳击等,不应该让儿童看或少看。另外一种有效的措施是与儿童一起观看电视。通过与儿童一起观看电视节目或在观看电视时对节目内容进行解释,父母可以调节或减缓暴力内容对儿童的影响。研究表明,父母对暴力内容所做的批判性陈述可以减少儿童对攻击性行为的模仿。①

(二) 媒介信息辨别能力

受众的媒介信息辨别能力是其媒介素养的一项重要指标。它既包括受众对传播内容的鉴别能力,即受众用来识别或是界定媒介信息的文类、规则、惯例、叙事方案等的能力,也包含了媒介对人、对社会的影响这些深层次方面的认识。在德国,青少年媒介批判能力的培养一直是媒介素养教育中的重要组成部分。这一方面是因为青少年处于思想尚未成熟时期,媒介接触频繁,倘若毫无媒介批判意识,容易全盘接受大众媒介提供的信息和图景,成为媒介的"俘虏";但更重要的是,一个能对媒介进行理性批判分析的青少年受众群体,不仅能够间接促使媒介产品质量的提高,从长远看,更有益于社会的民主文明建设。②

媒体传播的信息绝非是镜子式的客观的反映,而是经过选择、编码和重新结构化的加工。因此,媒体中呈现的现实实际上是一种"拟态环境",它与自然的现实已经存在着一定差距。因此,良好的信息辨别能力,要求对媒体信息的生产和制作过程有较深入的了解,对媒体传播的信息有质疑的态度,并掌握求证的方法。当然判断和鉴别媒体信息真伪的能力与个人经历、知识结构、逻辑分析和综合能力有关,只有不断提高、丰富自己,对待各类信息才不会有"雾里看花"的感觉。

(三) 媒介法律能力

媒介法律能力是指正确运用与媒介传播相关的法律法规,保护个人身心健康、财产安全等的能力。比起媒介法律知识、媒介法律意识来,媒介法律能力具有综合性的特点。它主要包括运用媒介法律的思辨能力、判断能力和法律行为能力等。

能力是通过知识积累和实践活动转化而形成的。通过学习与媒介相关的法

---

① 张令振. 电视对儿童侵犯性行为的影响 [J]. 中国广播电视学刊, 1994 (3): 105-109.
② 柳珊, 朱璐. "批判型受众"的培养——德国青少年媒介批判能力培养的传统、实践与理论范式 [J]. 新闻大学, 2008 (3): 70-75, 52.

律理论和法律知识，逐渐实现知识向能力的转化，这样才能透过复杂的现象认清事件的本质，而不被表面现象所迷惑，正确理解和运用法律，维护个人的身心健康和合法权益。以我国法律法规赋予媒体在未成年人保护体系中的责任为例，《中华人民共和国未成年人保护法》（2020年10月17日修订版）第四十八条规定："国家鼓励创作、出版、制作和传播有利于未成年人健康成长的图书、报刊、电影、广播电视节目、舞台艺术作品、音像制品、电子出版物和网络信息等"，第四十九条规定："新闻媒体应当加强未成年人保护方面的宣传，对侵犯未成年人合法权益的行为进行舆论监督。新闻媒体采访报道涉及未成年人事件应当客观、审慎和适度，不得侵犯未成年人的名誉、隐私和其他合法权益。"《中华人民共和国预防未成年人犯罪法》（2020年12月26日修订版）第五条则对各级人民政府在预防未成年人犯罪方面的工作职责作了明确规范，如其中的第二款："组织公安、教育、民政、文化和旅游、市场监督管理、网信、卫生健康、新闻出版、电影、广播电视、司法行政等有关部门开展预防未成年人犯罪工作。"通过相关法律法规的学习和了解，就可以不断增强对违法行为与犯罪的辨别能力，并逐渐理解对违法犯罪行为制裁的意义，也提高了用法律来规范和约束自己行为的能力。

（四）个人信息安全能力

个人信息安全能力是媒介安全素养的重要组成部分，也是媒介安全素养最终得以表现的形式，其内容包括正确设置密码确保信息私密性、防范计算机网络犯罪和计算机病毒等恶意攻击、防范垃圾信息的入侵（如垃圾短信、邮件等）、从多渠道获取解决个人信息安全问题的手段等。

密码设置和保护是个人信息安全能力的重要内容，它包括：

（1）是否在多个设备或网络服务上使用相同账号和密码。如果在多个设备或网络服务上使用相同密码，则会使个人信息安全侵害的风险大大增加。

（2）更换密码的频率。较低的密码更换频率潜藏着当密码泄露后遭遇各种损失的风险。

（3）是否会对重要业务文件和数据设置密码。对计算机重要业务文件和数据进行密码保护是现代使用计算机的一项基本技能，其中之一是计算机登录的密码设定，另外则是对一些重要文件设定密码，这是为了防止用户离开计算机或者计算机数据泄露时保护计算机数据。

计算机病毒是个人信息安全遭遇侵害的重要威胁。当病毒进入计算机时，会删除、修改或复制重要的个人信息，甚至会远程操纵计算机，窃取重要个人信息。对计算机病毒传播途径的了解，直接影响计算机遭遇病毒侵害的可能性，进而影响个人信息安全。升级计算机系统和病毒库有利于提升计算机性能，减少计算机病毒入侵的机会。

对于网络上来历不明的邮件、聊天工具或论坛、网页弹出的链接是否打开也是有效防护计算机病毒的一个重要环节，因为很多病毒、木马会以来历不明的邮件、弹出的链接进行伪装。如果不加选择地打开，很有可能感染病毒或木马，进而让个人信息处于不安全的情况。

对计算机中的重要信息定期备份是保护个人信息的重要手段，也是媒介安全能力的重要组成部分。定期备份重要信息可以在电脑发生故障时有效地防止信息丢失。①

三、媒介安全态度

媒介安全态度是指人们在获取、分析、评价、创造、参与媒介信息时保护自己的身体健康和心理健康，保证个人财产、生命等安全的稳定的心理倾向。它包括媒介身心健康态度、媒介批判与质疑态度、媒介法律态度以及个人信息安全态度。

（一）媒介身心健康态度

良好的媒介身心健康态度，要求媒体使用者能清醒、警惕地认识到使用各种各样的媒体可能对身体和心理造成的不良影响，并注意形成良好的使用习惯，避免受到视力减退、消化不良、电磁辐射、睡眠问题、斑疹以及媒介成瘾等问题的影响。

（二）媒介批判与质疑态度

美国著名学者道格拉斯·凯尔纳（Douglas Kellner）指出："获得一种对媒体的批判性的读解能力是个人和公民在学习如何应对这一具有诱惑力的文化环境时的一种重要资源。学会怎样阅读、批评和抵制媒体的操纵会有助于个人获得一种与占主导地位的媒体和文化打交道的力量。它可以提升个人面对媒体文化时的自主权，能给个人以更多的驾驭自身文化环境的力量以及创造新的文化

---

① 罗力. 上海市民个人信息安全素养评价研究［J］. 重庆大学学报（社会科学版），2013（3）：95-99.

形式所必需的教养。"① 媒介批判与质疑态度强调媒体使用者不轻易相信各类媒体传播的信息,能理解影响媒体信息真实性的各类因素:信息环境的变化、媒体的属性、刻板印象、记者的素质等。

随着新媒体技术的飞速发展和智能传媒时代的到来,普通受众将会长期面对人类记者和自动机器人记者共存的局面。这就对受众的信息识别能力、质疑认识提出了更高的要求。一是注重对信息传播者的识别。在智能传媒时代,普通受众需要通过对数据新闻等与以往时代不同的信息产生流程的不断了解,辨别出自身面对的信息是由人类还是由自动机器人完成的。进入以人工智能和大数据技术为主导的新时代,由于对于信息生产者是人还是机器的基本判断,将决定着我们对信息真实性、传播伦理等的分析进程,因此对信息生产者的识别成为提升信息识别能力的重要手段。二是增强对数据、信息真实性来源判断能力的培养。数据是21世纪关键的原材料。对智媒软件来说,数据更是它完成信息生产的重要基础。但是,在吸引注意力成为互联网经济重要理念的今天,为了追求效率最大化和生产速度而自动生成的信息,其数据来源是否可靠、是否客观?代表了怎样的立场?作为普通受众,不但要具备对数据、信息真实性进行质疑的态度,更要学会如何通过各种技术手段,辨别数据、信息来源的真实性,以及快速、负责、可持续地使用数据。

(三)媒介法律态度

作为媒介安全态度组成部分的媒介法律态度,是指人们对于与媒介传播相关的法律法规及有关法律现象的观点、知识和心理态度的总称。在我国的现行法律法规当中,涉及媒体的有很多,包括著作权类(如《中华人民共和国著作权法》《互联网著作权行政保护办法》)、出版管理类(如《音像制品出版管理规定》《电子出版物管理规定》)、印刷管理类(如《印刷业管理条例》)、广告管理类(如《中华人民共和国广告法》)、广播电视电影管理类(如《广播电视管理条例》)、新媒体类(如《互联网信息服务管理办法》)等。在从事相关活动时,要能从中寻求依据,遵纪守法。

(四)个人信息安全态度

个人信息安全态度具有丰富的内涵,一方面是个人对信息安全问题的全面

---

① 道格拉斯·凯尔纳. 媒体文化:介于现代与后现代之间的文化研究. 认同性与政治 [M]. 丁宁,译. 北京:商务印书馆,2013:10.

反映，包括感性认识和理性认识。感性认识层面是指对信息安全问题的基本态度和信息安全现状的情感体验；理性认识层面则是指对信息安全问题的认知，包括对信息安全的重要性、内涵、威胁来源、实现途径等方面的认知。另一方面是关心和维护信息安全的意识取向，具体表现为忧患意识、防范意识、责任意识、保密意识等。[①]

[①] 罗力. 上海市民个人信息安全素养评价研究 [J]. 重庆大学学报（社会科学版），2013 (3)：95-99.

第五章

媒介交互素养：
新媒体情境下的交往机遇与风险应对

人类的生活离不开人际沟通。人际沟通不但对一个人的成长和发展发挥着非常重要的作用，而且对家庭建设、夫妻关系、邻里关系、社区生活、工作关系乃至团体合作、商务沟通、民族问题、国家关系以及世界和平都有着直接和间接的影响。

人们所处时期、民族、地域不同，其沟通方式和沟通文化也不尽相同。不同的媒介技术，则影响着人们感知世界的方式，也影响着人们交互的方式。在口传时代，由于受到时空的局限，人们的感觉是"整体"的，人类的交互强调的是面对面的在场感。进入印刷时代，视觉的作用得以放大，书籍成为交流阅读的一种工具，人类的交互开始突破时空界限。到了电子时代，信息传输瞬息万里，人们对世界和时空的感知瞬间一体化，人类的交互彻底打破了传统的边界以及线性观念。

所谓媒介交互素养，是指媒介使用者与媒介进行交互，或利用媒介与他人进行交流的知识、能力和态度。可以看出，这里所说的交互，既有人与媒介的交互，也有人与人的交流，由此也就形成了多种交互模式。无论是哪一种模式，都对当代人提出了与以往不一样的媒介素养要求。

第一节 交互与交互理论

一、从交互到媒介交互

交互，即交流互动之义，交流与互动在这里并置，互动在交流的基础上得以展开，而互动的延展又激发了进一步交流的需要。当然，这种彼此成就的关系并不等于说交流与互动是对等的两种功能状态。相反，事实上，交流始终是起始性的，没有交流的互动永远只是无意识和无目的的自发行为，而这样的自发行为自然无法开启新一轮的交流冲动。因而从这个意义上看，所谓交互，其实质上应该是交流。

交互既包括人媒交互，也包括人人交互。严格来说，人媒交互其实也是人人交互，因为做信息传播者的，大多情况下是可分辨的、作为个体的人。即使是近年来随着人工智能技术的发展而兴起的"新闻写作机器人""智能主播"等，其背后也仍然有人的作用。当然，也有一些情况下信息传播者已经无从考证或无法知晓，如早期的壁画、岩画等，但这些特殊的媒介形式通过对华夏先民认识和改造自然世界的生动诠释，让作为信息接受者的当代人深刻地认识当时社会的政治、经济、文化发展水平，表现出鲜明的交互性能。[1]

无论是人媒交互还是人人交互，随着报纸、广播、电视、网络、新媒体的相继出现和不断发展，根植于早期传播媒介当中的交互性能发生了巨大的变化：交互的速度越来越快，而且实现了数字化的实时传递；交互的形式可以是一点对一点，也可以是一点对多点、多点对一点、多点对多点；利用各种媒介进行交互的主体不再局限于一些特殊人群如具有职业特点的编辑、记者、出版者等，而是社会各个阶层的成员。[2]

---

[1] 肖峻峰. 论媒体的交互性 [J]. 中国出版, 2001 (8): 50-51.
[2] 肖峻峰. 论媒体的交互性 [J]. 中国出版, 2001 (8): 50-51.

二、交互理论的深入解读

交互的问题十分重要。但长久以来,我们对交互的思考与研究还不够深入。说其重要,是因为在漫长的人类文明演化中,由于地理空间的隔绝、历史发展的错位以及技术革新的断档等多种因素的存在,使得人类社会长期处于彼此封闭的状态,而这种彼此封闭通常会导致群体间的猜疑、敌视乃至更高维度的意识形态偏见。这或许就是人类悲剧性的一面:我们共同居住在同一个星球上,我们共享着自然所赋予我们的一切,但因为彼此不够了解而往往将对方视为敌人。进言之,正是自我与他人、个体与群体、内心与外在之间的断裂所引发的痛苦激起了人们对于"交流"的渴望,"这个词汇呼唤的,是一个人人敞开心扉,说话无拘无束却可免于误会的理想乌托邦"①。

那么,人类这种对于交流的渴望,对于交互的呼唤是否能够单纯依靠媒介技术的进步而得到满足呢?或者说,在技术发展面前,人类是否只要保持这份原初的交流冲动而无需任何额外的知识素养就能够坐等"畅通交流"的自动抵达?这一点,至少在媒介理论家和传播思想史学者约翰·彼得斯(John Peters)那里是否定的。作为媒介学者,彼得斯所著的《对空言说:传播的观念史》一书致力于将"交流"当作一个切实存在的问题而加以讨论。其中,彼得斯通过将"交流"放置在不同的文化语境内予以解读的方法,对于我们探寻媒介交互素养的完整内涵至关重要。

在《对空言说:传播的观念史》的开篇,彼得斯就将苏格拉底、耶稣和孔子的交流方式当作人类社会的交流典范。究其缘由,是因为作为最早让"交流/传播"在他们各自全部的哲学思想中占据核心位置的先贤,当他们在世时都不约而同地选择了对空言说的方式来传播自己的思想,即放弃任何形式的书写,任凭这些思想在空中流布,任由他们的传人去转述而品评。在彼得斯看来,这是三位先师做出的最好姿态,"对意义占有的放弃","尽管在学说该包括何种内容以及该对谁传播这两个问题上,他们都殚精竭虑,但对其身后的人该如何解读学说,他们都放弃了控制权"②。但正因如此,尽管他们发出的交流没能在当

---

① 约翰·彼得斯. 对空言说:传播的观念史 [M]. 邓建国,译. 上海:上海译文出版社,2017:3.
② 约翰·彼得斯. 对空言说:传播的观念史 [M]. 邓建国,译. 上海:上海译文出版社,2017:4.

时得到即时的回应，但在今天，任谁也无法否认他们是在思想和经验的交互方面最成功的人。

诚然，对"交流"的渴望与追求古已有之，但直到19世纪后期才成为一种认识论层面的问题。在彼得斯的阐述中，美国心理学家、实用主义哲学创始人威廉·詹姆斯（William James）是这一认识论挑战的发起人，也是从他开始，关于"交流"的问题成为一个本源性的问题，因而需要予以认识论层面的观照。作为发起人，詹姆斯的研究目标，是尝试从心理学的角度解释"完美的交流何以不可能"。比如，他在《心理学原理》中就曾这样说："我们每一个人都把宇宙分为两半。几乎每一个人的兴趣都附着在这两半之一上。只不过，不同的人把这个分界线划在不同的地方。但尽管如此，我们大家给这两半各自的命名却是一样的，都叫'我'和'非我'……这是一个根本的心理事实……我们每个人都在不同的地方去分割宇宙。"① 詹姆斯的观点在后来被归入了"唯我论"（solipsim），这一流派坚信人与人之间的交流障碍是超越历史的和先天的。与"唯我论"相对立的，是迈尔斯（Frederic W. H. Myers）提出的"传心术"（telepathy），他们相信人与人之间无差别的心灵共享不仅可能，而且是一种必然。从这时起，"交流"被赋予了这一二元属性："一方面是人与人之间'瞬间可达'的交流美梦，另一方面是个体茕茕孑立，迷宫般难以穿越的交流噩梦。"② 二元属性留下的框架指引着后来的学者们对"交流"的持续认知，按照彼得斯的归纳，在20世纪20年代就产生了至少五种关于"交流"的相互缠绕着的观点。一是拉斯韦尔、李普曼等人认定"交流是对公共舆论的管理"；二是奥格登和里查兹等人认定"交流是对语义之雾的消除"；三是卡夫卡、艾略特等现代主义作家倾向于肯定"交流是自我城堡中进行的徒劳地突围"；四是海德格尔相信"交流是对他者特性的揭示"；五是杜威认定"交流是对行动的协调"。③

而在"二战"以后，敏锐的彼得斯很快就意识到了现代传播思想史的新节点，即关于"交流"的乐观主义思潮开始借助两种力量壮大起来：

第一种力量是随着计算机和通信技术崛起而一同到来的媒介技术主义，他

---

① JAMES W, The principles of Psychology [M]. Chicago: Encyclopedia Britannica, 1952: 187.
② 约翰·彼得斯. 对空言说：传播的观念史 [M]. 邓建国, 译. 上海：上海译文出版社, 2017: 8-9.
③ 约翰·彼得斯. 对空言说：传播的观念史 [M]. 邓建国, 译. 上海：上海译文出版社, 2017: 30.

们相信被詹姆斯所否定的纯粹的"交流转换器"是存在的,并且就存在于电子媒介技术中。信息论是这一流派的代表观点,因它的出现与快速扩散而带来的兴奋感使得人们对技术的长久进步终将会迎来完美交流和互动的一天深信不疑。具体来说,1948年,时年32岁的美国数学家香农(Claude Elwood Shannon)在《贝尔系统技术学报》上发表了题为《通信的数学理论》(A Mathematical Theory of Communication)的论文,由此开启了现代信息论的研究。香农的信息论以概率论和随机过程为基本的研究工具,其研究目的指向的是广义上的整体通信系统,其中诸如"转换器""接收器"等概念成为其研究核心,进而在此基础上推论如何实现信息的最优化传递。再后来,这种经由"转换器""接收器"来传递信息的理论被广泛应用于传播学、数学、物理学、生物学、心理学、语言学等多个学科,同时更成为新兴的传播学中的基本支撑理论,进而由此确立起了偏向于"传心术"的以信息传递为主要方向的"交流"和互动研究。

第二种力量来自"治疗性交流观"在人本主义心理学中的兴起。这一主张认定心理学层面的治疗活动是有效应对交流失败的方式。正如其代表罗杰斯所说:"心理治疗的任务,就是通过在患者与心理医生之间建立起一种特殊关系,帮助患者与其自我进行很好的交流……可以说,心理治疗就是良好的交流,是人与人之间、人和自己内心之间进行的良好的交流。我们将这句话倒过来,它仍然成立:良好的交流、自如的交流,无论在内心,还是在人与人之间,始终具有治疗效果。"[①]

彼得斯将上述两种理解"交流"的方式归结为"信息论的技术话语"和"'治疗与疾病'的治疗性话语"。二者并置的缘由是它们都笃定人类在相互接触中面临的障碍和麻烦均可消除,消除的办法或是更好的媒介,或是更好的交流技巧。但彼得斯对之进行了批判,他认为技术话语"忽视了人的有限性",也没能意识到"任何用来修补受损的交流的新手段(义肢)都不完全合适,而且还会伤害原来的残体"。[②]而治疗性话语也没能看到"'自我'对'自我本身'所表现出来的古怪之处,没有看到符号所具有的公共性质。他们将'自我'想

---

① 约翰·彼得斯. 对空言说:传播的观念史[M]. 邓建国,译. 上海:上海译文出版社,2017:40.

② 约翰·彼得斯. 对空言说:传播的观念史[M]. 邓建国,译. 上海:上海译文出版社,2017:45.

象成私人经验性财产的所有者,将语言想象成为其传递讯息的信使"①。因此,从终极意义上看,上述两种理解都无法通往他们的彼岸,无法真正达成他们所信奉的"灵魂融合"的天使交流梦想。意外的是,面对这一困境,彼得斯本人却并不悲观,他反而是认为"灵魂融合"式的交流愿景终将归于徒劳并不值得叹惋,因为固执地希望交流双方达成互相模仿的境界,可能会走向霸道。所以,真正的交流观应该是承认,"与我们分享这个世界的一切生灵都具有美妙的他者特性,而不必悲叹我们无力去发掘它们的内心世界。我们的任务是认识这些生灵的他者特性,而不是按照我们的喜好和形象去改造它们"②。彼得斯的理解亦是我们思考媒介交互素养的起点,交互的目标是在媒介的导引下认识他者的特性,寻找建构在主体间性之上的互动或许才是理想的媒介素养境界。

第二节 媒介交互素养:构建新型交互模式

形形色色的媒介,在人们的社会交往中发挥着越来越重要的作用。方艳将媒介在社会交往中的作用归纳为人际关系空间媒介化、人际关系内容媒介化、人际关系角色媒介化和人际关系模式媒介化等四种。媒介构建了与传统面对面交往不同的媒介人际关系空间,造成了当今人际关系空间丰富多彩的局面;人们交流的信息、语言和观点等都自然地带有不同媒介的特点;媒介塑造、改变着人们的社会角色,形成了人际交往中"人—人""人—媒介—人""人—媒介""个人媒介化空间—个人媒介化空间""人—他人的媒介化空间"等多种关系模式。③

媒介的快速发展对人们的社会关系造成的负面影响同样不容小视。从以往电视的过度使用使得家庭成员之间、邻里之间的关系淡漠以及儿童社会化的困难,到网络人际交往的平面化、碎片化、无深度、审美化等后现代文化特征,

---

① 约翰·彼得斯. 对空言说:传播的观念史 [M]. 邓建国,译. 上海:上海译文出版社,2017:44.
② 约翰·彼得斯. 对空言说:传播的观念史 [M]. 邓建国,译. 上海:上海译文出版社,2017:47.
③ 方艳. 论人际关系媒介化 [J]. 国际新闻界,2012,34(7):52-57.

再到今天"手机依赖症""低头族"的出现及其引发的交通安全问题、人际关系问题等等，都提醒我们要学会合理利用媒介进行社会交往，避免因媒介使用造成人际关系紧张。

媒介交互素养在新媒体技术时代的媒介素养构成体系当中占有十分重要的地位。如果说媒介安全素养是一种必须，媒介交互素养则是一种必要。它是媒介使用者面对新媒体技术所带来的"参与式文化"的选择和需要。在社交媒体日益发达的时代，我们越发感觉到，网络不仅仅是电脑的连接，它还是人的连接。伴随着交互模式的改变，媒介改变了我们的安全需求，变革了我们的学习方式，更提升了我们的文化需要。因此，媒介交互素养在媒介素养体系中起着承上启下的作用。

一、媒介技术发展：促进交互的机遇和挑战

传播是人类生存的必要条件之一。媒介技术的发展，使得传统社会结构中人际传播、组织传播、群体传播以及大众传播的边界逐渐被打破，社会关系得以重构。这一方面促进了人们拓展交互的机遇，也对人们的交互意识和能力都提出了更高要求。

（一）媒介技术的发展为促进人们交互提供了机遇

媒介技术的发展，拓展了人们与外界交互的空间，也增加了人们与外界交互的机会。远古时期，人们主要通过肢体和手势等传递信息。人与媒介合二为一，媒介与信息不能分离。口头语言的诞生，使人类将自身与其所传递的信息分离开来，提高了人们的传播效率。然而，口头语言转瞬即逝，无以留存，也无法远播；时空的局限使它几乎完全依赖于面对面的传播。文字的出现，突破了口头传播受时空限制的束缚，使信息可以流传于异时异地，保存久远。造纸术和印刷术的发明，更使信息能够大量而迅速地复制，向广大公众传播。电子媒介的出现，使人类再一次回归用感官接收视听信息的天性，与文字传播分析的、抽象的、线性的特征形成对照。数字媒介的产生，使传受双方在跨越时空界限的同时，实现了高度互动。互联网的普及，则带来了一个有史以来最为自由和个性化的传播时代。①"媒介技术的发展使人类一步步摆脱时间和空间的限

---

① 蔡骐，党美锦．反思媒介竞争：哲学与社会学视野［J］．湖南师范大学社会科学学报，2007（3）：140-143．

制，消解了现实传播的确定性和时空限制，从而使人摆脱了偶然性的束缚，无止境地拓宽了传播的时空疆域；使传播成为不受时空制约，可以自主选择的自由传播，成为向无比广阔的领域、无限多样的形式开放的传播。"①

同样，媒介技术的发展使得传者与受者之间的关系发生了革命性的变化。远古时期，传播主体与接受主体之间并没有明确的角色区别。文字的发明和印刷术的产生使人类的间接传播成为可能，但由此而诞生的大众传播方式却使传者和受者分离、对立，并且受者通常处于被动接收状态，难以进行反馈。而在当代社会中，技术的发展使媒介的交互性日益提高，特别是网络的出现，不但改变了人们的信息传播方式，更改变了人们既有的传播观念，从而形成了一种双向互动、和谐平等的新型传受关系。②

（二）媒介技术的发展对人们的交互能力提出了新的挑战

在促进人们交互的同时，媒介技术的发展对人们的交互能力也是一个不小的挑战。从媒介的类型看，印刷媒介对受众如何表达明确的观点提出了要求；广播电视的发展，使受众从原先的被动的欣赏者、陪衬者发展成了参与者、配合者，甚至成为表演者和主角；网络以及层出不穷的新媒体应用，更是让受众随时随地可以与他人进行视频、音频、文字等形式多样的交互，这对受众掌握利用媒介交流的方法与技巧提出了新的要求。

从交互的类型看，由于媒体技术的发展特别是网络、新媒体技术的发展，使得普通人的社会关系不断拓展，交互的方式也不断丰富。人们除了以往比较熟悉的人际传播，还需要时常面对组织传播、群体传播、大众传播的交互方式。

从交互的技术看，人机交互的发展经历了早期的手工作业阶段、作业控制语言及交互命令语言阶段、图形用户界面阶段、网络用户界面阶段，已经进入了多通道、多媒体的智能人机交互阶段。

在早期的手工作业阶段，设计者本人（或本部门同事）采用手工操作和依赖机器（二进制机器代码）的方法去适应现在看来是十分笨拙的计算机。

在作业控制语言及交互命令语言阶段，计算机的主要使用者——程序员采用批处理作业语言或交互命令语言的方式和计算机打交道。

---

① 李欣人. 人学视野下的媒介演进历程 [J]. 新闻与传播，2005（12）：27-30.
② 蔡骐，党美锦. 反思媒介竞争：哲学与社会学视野 [J]. 湖南师范大学社会科学学报，2007（3）：140-143.

到了图形用户界面阶段，采用的是桌面应用、WIMP[①]技术、直接操纵和"所见即所得"的方法，使得不懂计算机的普通用户也可以熟练地使用，从而开拓了用户人群，并且使得信息产业得到空前的发展。

网络用户界面阶段的重要代表是以超文本标记语言 HTML 及超文本传输协议 HTTP 为主要基础的网络浏览器。由它形成的 WWW 网已经成为当今 Internet 的支柱。

进入多通道、多媒体的智能人机交互阶段，以虚拟现实为代表的计算机系统的拟人化和以手持电脑、智能手机为代表的计算机的微型化、随身化、嵌入化，成为计算机的两个重要的发展趋势。多年的实践表明，以鼠标和键盘为代表的 GUI（图形用户界面）技术是影响计算机发展的瓶颈，而利用人的多种感觉通道和动作通道（如语音、手写、姿势、视线、表情等输入），以并行、非精确的方式与（可见或不可见的）计算机环境进行交互，可以提高人机交互的自然性和高效性。多通道、多媒体的智能人机交互为人们了解世界提供了极好的机遇，也是一个全新的挑战。[②]

二、媒介发展对人媒关系产生了重要影响

媒介技术对于人类社会的发展具有重要的影响作用。加拿大传播学者哈罗德·伊尼斯（Harold Innis）和马歇尔·麦克卢汉（Marshall McLuhan）甚至将媒介作为社会发展和社会形态变化的决定因素。这一观点尽管具有"技术决定论"的偏颇，但不可否认，当今世界，人类社会借助于媒介得以正常运行，人们已经离不开媒介。

（一）人与媒介的关系

麦克卢汉对人与媒介的关系进行了深入阐述，其"媒介延伸论"的核心思想，包含"媒介是人的延伸"和"人是媒介的延伸"两个重要论断。[③]

1. 媒介是人的延伸

所谓"媒介是人的延伸"包含两个方面的内涵。首先，媒介是对人体器官

[①] WIMP，即 Window/Icon/Menu/Pointing Device（窗口、图标、菜单、指点设备），是图形用户界面中的重要组成部分。

[②] 董士海. 人机交互的进展及面临的挑战 [J]. 计算机辅助设计与图形学学报，2004（1）：1-13.

[③] 李曦珍，楚雪. 媒介与人类的互动延伸——麦克卢汉主义人本的进化的媒介技术本体论批判 [J]. 自然辩证法研究，2012（5）：30-34.

系统的延伸。麦克卢汉认为，媒介延伸了人体的运动、感觉和神经等三大器官系统。人类通过各种工具的制造，刺激、放大和分割了肢体的力量，也加快了行动和交往的过程。电磁技术的出现，又使人的神经系统延伸并形成一种新的社会环境。① 在麦克卢汉看来，轮子是脚的延伸，工具则是手、腰背、臂膀的延伸，电磁技术是神经系统的延伸。在经历了空间延伸、中枢神经系统延伸之后，媒介的人体延伸已经进入了意识的技术模拟阶段。②

其次，媒介是人体器官官能的替代性延伸。"今天，人实际上在他过去用身体所做的一切事情中完成了人的延伸。武器的演进开始于牙齿和拳头，终止于原子弹。衣服和住宅是人的生物学温度控制机制的延伸。家具取代了蹲在地上或席地而坐的姿势。电动工具、眼镜、电视和书籍使人的声音跨越时间和空间。"③ 媒介具有延伸人类机体官能的性质：印刷媒介以及摄影机是视觉延伸；无线广播是听觉延伸；交通工具是腿脚运动功能的延伸；电话是听说功能的延伸；电视则是全身感官及触觉的延伸。在预言电子媒介技术延伸大脑中枢神经的发展趋势时，麦克卢汉强调说，电子媒介所引起的人的意识延伸会引进一个千禧盛世，人的意识会从机械世界的枷锁中解放出来到宇宙中去遨游；④ 电脑技术"有可能给人的各种感觉编制程序使之接近于人的意识"。⑤

正是媒介对人体的延伸，使得媒介对人们的生活方式、世界观和思维方式等产生了深刻影响。⑥

媒介改变了人的生活方式。麦克卢汉说，"媒介塑造和控制人类交往和行动的规模和形式"，影响了我们衣、食、住、行、信息交流、社会交往、劳动工作、消费方式、休闲娱乐、待人接物等生活方式的各个方面。从古代的烽火相传，到后来信件、电话的使用，再到信息时代的电子邮件、手机短信、即时通

---

① 斯蒂芬妮·麦克卢汉，戴维·斯坦斯. 麦克卢汉如是说：理解我 [M]. 何道宽, 译. 北京：中国人民大学出版社，2006：34.
② MCLUHAN M. Understandig media (second edition) [M]. New York：Mcgraw-Hill Book Company, 1964：19.
③ 埃里克·麦克卢汉, 弗兰克·秦格龙. 麦克卢汉精粹 [M]. 何道宽, 译. 南京大学出版社，2000：424.
④ 埃里克·麦克卢汉, 弗兰克·秦格龙. 麦克卢汉精粹 [M]. 何道宽, 译. 南京大学出版社，2000：307.
⑤ 马歇尔·麦克卢汉. 理解媒介：论人的延伸 [M]. 何道宽, 译. 北京：商务印书馆，2000：97.
⑥ 冉庆. 人与媒介的关系探析 [D]. 大连：大连理工大学，2011.

信软件等，人们的信息交流方式发生了革命性的变化；从远古时代的实物交换，到后来的去商店购买，再到现在的电视购物、网络消费，从过去的现金消费到今天的信用卡、网银、微信支付等，人们的消费方式也发生了翻天覆地的革新；电脑、传真、手机、网络等的应用，使得工作已经渗透到了家庭当中，让家成了办公室；广播、电视、网络、手机游戏等的不断发展，也让人们的休闲娱乐内容和方式都更加媒介化……

媒介改变了人的价值观。媒介或者为各种价值观争斗提供场所，或者为取得支配地位的价值观所占据。① 媒介的全球化，为人们打开了一扇信仰与行为发生变化的大门。网络的便捷性、互动性、隐匿性等特点，让网络恶搞、人肉搜索、网上谩骂影响着人们传统美德和审美观。正如历史学家柯林伍德（Robin George Collingwood）所说，"人类制造的技术会反过来影响人类的世界观"。②

媒介影响着人们的思维方式。德国哲学家恩斯特·卡普（Ernst Kapp）在其技术哲学的奠基性著作《技术哲学纲要》（1877）中指出，高级技术"不在于它对有机体形式的无意识仿制，而恰恰在于对功能概念的投射，说到底，对生命体以及对作为有机体能动者的智慧的投射"。③ 媒介作为"智慧的投射"更重要的是会带来思维方式的改变，即麦克卢汉所言带来感知模式的变化。印刷媒介和电子媒介分别导致了线性和非线性思维方式。读书、看报是一字字、一行行、一页页，有逻辑推理各种关系，需要逻辑论证；而电视则是各种不同的专业频道在短时间内更换不同类型节目，使得内容成为非线性的块状。这也使得伴随电视、网络等媒介成长的新生代与其父辈相比，明显具有逻辑性差但思维跳跃的特征。

2. 人是媒介的延伸

"人是媒介的延伸"也包含着两个方面的内涵。首先，人是媒介技术进化的产物。媒介技术在延伸人的运动器官、感官和中枢神经的同时，使人体的相应机能都得以进化。"我们的神经系统已经延伸而成一个全方位的信息环境；在一定程度上，这样的延伸是进化的延伸。进化不再是千万年来的生物学意义上的延伸，而是过去几十年那种信息环境的延伸。全球规模的人造环境，从进化的

---

① 刘晓红，孙五三. 价值观框架分析——研究媒介和价值观变迁的可能途径 [J]. 新闻与传播研究，2007（4）：51-59，96.
② 曾国屏，等. 赛博空间的哲学探索 [M]. 北京：清华大学出版社，2002：231.
③ 吴国盛. 技术哲学经典读本 [M]. 上海：上海交通大学出版社，2008：451.

意义上说，是比我们整个生物机体的进化伟大得多的进化。"① 这种技术进化与自然进化是不同的："动物的进化大部分通过器官的改变或新器官的出现来进行。人类的进化大部分通过发展人体或人身之外的新器官来进行，生物学家称之为'体外地'或'人身外地'进行。这些新器官是工具、武器、机器或房子"。② 美国学者保罗·莱文森（Paul Levinson）的结论是："人是媒介的产品或结果，而不是相反。"③

其次，人是媒介技术的存在物。海德格尔认为，凡是在技术中出现的东西，都必须被纳入这种环环相扣的技术展现方式才能得到展现。以如此规则所展现的一切展现物便理所当然地成了技术的"持存物"，技术在此充当了将世间万物一网打尽的"座架"，不仅人造物和自然界变成了技术展现系统的"持存物"，就连人本身也被纳入了技术展现系统之中变成了"持存物"。④ 在电子媒介中，人变成了"无形无象"的媒介信息存在物："我们此刻正在上电视，我们进入电波之后，就没有了肉体。你打电话、上广播、上电视都不再有肉体。你只剩下一个形象。没有肉身时，你就成为无形无象的人。"⑤ 互联网的兴起和新媒体的不断发展，媒介的影响力对社会也全面渗透，"人人皆媒介"已经成为事实，人的网络化交往方式和媒介化生存空间被数字化为一种虚拟的信息存在。人被虚拟化和数字化的方式有两种：一是隐没真实自我而以"网络自我"的"虚拟身份"进入虚拟世界，并将"实体人"转化为"虚拟人"；二是人借助数字技术将"原子人"转化为"比特人"，人从"实体形态"被数字化为"信息形态"而变成了精神性的信息存在。⑥

（二）人与媒介关系模式的多样化

媒介技术的发展，改变了人和媒介的关系，并形成了"人—媒介—人"

---

① 斯蒂芬妮·麦克卢汉，戴维·斯坦斯. 麦克卢汉如是说：理解我 [M]. 何道宽, 译. 北京：中国人民大学出版社，2006：105.
② 卡尔·波普尔. 客观知识 [M]. 舒伟光, 等译. 上海：上海译文出版社，1987：274.
③ 保罗·莱文森. 数字麦克卢汉 [M]. 何道宽, 译. 北京：社会科学文献出版社，2001：259-260.
④ 李曦珍, 楚雪. 媒介与人类的互动延伸——麦克卢汉主义人本的进化的媒介技术本体论批判 [J]. 自然辩证法研究，2012，(5)：30-34.
⑤ 斯蒂芬妮·麦克卢汉，戴维·斯坦斯. 麦克卢汉如是说：理解我 [M]. 何道宽, 译. 北京：中国人民大学出版社，2006：181.
⑥ 李曦珍, 楚雪. 媒介与人类的互动延伸——麦克卢汉主义人本的进化的媒介技术本体论批判 [J]. 自然辩证法研究，2012（5）：30-34.

"人—媒介"等关系模式。

1. 人—媒介—人

以数字化技术为代表的信息传播技术，使得一种以计算机为中介的传播方式（Computer-Mediated Communication，简称 CMC）应运而生。关于这一传播方式的研究在网络传播研究领域具有非常核心的地位，该领域最为重要的学术期刊 Journal of Computer-Mediated Communication（JCMC）也以此命名。① 这种传播方式兼容了传播类型中人际传播、团体传播、大众传播各自的优点，彻底打破了时间和地域的局限性，为不同文化背景、不同社会阶层的人们创造了一个独特的交流空间。

计算机中介传播创造的交流空间具有"类公共"空间的特征。也就是说，虽然它具有公共空间的一些基本特征，但基于其信息传播的非理性、公私界限的模糊化以及传播模式的多元化，严格来说，它只能算是一种"类公共"空间。②

概括来说，计算机中介传播创造的空间形式主要包括以下四种：

（1）公共化的公共空间。所谓公共化的公共空间，是指面向大众的各类门户网站所提供的信息服务空间。如新浪、搜狐、网易等综合性门户网站，就提供了新闻、搜索引擎、聊天室、免费邮箱、影音资讯、电子商务、网络社区、网络游戏、免费网页等服务；又如大学生生活网、腾讯校园等校园综合性门户网站，则以贴近学生生活为特色，提供包括校园最新资讯、校园娱乐、校园团购、跳蚤市场等在内的各类信息；此外，还有搜索引擎式门户网站、政府门户网站、地方生活门户网站、专业性门户网站等。

（2）私人化的公共空间。私人化的公共空间是以私人信息、私人话题、私人事件为主要传播内容的公共空间。它的主要表现形式包括个人网站、专门化的论坛等。自 20 世纪 90 年代初以来，作为完整的互联网服务的一部分，大多数互联网服务提供商都提供了免费的个人网站创建服务。这就使得许多个人或团体可以出于自我展示、作品展示、交友、求职推荐、个人商务等各种目的而创建出一个个"草根"的私人空间。这些因为设计精彩而拥有较多"粉丝"从

---

① 张放. 论"computer-mediated communication"的中译定名问题——基于学术史与技术史的考察[J]. 新闻与传播研究, 2016 (9): 104-112.
② 卢锋. 论网络空间的"类公共"特性[J]. 现代传播（中国传媒大学学报）, 2013 (7): 132-135.

而走向了公共化的私人空间,在互联网发展进程中发挥着不可忽视的作用。除此之外,一些大型的新闻网站或门户网站如凤凰网、人民网、搜狐网、新浪网等,也往往会设置专门的网络论坛,为网友提供交流的空间。

(3)公共化的私人空间。公共化的私人空间与私人化的公共空间之差异在于:后者本质是面向大众的公共空间,只不过因为网络的特性、市场的导向、客户的需求等诸多因素的影响,形成了"私人化"的特征;而前者原本是私人空间,由于这一私人空间的创建者或内容的特殊性,引起了公众的广泛关注,从而实现了"公共化"。例如,微博上的言论屡屡能引起公共空间的震动,并最终演变成了新闻事件策划与制造的新方式。其实,有很多微博并不关心公共问题,也不是为公众提供各种信息与意见,而只是为了借助于更便捷化、公开化的技术来叙述自我、抒发情感,谈论个体的日常体验。然而,这种原来属于私人空间的内容却占据了大量的公共空间,甚至让不少人斥之为"资源的浪费"。

(4)私人化的私人空间。这一类空间虽然形式较为独特,但它确实大量存在。在网络当中,有不少用户只把博客空间、QQ 空间、微信等作为记录自己的见闻、心得、心情以及与朋友交流的一个场所,这样的空间只属于个人或者少数几个人构成的朋友圈。

有人曾经形象地将门户网站称为"超级市场"(Supermarket),把那些专业性较强、涉及内容较为单一的网站称为"专卖店"(Exclusive Shop),把个人网站称为"包间",把 QQ 空间和微信朋友圈称为"高级私人会所"……网络空间的不同形式,使得人们在交往中形成了"人—人""人—媒介—人""人—媒介""个人媒介化空间—个人媒介化空间""人—他人的媒介化空间"等多种关系模式。与传统的人际交往相比,这需要人们具备更强的交互意识、更高的交互能力。

2. 人—媒介:准社会交往

由于媒介的不断普及,一些受众会与媒介人物建立起一种类似于现实中面对面建立的、想象、单向的人际关系。[①] 受众在其中"交往"的人物包括节目主持人、新闻播音员、演员等。由于这种人际交往只是在想象中存在,因此被称为准社会交往(Parasocial Interaction),也称拟社会交往或类社会交往。

---

① HORTON D, RICHARD W R. Mass communication and para-social interaction: Observations on intimacy at a distance [J]. Psychiatry, 1956, 19 (3): 215-229.

"想象"在正常的社会交往中具有重要作用，在准社会交往中同样是不可或缺的。研究表明，在社会交往中，个体会规划和预演与他人的交往，这种想象性的活动会对个体的真实社会交往产生影响。这类认知活动可能源于童年期兄弟姐妹不在身边时对朋友的想象，以满足友谊的需要等。而在准社会交往中，对媒介人物来说，媒介使用者自始至终都是"陌生人"，他们需要有相应的想象力才能成功地建立与各类媒介人物的"人际关系"。

准社会交往并不是现代社会才出现的。考格黑（Caughey）对各种不同的准社会交往情况进行过归类，由此阐明个体跟想象的人物具有强烈的"人际关系"，包括读者与小说主人公的关系，市民与主要政治人物及君主的关系，甚至包括个体与上帝或神灵的关系。①

不同年龄、性别受众的准社会交往具有不同的特点。例如，5~6岁的儿童特别是男孩，认同是其选择电视人物的重要因素，而10~11岁的儿童对电视人物的选择更多地将电视人物描述成朋友。② 7~11岁的儿童在选择喜爱的电视人物时，性别刻板印象是一个重要的预测因子：绝大多数男孩选择男性电视人物，而女孩选择男性电视人物的比例与女性电视人物人数相当。③

除了在生活、传统媒体中存在着准社会交往，新媒体因其互动性的显著特征，也存在着大量的准社会交往。由于广播、电视等传统大众媒介对媒介角色呈现会进行精心设计，以引起受众的积极的情绪反应，形成好感，因此其准社会交往经常是积极的。但是，在更加推崇个性化、自由开放的微博、微信平台上，则可能会出现另一种准社会交往形式，即受众也有可能因为不认同或反感某个媒介角色而产生关注，他们维持与媒介角色关系正是因为不认同或者是某种厌恶感，因此可以称之为消极准社会交往。④

弹幕视频网站被认为是重要的社交媒体。其最大的特点是允许受众在观看视频的同时将评论内容发送到服务器与视频同步播放，这种评论形式被称为覆

---

① CAUGHEY J L. Imaginary social worlds: Acultural approach [M]. Lincoln: University of Nebraska Press, 1984: 56.
② GILES D C. Para-social interaction: A review of the literature and a model for future research [J]. Media Psychology, 2002, 4 (3): 279-305.
③ HOFFER C. Children's wishful identification and parasocial interaction with favorite television characters [J]. Journal of Broadcasting & Electronic Media, 1996, 40 (3): 389-402.
④ 毛良斌. 基于微博的准社会交往：理论基础及研究模型 [J]. 暨南学报（哲学社会科学版），2014 (9): 146-152.

盖式评论（Overlaid Comments）。① 由于大量评论从屏幕飘过时效果看上去像是飞行射击游戏里的弹幕，所以这种与视频同步播放的覆盖式评论又被称为弹幕。而弹幕网站上受众所发表的弹幕评论也是一种准社会交往。

引起准社会交往的因素主要来自三个方面：一是心理因素，如孤独和吸引；二是动机因素，如媒介使用动机；三是个体差异，如依恋风格。②

孤独（Loneliness）是准社会交往研究中探讨得最多的原因变量。"通用范式"强调准社会关系对现实人际交往关系的拓展和延伸，对于任何一个个体来说都是一种具有吸引力的选择。一些研究认为，发展准社会关系主要是为了弥补他们在现实社会生活中的关系缺失。③ 这些个体往往在形成和维持现实人际关系方面具有困难，而他们在单向性的准社会关系中会感觉更好，而且研究结果也确实发现，孤独与准社会关系形成具有直接相关。还有一些研究发现，在老年人身上，因为孤独而引起准社会交往的现象非常普遍且明显。④ "缺陷范式"的观点则认为准社会关系源自一种存在缺陷的现实人际社交网络。个体发展准社会关系，可以视为是对现实人际交往关系的一种功能代替。研究发现，在不同特质的人身上，孤独对准社会交往的影响是不同的：对于本身存在人际交往障碍特质的人（如低移情、低内倾以及高神经质等），孤独将会使这些个体求助于电视中的媒介角色。⑤ 但是，对于那些高内倾、高移情和低神经质的人来说，他们的本身的性格特质就使他们更容易进入准社会关系之中，通用范式得到支持。

吸引（Attraction）也是引起准社会交往的一个潜在因素。吸引包括身体吸引、社会吸引、任务吸引三种类型。身体吸引主要是指个体外部特征的吸引程

---

① 马志浩，葛进平. 日本动画的弹幕评论分析：一种准社会交往的视角 [J]. 国际新闻界，2014（8）：116-130.
② 毛良斌. 基于微博的准社会交往：理论基础及研究模型 [J]. 暨南学报（哲学社会科学版），2014（9）：146-152.
③ RUBIN A M, PERSE E M, POWELL R A. Loneliness, parasocial interaction, and local television news viewing [J]. Human Communication Research, 1985, 12 (2): 155-180.
④ CHORY R M, YANEN A. Hopelessness and loneliness as predictors of older adults' involvement with favorite television performers [J]. Journal of Broadcasting & Electronic Media, 2005, 49 (2): 182-201.
⑤ TSAO J. Compensatory media use: An exploration of two paradigms [J]. Communication Studies, 1996, 47 (1-2): 89-109.

度，社会吸引是指某个受人喜爱的程度，任务吸引是指任务对个体的吸引程度。① 研究发现，三类吸引均与准社会交往正相关，且任务吸引和社会吸引与准社会交往之间的正相关性更强，媒介角色外表吸引并不是引起准社会交往的必要条件。②

收看时长（Viewing Time）是引起准社会交往并形成准社会关系的前提条件。但研究结果表明，无论是个体收看其所关注的角色的时长还是每周电视收看的平均时长，与准社会交往的形成都并不存在正相关。③

关于媒介使用动机，一些研究发现，当个体希望通过媒介使用获取信息或寻求社会效用，而不是仅仅为了自身的习惯或消遣时间，就会更容易引起受众与媒介角色间的准社会交往。④

个体差异（Individual Differences）中最引人关注的是个体的依恋风格。所谓依恋，指的是婴儿从他的最初的抚养者那里获得的关于可依靠知识的过程。⑤ 研究发现，在安全型、不安全型、回避型和焦虑矛盾型四种依恋风格中，焦虑矛盾型的人最容易发展准社会交往，其次是不安全型风格的人，再次是安全型风格的人，最不可能发展准社会关系的是那些回避型风格的人，这主要是由于回避型风格的人无法信任任何关系，包括准社会关系。⑥

准社会交往的作用与功能主要体现在以下三个方面。一是减少社会偏见。研究发现，对电视节目中同性恋角色的准社会交往，会减少受众对男同性恋者的偏见。基于此，研究者认为，经由准社会交往，观众会对媒介角色形成积极

---

① MCCROSKEY J C, MCCAIN T A. The measurement of interpersonal attraction [J]. Speech Monographs, 1974, 41 (2): 261-266.
② RUBIN R B, MCHUGH M P. Development of parasocial interaction relationships [J]. Journal of Broadcasting & Electronic Media, 1987, 31 (3): 279-292.
③ CHORY R M, YANEN A. Hopelessness and loneliness as predictors of older adults' involvement with favorite television performers [J]. Journal of Broadcasting & Electronic Media, 2005, 49 (2): 182-201.
④ KIM J, RUBIN A M. The variable influence of audience activity on media effects [J]. Communication Research, 1997, 24 (2): 107-135.
⑤ BOWLBY J. Attachment and Loss [M]. New York: Basic Books, 1969: 39-42.
⑥ COLE T, LEETS L. Attachment styles and intimate television viewing: Insecurely forming relationships in a parasocial way [J]. Journal of Social and Personal Relationships, 1999, 16 (4): 495-511.

的判断，这一反应进而会改变他们对某些少数群体总体的偏见。① 二是提升交往水平。与节目中角色的准社会交往，会引起受众之间的交谈与讨论。② 三是增强说服效果。研究发现，与广播脱口秀主持人的准社会交往会导致态度和行为的改变。听众对主持人的信任，会进一步提高受众对媒介角色的收听行为，并愿意接受媒介角色所传播的信息及相关观点。③

三、媒介在人际关系中发挥着越来越重要的作用

在不同的时代，不同形态的媒介不但影响着人与媒介的关系，而且影响着人与人之间的关系。随着科技的不断进步发展，媒介已经成为人与人之间建立联系的关键。网民数量和使用手机的用户不断增加，使得人们的生活已经湮没在新媒介的世界里。在新媒体时代，人们甚至可以不再依靠面对面的交流，不再需要传统书信的来往。人们的交流不再受时间和空间的制约。只要拥有了互联网等新媒体，人与人之间随时随地的交流都可以实现，人际关系的维护也更依赖于媒介。

（一）人际关系、人际沟通与人际交往

在日常生活中，人们常常使用"人际关系""人际交往"和"人际沟通"等概念来探讨人与人之间的关系。这几个概念之间相互联系，又各不相同。

所谓人际交往，是指人与人之间相互传递信息、沟通思想和交流感情的联系过程，是人类活动的一种最基本的形式。④ 人际交往具有如下特征：首先，人际交往的主体是个体的人，它反映的是个人与进入个人生活范围的他人之间的关系，而不是泛指整个社会中人的相互关系；其次，人际交往强调的是人与人之间的情感关系，而不是经济、政治、文化等方面的关系；第三，人际交往是一个互动的过程，即它不是单向的"输出—接受"关系，而是双向的"输

---

① SCHIAPPAE, GREGG PB, HEWES D E. The parasocial contact hypothesis [J]. Communication Monographs, 2005, 72 (1): 92-115.
② PAPA M J, SINGHAL A, LAW S, et al. Entertainment education and social change: an analysis of parasocial interaction, social learning, collective efficacy, and paradoxical communication [J]. Journal of communication, 2000, 50 (4): 31-55.
③ RUBIN A M, STEP M M. Impact of motivation, attraction, and parasocial interaction on talk radio listening [J]. Journal of Broadcasting & Electronic Media, 2000, 44 (4): 635-654.
④ 王军. 人际交往心理学 [M]. 合肥：合肥工业大学出版社, 2011: 2.

出一反馈"关系。①

学术界对"人际沟通"的定义主要有共享说、交流说、影响（劝服）说和符号（信息）说等四种类型。共享说强调沟通是传者与受者对信息的分享；交流说强调沟通是有来有往的、双向的活动；影响（劝服）说强调沟通是传者欲对受者（通过劝服）施加影响的行为；符号（信息）说则强调沟通是符号（或信息）的流动。综合以上观点，我国学者大多将沟通看作为了既定目标，采用一定的符号，把信息、思想和情感在人与人之间进行传递的过程。②

人与人之间的沟通，包括信息发送者、信息、通道、信息接收者、反馈、障碍和背景等七个基本要素（如图5-1所示）。其中，信息发送者是具有信息并试图进行沟通的人；信息是信息发送者试图传递给对方的意图、情感；通道是沟通信息所采取的方式，包括言语沟通、身体言语沟通以及以电视、广播、电话、报刊、计算机网络等各种媒体为中介的沟通；信息接收者是接收信息的人；反馈是对信息所作出的反应，反映出对原信息意义的理解，使沟通成为一个互动的过程；沟通中发生障碍的因素，可能来自外界环境、文化差异、社会地位差别等客观方面，也可能来自认知、性格等主观方面；沟通的背景是影响沟通结果的重要因素，包括物理背景、社会背景、心理背景、文化背景和历史背景等。③

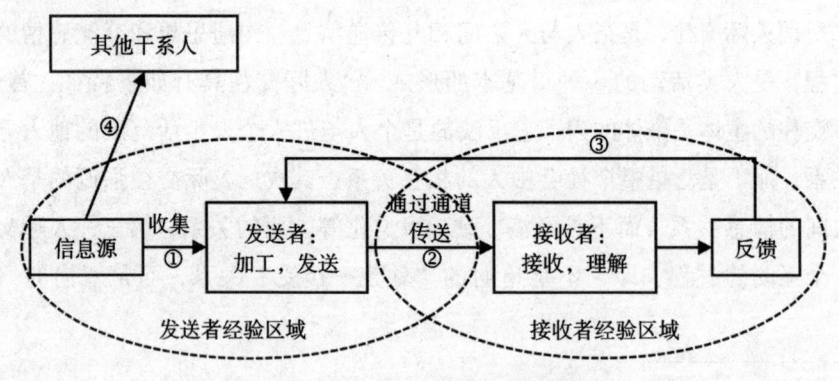

图5-1 人与人的沟通的基本要素

---

① 刘晓新，毕爱萍. 人际交往心理学 [M]. 北京：首都师范大学出版社，2003：24.
② 王军. 人际交往心理学 [M]. 合肥：合肥工业大学出版社，2011：120.
③ 刘晓新，毕爱萍. 人际交往心理学 [M]. 北京：首都师范大学出版社，2003：36-38.

人际关系是人们在共同生活中彼此为寻求满足各种需求而建立起来的相互间的心理关系。① 它与经济关系、政治关系、伦理关系、法律关系、宗教关系等社会关系相互影响、相互作用。社会关系制约着人际关系，人际关系也影响社会关系。

人际沟通是人际交往活动的起点和手段，人际关系是人际交往的结果。也就是说，人们通过沟通实现了彼此的交往，并由此形成了相对稳定的心理关系。

（二）媒介在人际交往中的积极作用

不同的媒介，在人际交往中发挥着不同的作用。但整体来说，书籍、报纸、广播、电视、网络和新媒体等媒介在人际交往中的作用可集中表现为：

1. 拓展了人际交往的机遇

无论是哪一种媒介，其传播的内容都可以为人际交往提供话题。人们往往会因为共同通过某种媒介接触到的信息进行交流与沟通，并进而调整相互之间的关系。例如，电视节目是人们在日常生活中沟通、交谈的主要话题之一。当电视中播出的节目受到社会的广泛关注时，对节目的模仿、讨论与交流，甚至成了人际交往中的一种仪式。其中最著名的例子当数中央电视台的春节联欢晚会。央视春晚从1983年开始创办至今，已经成为中国独特的电视事件，也被称为中国人的"新民俗"。更重要的是，它在民众之中已经成为交流的主题之一。一些新浪微博网友还自发组织了"春晚吐槽小组""春晚吐槽大队""春晚吐槽××小分队"等众多的团体，"'磨刀霍霍看春晚'成为一种全民狂欢化的网络媒介文化现象"。②

传统的人际交往，常常会因为各种自然、社会原因而被阻隔，人们之间的社会关系就是费孝通先生所说的"差序格局"。这种格局"不是一捆一捆扎清楚的柴，而是好像把一块石头丢在水面上所发生的一圈圈推出去的波纹。每个人都是他社会影响所推出的圈子的中心。被圈子的波纹所推及的就发生联系。"③ 网络的出现，使得人际关系突破了"先赋"关系的限制，④ 为现实社会的人们

---

① 王军. 人际交往心理学[M]. 合肥：合肥工业大学出版社，2011：247.
② 刘晓伟. 狂欢理论视阈下的微博狂欢研究——以新浪微博"春晚吐槽"现象为例[J]. 新闻大学，2014（5）：102-109.
③ 费孝通. 乡土中国 生育制度[M]. 北京：北京大学出版社，1998：26.
④ 朱海龙，彭鑫. 网络社会人际关系嬗变对政府行动的影响——以扩散性动员为视角[J]. 湖南师范大学社会科学学报，2013（6）：76-82.

提供了新的互动环境与空间，为人际交往增加了更多的机会，促进了人群之间频繁的交流互动。人们在新的互动环境中以网结缘和因网结缘，并在此基础上形成了各种各样的群体。与以往的群体更多以血缘、地缘、业缘为关系不同，这些群体的关系往往是由不同的兴趣而结成的"趣缘关系"。网络使现实生活中不可能发生的关系正在发生，或是对超越现实世界的人际关系基础进行关系的重新组合。用户每一次的点击或者登录，首先从量上改变虚拟社群中的潜在关系。同时，任何人基于自身需要从一个交往平台转移至另一个交往平台的网络行动，也可能引发更多社群中潜在关系的变化，并且不同平台的社群由于个人的运动会得以链接，从而生成更为广阔的、互联互通的关系网络结构。[①]

近年来快速发展的社交媒体，在拓展人际交往的机遇方面有着更为突出的表现。国外学者的研究认为，由于社交媒体在讲述生活故事、描述灾难和形成观念方面具有的"史无前例的重要性"，它有利于增进人们对其同伴归属及其文化的理解；[②] 与传统的网络虚拟社区相比，社交媒体在"网站信任""更信任其他成员""朋友质量"方面得到了更好的评价，特别是为用户提供了更多的社会参与机会；但社交媒体和传统互联网媒介在"和新朋友相遇""保持关系""搜索朋友""搜索信息""理解和学习"等方面和传统的网络社区传播没有明显区别。[③] 国内一项有关都市白领使用微信的研究则发现，社交媒体已经成为都市白领扩大社会交往的低成本工具。与传统的面对面交往，通过电话、书信和邮件交往相比，微信交往同样具有不受时空限制、更快捷、形式更多样化等优势。与电话联系相比，基于3G、4G网络发展的微信成本更低，特别是在Wi-Fi的环境中，几乎是零成本。通过微信，可以在联系人发布朋友圈的前提下，实时关注其动态，或通过点赞、评论、私信、群聊等多种方式增加互动交流的机会。被访的都市白领通过微信联系的人数从百人到千余人不等，社交范围明显扩大了数倍到数十倍。[④]

2. 丰富了人际交往的内涵

媒介不但丰富了人们在交往时的内容和方式，而且也增加了人际关系的形

[①] 李炜. 网络传播对人际关系的变革与再造 [J]. 新闻界, 2013 (5): 45-47.

[②] MARIANNE E. Communication for life [J]. Media Development, 2012, 59 (3/4): 11-14.

[③] SHU W, CHUANG Y H. The perceived benefits of six-degree-separation social networks [J]. Internet Research, 2011, 21 (1): 26-45.

[④] 郭瑾, 蒲清平. 重构与改造：都市青年白领的社交媒介使用与社会交往 [J]. 青年研究, 2016 (1): 1-4.

式和种类。例如，电视中提供了具体的对话表达方式、游戏方式、群体组织方式等人际交往方式。人们会模仿电视，使用电视里的人使用的对话表达和交流的方式；跟别人一起玩综艺节目里出现的游戏等。对于儿童来说，看电视可以培养同辈之间的平等相处模式，建立起他们的共同议题，提供他们解决问题的机会。

网络的出现，也使得人际交往的内涵得以极大地丰富。一方面，人际关系的形式种类更加多样。在网络社会中，人们跳出了种种"先赋"关系的限制，人际关系不再限制在特定的具体范围里，而是处于广泛的、流动的网络空间之中。各个圈子之间的封闭性被打破，流动性大为增强，互动不断增加，任何一个个体都可能是网络中那只扇动翅膀的"蝴蝶"，人际关系呈现出群簇化的特征。互联网创造了由内向传播、人际传播、群体传播、组织传播及大众传播共同形成的网络人际关系谱系。① 另一方面，网络交往使得人际交往中的弱关系得以强化，并成为当前人际交往的主要形态之一。正如曼纽尔·卡斯特（Manuel Castells）所说，"互联网特别适于发展多重的弱纽带，弱纽带以低成本供应信息和开启机会上相当有用。弱纽带促使具有不同社会特征的人群相互连接，因而扩张了社会交往，超出自我认知的社会界定之边界。"② 互联网的迅速发展和普及，为人们发展"弱关系"提供了极大的便利，也使得个人扩大生活空间、丰富人际交往内涵提供了可能。③ 尽管微信无法替代面对面交往的沟通效果，但是作为面对面交往的一种有益补充，它使经常见面或偶尔见面的"强关系"得以维持和加强，使原本不经常联系的"弱关系"能够至少保持浅层交往，极个别的情况下，还可能将情趣相投的"弱联系"发展为"强关系"。此外，微信提供的"点赞""评论""私信"等方式，使都市白领在精力投入方面的成本也更低。"点赞"不需要考虑措辞就可以表达一种对交往对象的关注，以及对发表内容的认同。虽然这种行为因"成本极低"，对扩大社会交往的贡献度有限，但仍能起到提请被点赞者注意的作用。④

---

① 李炜. 网络传播对人际关系的变革与再造 [J]. 新闻界, 2013（5）: 45-47.
② 曼纽尔·卡斯特. 网络社会的崛起 [M]. 夏铸九, 等译. 北京: 社会科学文献出版社, 2001: 444-445.
③ 陈世华, 黄盛泉. 近亲不如远邻：网络时代人际关系新范式 [J]. 现代传播（中国传媒大学学报）, 2015（12）: 129-132.
④ 郭瑾, 蒲清平. 重构与改造：都市青年白领的社交媒介使用与社会交往 [J]. 青年研究, 2016（1）: 1-4.

在网络的冲击之下，电视互动性弱的缺陷进一步凸显，广播式的传统电视播放模式在社会化媒体时代更是很难达到民众需求。因此，借助社交电视的兴起，互联网思维的蜂窝式传播模式也随之出现。这些传播模式通过类似蜂窝结构的接力传递，使得人机互动与人人互动互相叠加，形成了比较多维的传播模式。比较典型的模式包括：活动"签到"的在线服务模式；个性化内容推荐模式；记录、分享、讨论热播影视剧的在线平台模式；分享电视节目，赚取积分模式。①

3. 提升了人际交往的效果

电视媒体对于提升人际交往的效果，可以通过相关研究的结果得以证实。研究表明，电视中的人际关系与现实人际关系存在着密切关系，电视的认知与实际的认知之间具有正相关关系。例如，胡翼青等进行的一项有关"电视与留守儿童人际交往模式的建构"研究发现，在兄弟姐妹的关系方面，"电视中的兄弟姐妹之间关系非常好"与"我与我的兄弟姐妹之间关系非常好"相关系数为0.078。父母的缺位，使得祖辈的隔代监护抚养在留守儿童内心感受更突出，在隔代关系方面，"电视中的亲子关系非常亲密"与"我的爷爷奶奶外公外婆对我非常疼爱"上呈现正相关，相关系数为0.199。在邻里关系和与陌生人关系方面，留守儿童对电视中关系的认知与对现实中关系的认知均显著相关。②

而在网络环境中，人们不但可以很方便地基于自身需要从一个交往平台转移至另一个交往平台，而且可以很方便地使用文字、图片、表情、动画、视频或音频等媒体形式进行交互，从而使得人际交往的效率更高。正如约翰·奈斯比特1984年所预测的那样，由于"网络的结构可比任何其他现有的组织以速度更快、更富有情感、更节省能源的方式传递信息"，因此它可以"促成自助，交换信息，改变社会，提高工作环境的质量，并且分享资源"，③ 人们在进行交往时也越来越多地使用即时沟通的网络技术手段，以提升人际交往的效果。

网络人际关系是基于网络空间建立起来的人与人之间的关系。博客、QQ、播客、豆瓣、人人网、微博、微信等各类新媒体的快速发展，不仅深刻影响了

---

① 陈新民，马廷魁."人机互动"还是"人际互动"？——对电视社交化生存的多维度思考 [J]. 现代传播（中国传媒大学学报），2017, 39（2）：18-22.

② 胡翼青，戎青. 电视与留守儿童人际交往模式的建构——以金寨燕子河镇为例 [J]. 西南民族大学学报（人文社会科学版），2011（10）：139-143.

③ 约翰·奈斯比特. 大趋势：改变我们生活的十个新方向 [M]. 梅艳，译. 北京：中国社会科学出版社，1984：197.

人们的表达方式、表达内容,还渗透到了政治、经济、文化等领域,使得人与人之间的交往也从原来的一元的、固定的模式向多元化、开放性的方向发展;并在很大程度上冲击了现实社会中人际关系的基础,使得人与人之间的沟通方式产生了翻天覆地的变化。① 网络交往已经成为现代人际交往的一个重要方面,并对现实人际交往产生了重大影响,重建了人际关系的结构。

四、媒介发展对社会关系造成的负面影响不容忽视

媒介发展在人们的社会关系中发挥积极作用的同时,其造成的负面影响也不容忽视。

(一) 减少现实交往,增加个人孤独感

网络交往减少了个体的现实交往②,会使个体变得孤独③。具体而言,过多使用网络进行交往将会导致社会卷入的减少,正常的人际关系被网上朋友关系所代替。④ 个体由于将大量时间用于形成和维持网络人际关系,这占用了个体维持现实人际关系的时间⑤,必将导致现实人际关系的削弱⑥。此外,网络交往会弱化人们现实交往的能力,导致信任危机,危及现实人际关系。⑦ 与非上网爱好者相比,上网爱好者的人际信任水平显著更低,从而使其人际交往受到一定程度的影响。⑧ 以大学生为例,过度沉迷于网络交往,可使大学生的集体与

---

① 李艳. 自媒体对中国人际关系的异化探析 [D]. 广州:华南理工大学,2014:23.
② LAURENCEAU J P, BARRETT L F, Pietromonaco P R. Intimacy as an interpersonal process: the importance of self-disclosure, partner disclosure, and perceived partner responsiveness in interpersonal exchanges [J]. Journal of personality and social psychology, 1998, 74 (5): 1238-1251.
③ MORAHAN M J, SCHUMACHER P. Incidence and correlates of pathological Internet use among college students [J]. Computers in human behavior, 2000, 16 (1): 13-29.
④ KRAUT R, PATTERSON M, LUNDMARK V, et al. Internet paradox: A social technology that reduces social involvement and psychological well-being? [J]. American psychologist, 1998, 53 (9): 1017-1031.
⑤ MORGAN C, COTTEN S R. The relationship between Internet activities and depressive symptoms in a sample of college freshmen [J]. CyberPsychology & Behavior, 2003, 6 (2): 133-142.
⑥ KRAUT R, KIESLER S, BONEVA B, et al. Internet paradox revisited [J]. Journal of social issues, 2002, 58 (1): 49-74.
⑦ 贺善侃. 网络时代:社会发展的新纪元 [M]. 上海:上海辞书出版社,2004:182.
⑧ 李靖,赵郁金. 上网爱好程度、人际信任与自尊的关系研究 [J]. 中国临床心理学杂志,2002 (3): 200-201.

社会归属感消失，孤独感与抑郁感增加，造成与现实人际情感的疏离，产生现实人际关系障碍，对现实人际关系产生负面影响。① 在一些家庭中，父母和孩子甚至已不再直接交流思想了，只有在孩子们看电视时，父母才能根据孩子们的反应了解他们的看法，这让家长与孩子之间的直接交流蒙上了阴影。可见，在媒介迅速发展的同时，许多传统社会关系"解体或松弛"，人们也经历着更多的"个体化和孤独"。②

（二）引发信任危机，产生更多弱关系

由于互联网交互性、虚拟性的运作模式及多边性、全时性、共享性的机制特质，使得网络时代的人际交往，主要具有交往主体角色心理的虚拟性、交往形式与心理的间接性、交往心态的平等和思想情感表达的高度直接性以及开放性等特点。③ 换句话说，网络人际沟通与互动在本质上是一场陌生人之间的互动游戏。④ 人们完全有可能隐瞒自己的真实身份和性格，在网络上再造一个全新身份和全新性格的"自我"与其他"网络人"进行交流。这一方面给人们特别是那些性格内向的人带来了全新的生活感受和体验，为他们提供了很大的交往空间和选择余地，从而非常有利于他们在网上迅速建立起人际关系，形成在现实生活中前所未有的自我认同。但另一方面，正是由于网络交往间接性、无责任心及低道德约束性等特点，使它在客观上制约了网络人际关系的稳定、深化和健康发展。⑤ 整体而言，网络人际关系不如现实人际关系稳定；⑥ 在某些社会文本线索特征缺失的情况下，网络人际关系可能会比现实人际关系更遥远。⑦

网络时代的人际关系呈现出强关系和弱关系相互整合的特点。强关系和弱关系各有利弊："强关系"中关系稳固、彼此信任、互动深入，但是规模较小、

---

① 刘珂，佐斌. 网络人际关系与现实人际关系一体论 [J]. 云南师范大学学报（哲学社会科学版），2014（2）：68-74.
② 胡春阳. 经由社交媒体的人际传播研究述评——以 EBSCO 传播学全文数据库相关文献为样本 [J]. 新闻与传播研究，2015（11）：96-108，128.
③ 宋巨盛. 互联网对现代人际交往影响的社会学分析 [J]. 江淮论坛，2003（5）：29-32.
④ 黄少华. 论网络空间的人际交往 [J]. 社会科学研究，2002（4）：93-97.
⑤ 胡春阳. 经由社交媒体的人际传播研究述评——以 EBSCO 传播学全文数据库相关文献为样本 [J]. 新闻与传播研究，2015（11）：96-108，128.
⑥ SPROULL L, KIESLER S, KIESLER S B. Connections: New ways of working in the networked organization [M]. Cambridge, MA: MIT press, 1992: 116.
⑦ KIESLER S, SIEGEL J, MCGUIRE T W. Social psychological aspects of computer-mediated communication [J]. American psychologist, 1984, 39 (10): 1123-1134.

信息窄化、群体同质、抑制个体发展；而"弱关系"中信息来源多元、内容异质，可以吸纳群体智慧，但是信任感不强、凝聚感不强。在网络时代，弱关系在人们的日常生活中扮演着越来越重要的作用，其影响力已经超越了强关系。[①]从一些用户在使用自媒体、社交媒体时表现出来的与传统观念不同的恋爱观和婚姻观，可以看出他们甚至把恋爱、婚姻关系也当成了一种"浅尝辄止"和"蜻蜓点水"的新型关系。

（三）过度媒介依赖，造成内部殖民化

很多新型媒介的发明与使用是为了方便人类的生产生活，媒介被人类操控和运营。但随着媒介影响范围与影响力度的不断扩大与增强，人们对媒介产生了日益强烈的依赖，媒介在潜移默化中已经完成对人类的殖民。

电视诞生之后，不少人对电视产生了较强的依赖，甚至出现了"电视成瘾""沙发里的土豆"等现象。电视在家庭装修中也从客厅走进了卧室、厨房，甚至是卫生间，电视对人们生活的意义不仅仅是一种信息内容的获取，它已经成为日常生活的背景。

无线路由器的发明满足了人们随时随地上网的需求，人们将网络从有线变为无线，对媒介的依赖则是从有限变为无限，通过无线路由器实现局域网的全面覆盖，网络走进人类生活空间的每一个角落。

过度的准社会交往也可能会造成一种"病态心理"。尽管研究者认为，态度影响和模仿中所涉及的心理过程可能是相当复杂的，需要大量的研究来探索准社会交往的发展演变及其与大众媒介使用的关系，但长期以来，名人和其他媒介人物对青少年的榜样作用是学术界长期关注的焦点。研究表明，在青春期，青少年更可能将喜爱的电视人物当作虚构的朋友而不是崇拜和模仿的对象。[②]青少年与明星之间的准社会交往若越过一定的"度"，便会出现不同程度的病理性"追星综合征"。在电视等大众传媒成为个体社会化"主要力量"的现代社会，青少年的偶像崇拜打上了深深的传媒影响的烙印。一项有关浙江省青少年偶像崇拜的调查显示，超过90%的被试者选择媒介人物作为自己的偶像，其中影视歌和体育明星占到80%以上，远远高于政治人物、科学家等杰出人物。一

[①] 陈世华，黄盛泉. 近亲不如远邻：网络时代人际关系新范式 [J]. 现代传播（中国传媒大学学报），2015（12）：129-132.

[②] COHEN J. Favorite characters of teenage viewers of Israeli serials [J]. Journal of Broadcasting & Electronic Media, 1999, 43 (3): 327-345.

些学生的准社会交往具有完全认同（对所喜欢的明星的言论和行为给予无条件的支持）、迷恋（在情感上对明星偶像极为依赖，容易产生不切实际的幻想）、行为投入（花费较多的金钱和精力去从事支持或参与偶像有关的活动）等病理性特征。①

可以看出，媒介已经内化为人们生活的一部分，也使得部分人对媒介产生了强烈的依赖。过度的"媒介依赖"是一种社会病态现象，它让人沉浸于媒介而无法自拔，需要引起重视。

以上从三个层次总结分析了媒介交互素养在新媒体时代存在的意义。首先，媒介技术的发展促进了人们交互发展的机遇和挑战。其次，媒介的快速发展，对人与媒介、人与人的关系都产生了重要影响，在其中发挥着越来越重要的作用。第三，媒介的发展对人们的社会关系也造成了不可忽视的负面影响。

第三节　媒介交互素养内涵解析

媒介技术的进步，对人们与媒介的交互素养、与他人的交互素养都提出了较高要求。近年来，教育界、企业界将沟通能力作为大学生能力的重要组成部分，并提出了包括意识思维、情绪和语言三个部分的沟通能力结构。在意识思维层面，沟通主体意识包括积极的人生态度、正向的评价意识和主动的沟通意识，沟通思维方式包括尊重第一、人格第一、他人第一、倾听第一和细节第一；在沟通情绪层面，情绪调控包括调控自己情绪、调控他人情绪，情绪表达包括热情的亲和力、持续的自驱力、激情的感染力；在语言层面，口头语言包括赞赏的向心力、委婉的人际力、语言的吸引力，书面语言包括信函的说服力、报告的影响力，肢体语言包括微笑的魅力、声调的穿透力、触摸的亲近力等。

同时，政府部门、领导干部、公务员的媒介沟通能力也成为近年来媒介素养研究的热点之一。越来越多的政府部门在人员培训班开始加入沟通能力的内容，如重庆市渝北区公务员媒体沟通能力培训班通过专题讲座的形式，开设了

---

① 方建移. 受众准社会交往的心理学解读 [J]. 国际新闻界, 2009 (4)：50-53.

如何应对媒体监督报道、突发事件媒体沟通、如何接受电视记者采访、如何引导网络舆论等四门实用性课程。① 早在2013年，全国政法工作会议就提出，媒体意识的高低与媒体沟通能力的强弱，已经成为新形势下衡量法官司法能力高低的重要标志。②

概括来说，媒介交互素养主要包括媒介交互知识、媒介交互能力、媒介交互态度等。如图6-1所示。

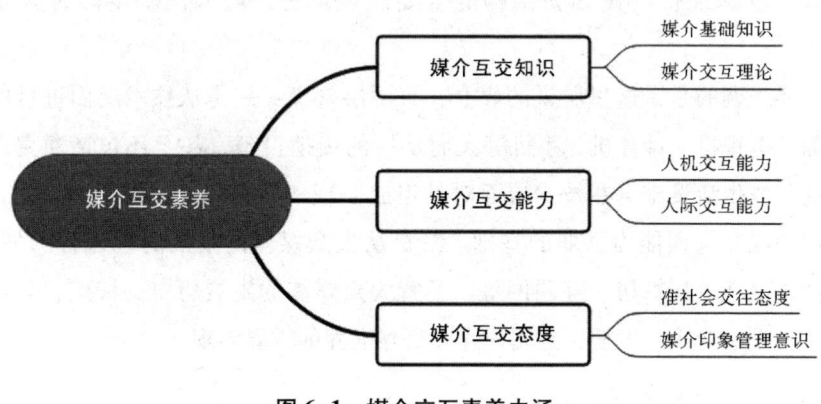

图6-1 媒介交互素养内涵

一、媒介交互知识

所谓媒介交互知识，是指媒介使用者与媒介进行交互，或利用媒介与他人进行交流的相关知识。对相关媒介交互知识的了解，是与媒介、与他人进行有效沟通的基础。一些参加培训的公务员就希望通过参加政府举办的短训班和在党校培训时学习专门媒体课程来达到这一目的，同时能获得一本针对性和实用性强的《党政干部媒介读本》作为学习参考和指导。③

在新媒体日益发达的今天，人们需要掌握的媒介交互知识主要包括媒介基础知识、媒介交互理论等方面。

（一）媒介基础知识

媒介基础知识主要包括媒介的特点、分类、本质等。美国学者波特（Port

---

① 杜娟. 公务员媒体沟通能力培训的课程设置研究 [D]. 重庆：西南大学，2013：1-15.
② 姬忠彪. 努力提升新媒体时代社会沟通能力 [N]. 人民法院报，2013-05-24.
③ 杜娟. 公务员媒体沟通能力培训的课程设置研究 [D]. 重庆：西南大学，2013：17-19.

将媒介素养有关的基础知识具体分为三个方面：内容、生产过程、效果。其中，以前两项最为重要。就内容方面的知识来说，受众需要了解媒介内容是建构的产物，而建构现实不等于反映或者代表现实；就媒介生产过程来说，受众不仅需要了解媒介内容生产制作的基本规律（例如时效性），而且应该理解信息背后的社会、政治、经济、文化等重要背景（例如媒介的经济来源），以及这些背景与"意义"生产的关联。这些有关媒介的基本知识，不仅是受众媒介素养的核心内容，也是现代公民知识结构的重要组成部分，就如同基本的科学知识一样。①

需要强调的是，这里所说的媒介，有两层含义：一是从技术层面进行的划分，除了电视机、计算机、手机等人们常用的传播设备，甚至还包括麦克卢汉所说的各类生活设施。在技术层面对其组成原理和技术特点、类型的掌握，无疑是用户媒介沟通能力强弱的基础。二是从大众媒体的发展历程进行的划分，如广播、电视、计算机、互联网等。了解大众媒体的发展历史、特点、分类及其背后的发展背景、本质，是用户媒介交互素养的重要体现。

（二）媒介交互理论

媒介交互相关理论主要是那些与媒介交互相关的、能有效地改善人们媒介交互行为的规律性认识，如人际传播、群体传播、组织传播、议程设置、意见领袖、沉默的螺旋、把关人、劝服、传播效果等相关理论。这些理论对于人们掌握媒介运作的实际规律、理解交互行为的影响因素等方面具有十分重要的意义。

例如，卡特赖特（D. Cartwright）、霍夫兰（Carl Hovland）等人开展了利用传媒进行劝服的研究，产生了一系列理论。如卡特赖特的研究表明，劝服产生效果的四大条件是：一、讯息必须引人注目；二、使受者从感知转变为理解；三、使受者体悟和认识到讯息对他们有利无害；四、使受者采取行动的途径更简便、更具体、更直接。霍夫兰领导的"士兵观看电影"研究揭示了劝服的重要特征，并且证明了大众传播效果相当有限，而且因人而异，即受者个人差异可以导致他们有选择地感知和解释传播内容，引起程度不一的变化效果。霍夫兰开始的耶鲁研究项目则得出了很多意义重大、影响深远的结论，如：进攻性

---

① 周葆华，陆晔. 中国公众媒介知识水平及其影响因素——对媒介素养一个重要维度的实证分析［J］. 新闻记者，2009（5）：34-37.

强的人不为一般劝说所影响；对集体事情不关心和不合群的人一般不易受到劝服的影响；想象力贫乏、对新鲜信息反应迟钝的人比较难说服等。①

二、媒介交互能力

所谓媒介交互能力，是指媒介使用者与媒介进行交互，或利用媒介与他人进行交流的能力。它主要包括人机交互能力和人际交互能力两个方面。

（一）人机交互能力

作为媒介交互能力构成部分的人机交互能力，是指人与各类媒介设备进行有效交互的能力。近年来，媒体行业持续快速发展。传统媒体拥抱互联网、布局新媒体，加速了二者的融合进程，不断开拓出新的盈利模式。移动终端占据高地、社交应用持续火热、短视频大行其道、大数据、VR/AR、无人机、人工智能等新技术层出不穷，并不断驱动着媒体变革。这些变革对人们的人机交互能力发展提出了更多的挑战。面对不断出现的新技术、新媒体，人们需要逐渐掌握使用新技术的技巧，掌握利用新的媒体形式获取信息的方法，不断提高与新媒体交互的能力。

（二）人际交互能力

作为媒介交互能力构成部分的人际交互能力，是指人通过各类媒体设备与其他人、组织进行有效交互的能力。

新媒体技术条件下的人际交互能力需要人们自身的沟通能力作为基础。但是，使用新媒体的沟通、交互在能力、素养的要求方面也有一些特殊性。传播学领域的研究者多年来对计算机中介传播（CMC）的研究就充分探讨了它与传统人际传播的异同（如在正常交往和通过电子邮件交流中，人们的心理活动是不一样的；大多数网上交流者往往有意识或无意识地逃避自己的本性，常见的情况是，内向的人在网上比平常活泼，拘谨的人比平常更随和），分析了它对社会可能造成的影响（如给人带来侵犯性甚至极端恶性的伤害，包括性骚扰和种族偏见；尤其让家长们担心的是，孩子们在网上漫游时可能碰到色情网站、匿名邮件或恐怖游戏的骚扰和威胁）。与此同时，另外一些研究者也发现了不同的结果：网上的各种谈心节目，已经成为青少年问询良策、倾诉心声、寻求同情、

---

① 戴元光. 传播学研究理论与方法 [M]. 上海：复旦大学出版社，2003：62-67.

摆脱烦恼的"圣地";① 新媒体也对一些老年人的人际交往产生了积极的促进作用。②

一般来说，沟通能力包含着表达能力、争辩能力、倾听能力和设计能力（形象设计、动作设计、环境设计）。沟通能力看起来是外在的东西，而实际上是个人素质的重要体现，它关系着一个人的知识、能力和品德。沟通过程的要素包括沟通主体、沟通客体、沟通介体、沟通环境和沟通渠道。在现代企业管理、心理学研究领域，有些人将人际交往能力区分为人际感受能力、人事记忆力、人际理解力、人际想象力、风度和表达力、合作能力与协调能力等六个组成部分。其中，人际感受能力是指对他人的感情、动机、需要、思想等内心活动和心理状态的感知能力，以及对自己言行影响他人程度的感受能力；人事记忆力是记忆交往对象个体特征，以及交往情景、交往内容的能力；人际理解力是指理解他人的思想、感情与行为的能力，它暗示着一种去理解他人的愿望，能够帮助一个人体会他人的感受，通过他人的语言、语态、动作等理解并分享他人的观点，抓住他人未表达的疑惑与情感，把握他人的需求，并采取恰如其分的语言帮助自己与他人表达情感；人际想象力是从对方的地位、处境、立场思考问题、评价对方行为的能力，也就是设身处地为他人着想的能力；风度和表达力是人际交往的外在表现，也是较高人际交往能力的表现，指的是与人交际的举止、做派、谈吐、风度，以及真挚、友善、富于感染力的情感表达；合作能力与协调能力则是人际交往能力的综合表现，是在团队中与他人共同工作、完成任务的能力。

在利用新媒体进行交流的过程中，由于传受双方并不见面，缺少了非语言信息的辅助，对于交流者的人际交互能力也提出了一些要求。例如，2015年出版的《Facebook社交守则》，除了列举出有关确保媒介安全的规范外，其重点在于帮助用户了解哪些是不可以在Facebook上分享的，借此标准营造出一种"具有同理心、彼此尊重"的网络环境。中文版的社交守则，同样强调"倡导有礼貌的行为"。

在国内，也有人提出了QQ或微信的社交礼仪，其中包括：不加入转发链；

---

① 茅丽娜. 从传统人际传播角度观瞻 CMC 人际传播 [J]. 国际新闻界，2000（3）：65-69.
② BRAUN M T. Obstacles to social networking website use among older adults [J]. Computers in Human Behavior, 2013, 29 (3)：673-680.

不随意索要他人微信；少用和不用"哦""呵呵"回复；群聊时不要刷屏；发表言论前要注意检查是否有误；朋友圈每天发帖数量要适当；注意表情使用的尺度；了解不同表情体现的不同气质；及时回复朋友评议；未经同意不随意分享与别人的聊天界面；未经同意不随意将自己熟人的微信号告诉他人；及时回复信息，涉及利害关系的事情要注意防止对方截屏传播；了解发语音和发文字的区别等。

由此可见，新媒体技术条件下的媒介交互能力既要以人际沟通能力为基础，又需要深入理解不同群体使用新媒体的特点。

近年来，随着新媒体的不断发展，舆论引导面临着众多挑战：一是主体多样化。即由原来相对单一的主体——传统媒体，发展到今天的传统媒体与诸多新兴媒体，甚至每个人都有可能成为舆论表达和引导主体。二是内容碎片化。即网民可以按照各自的视角、各自的观点分别发表消息、表达意见；载体丰富化——传媒技术的变革，使得社交网站、"两微一端"等新兴载体不断出现，舆论引导载体的可选性明显增多。三是模式交互化。社会个体一旦进入新媒体传播，就会成为一个舆论信息被动接受者与舆论新信息积极创造者的复合体。四是渠道立体化。新媒体传播模式使得信息的发布不需要层层审核和严格把关，从信源、传播到反馈各环节，普通民众都可以参与，使得信息能够在短时间内急剧扩散，也给国家安全、社会稳定带来了风险。

面对挑战，我国各级政府机关开始日益重视领导干部、公务员等舆论引导能力的提升，并常常将其作为沟通能力和执政能力培训的重要内容。舆论引导力是指特定的组织、个人或媒体根据其意图对舆论的性质、发展趋势和方向进行引导的能力，它主要由舆论引导中的传播力、影响力、说服力和凝聚力四要素构成。[1]

提升舆论引导力，首先需要了解一些重要的传播理论，如议程设置、意见领袖、把关人、沉默的螺旋等。特别是政府机关宣传部门，改进舆论引导方式，把握好舆论引导的时机、节奏、力度，在报道新闻事实中体现正确导向，在同群众交流互动中扩大社会认同，在加强服务中开展思想教育，是当前亟须深入研究的重大课题。[2] 其次，需要增强新媒体传播的意识。不但要重视利用新媒

---

[1] 肖灵. 切实增强新媒体舆论引导力 [N]. 光明日报，2017-02-28.
[2] 姬忠彪. 努力提升新媒体时代社会沟通能力 [N]. 人民法院报，2013-05-24.

体与外界的沟通、交流，适应新形势的变化，而且要有强烈的主流意识、导向意识、安全意识等。最后，需要不断学习、总结新媒体传播的经验，提升新媒体传播的技巧。无论是个人还是组织，只有不断学习、总结经验，才可能深入把握其中的规律，提升传播的技巧。

三、媒介交互态度

除了必备的媒介交互知识，媒介交互态度同样不可缺少。所谓媒介交互态度，是指媒介使用者与媒介进行交互，或利用媒介与他人进行交流时所持有的稳定的心理倾向。一般来说，媒介交互态度主要包括理性的准社会交往态度、媒介印象管理意识等。

（一）准社会交往态度

理性的准社会交往态度是健康的、良性的人媒交互的基础。明星是典型的大众媒介人物，因此经常成为准社会交往的主要对象。青少年与所崇拜的明星之间也就形成了一种类似人际交往的准社会交往关系。这种准社会关系若越过一定的"度"，便会出现不同程度的病理性"追星综合征"。在现实生活中，部分明星崇拜者的行为具有强烈的非理智特征，他们无法自如终止准社会交往，甚至会无力自拔。英国心理学家研究显示，1/3 的英国人有不同程度的"偶像崇拜症候群"，其中有 2% 的最严重患者，他们甚至会出现妄想症状，认为自己与偶像有密切的关系，偶像更知道他们的存在，因而他们甘愿为了偶像而撒谎，甚至不惜牺牲个人的性命。

理性的准社会交往要求具有以下特征：一是选择认同，即能够正视偶像的缺点和不足，可以容忍别人对偶像的批评和非议；二是情感控制，即能够正确认识和控制自己对偶像的感情；三是行为节制，即能够较为有效地控制追求偶像的行为，使之不影响自己的学习和生活。[①]

（二）媒介印象管理意识

社会学家戈夫曼认为，人与人在社会生活中的交往情景从某种程度上来说可以看作是一种戏剧表演。个体总是尽量使自己的表演接近他想要呈现给观众的那个角色，观众看到的仅仅是扮演的角色而不是个体本身，人际传播的过程

[①] 方建移. 受众准社会交往的心理学解读 [J]. 国际新闻界, 2009 (4)：50-53.

就是人们表演"自我"的过程。"人在日常生活中会呈现自我,当个体在他人面前出现时,会以一种既定的方式来表现自己,以给他人留下某种印象。"① 在日常生活中,有些人能意识到自己是在表演,有些人则没有意识到。但不管是否意识到这点,每个人的行为都会给人以某种印象,因而每个人都有意无意地在用某些技巧控制自己给人的印象。② 这就是所谓的"印象管理"。

在网络空间中,人们的印象管理呈现出一些新的特点。例如,在"强关系"为主的微信朋友圈,用户印象管理较弱且有"后台行为前台化"现象;在"弱关系"为主的微信朋友圈,功能支持能帮助用户进行"后台行为前台化"理想化的印象管理。③

对于政府机关领导干部、公务员等群体来说,媒介印象管理意识则常常被上升到执政意识的高度。在今天的开放环境与信息全球流动的条件下,要想有效地应对人们的思想意识多元化给管理带来的挑战,要想努力保持并增强主流意识形态的影响力,必须进一步增强媒体特别是新媒体的运用能力和舆论影响能力。娴熟利用媒体,是现代各国社会管理的基本手段,也是实现科学执政、民主执政、依法执政目标的重要途径。可以说,是否拥有强劲的媒体运用能力和舆论影响能力,决定着是否拥有牢固的执政地位;谁拥有更强的媒体运用能力和舆论影响能力,谁就可以有更强的执政能力。在新的历史条件下,各级政府部门官员、公务人员要高度重视新闻执政的作用,研究新闻执政的技巧,探索新闻执政的手段,加强新闻执政的能力,要善于通过媒体传播党的依法执政理念,善于借助媒体扩大审判执行工作效果,促进法律效果和社会效果的有机统一。要深化媒体意识就是监督意识的观念,进一步强化接受舆论监督意识,时刻做好接受监督准备,把接受监督作为改进工作的动力,时刻想到自身的工作都在媒体监督之下,时刻注意维护好自身形象。④

良好的媒介印象管理意识同样是当前以微博、微信等社交媒体为交流媒介的交互行为的必然要求。大多数微博、微信好友关系具有"圈子化"和"弱连

---

① 欧文·戈夫曼. 日常生活中的自我呈现 [M]. 冯钢, 译. 北京: 北京大学出版社, 2008: 3.
② 欧文·戈夫曼. 日常生活中的自我呈现 [M]. 冯钢, 译. 北京: 北京大学出版社, 2008: 7-8.
③ 刘砚议. 微信朋友圈中的"印象管理"行为分析 [J]. 新闻界, 2015 (3): 58-61, 66.
④ 姬忠彪. 努力提升新媒体时代社会沟通能力 [N]. 人民法院报, 2013-05-24.

接"的共同特点。① 一方面，这些关系发生在亲朋好友、同事、同学等"熟人"之间紧密连接的圈子里。在这个圈子里，成员间共享的信息、观点和其他特征的相似程度很高，共同的朋友可互见，这种高度的共享性和互惠性使得"圈子"成为一个较为私密的组织，若非征得同意，陌生人很难进入这个"圈子"，从而保证了这一群体的组织严密性和感情牢固性。另一方面，社交媒体中的好友还存在另外一类相对更为广泛的、有着极快的、低成本和高效能的传播特点的"弱连接"。社会学家格兰诺维特（Mark Granovetter）认为，其实与一个人的工作和事业最密切的社会关系往往并不是我们所认为的"强连接"，而常常是彼此间的"弱连接"。"弱连接"在我们与外界交流时往往发挥了关键性的作用，为了得到新的信息，我们必须在"弱连接"里扮演相应的角色。② 微信朋友圈中受众的关系，从某种程度上来说，恰恰正是这种"弱连接"。

---

① 朱志勇. 论新媒体环境下受众规范与媒体发展［J］. 学术交流，2014（6）：200-204.
② 马克·格兰诺维特. 镶嵌：社会网与经济行动［M］. 罗家德，译. 北京：社会科学文献出版社，2007：17.

第六章

媒介学习素养：数字时代的学习革命

在媒介技术不断发展的时代，人们除了保证自己的身心健康、财产和生命安全，学会使用媒介与其他人交流，还需要不断提高利用媒介促进个人发展的能力。如果说媒介安全素养的提升是新媒体时代个人用户不得不进行的一种被动防御，培养媒介交互素养和媒介学习素养则是人们适应新媒体时代所开展的主动进攻。所谓媒介学习素养，是指使用媒介获取知识、学习技能、促进个人更好发展的知识、能力和态度。

第一节 学习与学习理论

一、从学习到学习媒介化

什么是学习？古往今来，关于"学习"概念的论述层出不穷。我国古代思想家和教育家们所论述的"学习"，内涵是十分丰富的，其中大致包括人的道德完善、理智健全等。而"发展"是学习的核心。如被称为世界上最早的一本教育学著作《学记》中的"君子如欲化民成俗，其必由学乎"等诸多有关"学"的表述，指向的就是人的成长；孔子的《论语》，其核心是为学之道、为事之道和为人之道；荀子的《劝学》则对师与生、教与学、学习环境与学习资源、学习过程与学习方法等基本范畴进行了深刻的论述。

心理学将"发展"作为理解"学习"的重心。早在1964年，皮亚杰（Jean

Piaget）就明确表示，"发展解释着学习"，学习是由"情境所激发的"①。在很多心理学家看来，"学习是指学习者因经验而引起的行为、能力和心理倾向的比较持久的变化，这些变化不是因成熟、疾病或药物引起的，而且也不一定表现出外显的行为"②。可以看出，学习是与经验、行为、能力、心理倾向、行为变化等变量直接相关联的，不引起经验和行为变化的活动不是学习。

联合国教科文组织在2015年发布的报告《反思教育：导向全球共同利益吗?》，加深了对学习的丰富性、深刻性的理解。报告指出，"学习是特定环境中的多方面现实存在"。其中，"特定环境"是决定学习发生和学习过程的重要因素。环境不同，学习也不同，学习的发生依赖于特定的环境，引起学习的环境是多样的和复杂的。而"多方面的现实存在"表明了学习活动是多样化的活动，并且具有实践属性和过程属性。从实践属性看，学习既是认知性、文化性实践，也是交往性、社会性实践；从过程属性看，学习是个体追寻知识意义、创造人生意义的过程。③

随着人类进入信息社会，以电子化、数字化、互动性为主要特色的新媒体作为一种工具性的存在，成为人在生产、生活中不可分离的一个中介物，这种以新媒体为中心的生活方式，可以称为媒介化生存。同样，在人们的学习过程中，新媒体也日益显示出其重要地位，越来越多的学习离不开新媒体。新媒体的快速发展，不但改变着人们的日常生活，而且对人们的学习方式也产生了革命性的影响。今天，人类的学习已经呈现出媒介化的倾向。

第一，学习资源的媒介化。学习资源需要媒介作为载体。在口头传播时代，人们通过口头语言交流信息；在手写和印刷时代，人们通过竹简、简牍、纸张和书籍传播知识；在电子时代，广播、录音、电影、电视成为知识的新载体；进入信息时代，以数字信号为转换中介的新型设备为学习资源提供了更丰富的来源，也使得学习资源与媒介技术不可分离。

第二，学习过程的媒介化。多媒体学习过程包括浏览行为、检索行为和阅读行为三种基本行为。从对这三种基本行为的分析可以看出，信息时代的到来，不但学习资源与媒介技术不可分离，学习过程更是与媒介技术密不可分。其中，

---

① 皮亚杰.皮亚杰教育论著选［M］.卢睿，译.北京：人民教育出版社，1990：18.
② 施良方.学习论［M］.北京：人民教育出版社，2001：5.
③ 郭元祥.论学习观的变革：学习的边界、境界与层次［J］.教育研究与实验，2018（1）：1-11.

浏览行为是在网页内或网页间有目标导向或无目标导向的自由浏览信息时所发生的各种行为，主要包括各种按钮的使用、网页内浏览、网页间浏览等；检索行为是学习者通过各种网络信息检索工具，利用比较有效的检索方法和策略，来检索获取信息时所表现出来的各种行为；阅读行为则是在对多媒体材料上所承载的信息进行获取的过程中所表现出来的一系列行为的总称，主要包括标志、复写（默写）、默读、复制/粘贴、下载、编摘、制作电子文摘等。[1] 此外，由于信息传播的方式可以是异步的或同步的、双向的，学习过程也较以往更加复杂。

第三，学习方式的媒介化。在教育技术研究领域，几乎每一项新媒体技术的出现，都会引发研究者有关技术对学习影响的相关研究。投影、幻灯、广播、电影、电视、计算机、互联网、手机、人工智能、虚拟现实……每一项媒介技术的发展，都是促进学习方式变革的重要契机。近年来，由于媒介技术的发展，各种崭新的学习方式层出不穷：以手机为终端的移动学习；以手持便携式设备为主要载体的微型学习；基于虚拟现实技术的仿真学习；以微博、微信为平台的自主学习……[2]根据美国《新媒体联盟地平线报告（2016 高等教育版）》的预测，未来1至5年内，高等教育领域将会更多地运用自带设备、学习分析、自适应学习、增强现实、虚拟现实、创客空间、情感计算、机器人技术等。[3] 这些技术的运用，有可能会催生规模学习、跨界学习、定制学习、众创学习等新型学习方式。[4]

学习媒介化的形成，主要有三个方面的动力。首先，媒介在教育领域的渗透是学习媒介化的技术支撑力。学习的媒介化并不是随着媒介的诞生一蹴而就的，而是在媒介技术的变革不断向学习活动中渗透的结果。在这一过程中，学习者将自身的能力、需要、尺度、素质等贯注、沉淀到学习活动之中，通过对媒介技术进行加工改造，赋予它适合于学习活动需要的形式，从而使之成为满足学习活动需要的新对象，这种新对象就是活动的结果或活动创造的产品（物质的或精神的）。也就是说，学习媒介化就是将媒介技术转化为"学习中的媒介

---

[1] 李智晔. 多媒体学习过程的学习行为辨析 [J]. 教育研究，2014（11）：126-130.
[2] 李红梅. 新媒体影响学生学习方式的作用机制研究 [D]. 重庆：西南大学，2016：12-45.
[3] 金慧，刘迪，高玲慧，等. 新媒体联盟《地平线报告》（2016 高等教育版）解读与启示 [J]. 远程教育杂志，2016（2）：3-10.
[4] 张韵. "互联网+"时代的新型学习方式 [J]. 中国电化教育，2017（1）：50-57.

技术"的过程。①

　　其次，学习资源的变革是学习媒介化的主体牵引力。随着新型学习方式的兴起，学习者的学习处于"富工具"和"富资源"的数字化网络环境中，数字化学习资源日益丰富，获取渠道日益多元，为网络自主学习提供了坚实的基础。现在一年涌现的新的学习资源可能要比以往十多年甚至上百年积累的还要多，而以前普通学者很难得到的孤本书籍、博物馆的收藏、别国的珍贵资料等资源，现在通过技术手段可以随时随地调用。② 新型电子媒介日益成为学习资源的主要载体。信息时代，纸质媒介的垄断地位逐渐被基于电子技术和信息技术的新媒介所替代。在青年群体当中，个人台式电脑、笔记本电脑、iPad、智能手机等成为最受欢迎的学习媒介。一项对江苏省20个市县1300多名从业青年的学习方式的调查显示，新媒介已取代报刊、书籍、广播、电视等传统媒介，成为青年获取信息、了解社会、增长知识的主要载体，"您的新知识主要来源于"依次为"网络"（40.1%）、"工作实践"（26.9%）、"书籍"（23.1%）、"家庭"（5.3%）、"其他"（4.6%）③。

　　学习媒介化揭示的是一种媒介与学习的互动关系，在这种互动中，媒介对学习造成深刻的影响并进而形成对学习的重新建构，而学习对媒介形成一定的依赖，这种依赖突出地表现为学习者对于学习资源获取的依赖关系，这是推动学习媒介化的主体力量。

　　第三，学习环境的重构是学习媒介化的核心影响力。从口传时期师生随处可选的教育场所到手写时代诞生的学校，这两个阶段的口头语言、文字等技术对于学习环境的支持是"潜在的"，人们几乎意识不到它的存在。到了印刷时代，随着教学活动的秩序化、教学场所的标准化以及造纸术、印刷术的出现与运用，学习的时空得到了很大的拓展。在电子时代，学习环境进一步丰富和拓展，教学活动可以通过远距离的形式进行，师生可以在更大的时空范围内学习。进入数字时代，随着新型信息技术及媒介产品的不断更新，学生可以随时随地

---

① 单美贤，李艺. 技术教育化过程的基本规律探析［J］. 华东师范大学学报（教育科学版），2008（3）：17-24.
② 卢锋，李青，曹梅，等. 美国教育技术界学习资源观的发展及其启示［J］. 电化教育研究，2001（7）：23-26.
③ 成蕾，兰亚明. 当代青年学习方式变革的现状、影响与引导研究［J］. 中国青年研究，2016（6）：109-113，119.

进行学习。研究者认为,未来的学习环境应该呈现出物理环境与虚拟环境的融合、更好地顺应个性化的学习理念、支持混合学习等重要特征。具体而言,网络、富媒体技术与移动终端等的普及为学习环境的重构奠定了重要的物质基础,人工智能技术等的运用,可以实现对学生学习过程的记录和学习情景的识别;传感器技术等的运用和出现,可望实现对学习情景和学习环境的感知;通信技术等的运用,则可望实现学习者的有效连接。①

二、多重视角的学习理论

学习理论是有关人类学习性质、过程、条件、规律等的理论。在西方哲学史上,关于人的认识过程特别是知识的起源及其与环境的关系,历来存在着两种立场:一种是唯理论或理性主义的立场,一种是经验论或经验主义的立场。这也奠定了行为主义和认知主义两大流派的哲学基础。自19世纪心理学成为一门独立的学科开始,各流派心理学家围绕学习的性质、过程、条件、动机、迁移等问题开展了大量的研究,逐渐形成了丰富、系统的学习理论,②包括:

(一) 行为主义学习理论

行为主义学习理论又称为刺激—反应学习理论,诞生于20世纪初,其主要代表人物有美国心理学家桑代克 (Edward Lee Thorndike)、华生 (John Broadus Watson)、格思里 (Edwin Ray Guthrie)、斯金纳 (Burrhus Frederic Skinner) 和俄国心理学家巴甫洛夫 (Ivan Petrovich Pavlov) 等。行为主义学习理论把环境看作是刺激,把伴随而来的有机体行为看作是反应,因而其关注的是环境在个体学习中的重要性。如桑代克认为,学习是有机体通过试误形成刺激与反应的联结,从而获得新经验的过程;华生与巴甫洛夫则认为,学习是有机体由于条件刺激与无条件刺激在一定的时空条件下发生结合,形成暂时联系,从而获得新经验的过程;斯金纳强调,学习是有机体由于在某种情境中对于反应的结果得到强化而形成情境与行为的联系,从而获得新经验的过程。③

严格来说,"刺激—反应学习理论"比"行为主义学习理论"更为确切。如果把桑代克归入行为主义行列,可能会招致非议,因为当年华生行为主义革

---

① 王长江,胡卫平. 技术促进教学:发展、演进和启示 [J]. 现代教育技术,2013 (10): 15-19, 25.
② 屈林岩. 学习理论的发展与学习创新 [J]. 高等教育研究,2008 (1): 70-78.
③ 屈林岩. 学习理论的发展与学习创新 [J]. 高等教育研究,2008 (1): 70-78.

命的矛头之一，就是桑代克推崇的效果律。

（二）认知主义学习理论

20世纪五六十年代，认知主义学习理论逐渐取代行为主义学习理论，占据了学习心理学的主导地位。这一理论的主要代表人物有欧洲的格式塔心理学家韦特海墨（Max Wertheimer）、苛勒（Wolfgang Kohler）、考夫卡（Kurt Koffka）和美国心理学家布鲁纳（Jerome Seymour Bruner）、奥苏贝尔（David Pawl Ausubel）等。认知主义学习理论认为学习不是简单地在强化条件下形成刺激与反应的联结，而是学习者积极主动地形成新的完形或认知结构的过程。如格式塔心理学家认为，学习是有机体（学习者）通过顿悟形成一种完形或改变一种完形的过程；布鲁纳和奥苏贝尔则将学习看成是学习者积极主动地进行内部的认知操作活动形成或发展认知结构的过程。布鲁纳认为学生学习的目的在于以发现学习的方式，使学科的基本结构转变为学生头脑中的认知结构；奥苏贝尔则认为学生的学习过程是学习者通过同化活动将新知识纳入原来的认知结构中，从而形成新的认知结构的过程。①

（三）折中主义学习理论

由于行为主义和认知主义两种学习理论都各有存在价值而无法涵盖对方，因此出现了越来越多的企图融合两大流派的折中主义学习理论，也称为认知—行为主义学习理论。其代表人物包括美国心理学家托尔曼（Edward Chase Tolman）、加涅（Robert Mills Gagné）、班杜拉（Albert Bandura）等。折中主义学习理论赞同行为主义的基本假设，同时又对行为主义心理学不屑一顾的领域（如思维、认知和情感等）作出了某种程度的探索。他们将学习分为包括简单的联结学习与复杂的认知学习的若干层级，力图将两大派调和起来以说明学习的整体。例如，加涅将学习分为八类，包括：信号学习、刺激—反应的学习、连锁学习、语言的联合、辨别学习、概念学习、规则学习、解决问题的学习。加涅认为，前五类是联结学习，而后三类则是属于认知学习。② 又如，班杜拉提出的三向交互决定论，不仅像行为主义者那样强调外部事件，还像认知心理学家

---

① 屈林岩. 学习理论的发展与学习创新 [J]. 高等教育研究，2008（1）：70-78.
② 莫雷. 西方两大派别学习理论发展过程的系统分析 [J]. 华南师范大学学报（社会科学版），2003（4）：103-110，151.

那样注重内部事件,而且着重分析了行为、个体与环境之间相互交错的影响。[1]折中主义学习理论看到了两大派的合理因素与局限,力图融合两大派而提出一个更为合理的理论来解释学习,这是有意义的。

(四)人本主义学习理论

20世纪50年代末和60年代初,被称为心理学"第三势力"的人本主义心理学在美国兴起。其代表人物主要有罗杰斯(Carl Ransom Rogers)、马斯洛(Abraham Harold Maslow)等。与行为主义认为学习是形成刺激与反应之间的"联结"以及认知主义主张学习是形成所谓的"认知结构"或"认知地图"不同,人本主义心理学认为,学习的实质是形成与获得经验,学习的过程就是获得经验的过程。如罗杰斯认为,学习是个人对知觉的解释过程。具有不同经验的两个人在知觉同一事物时,往往会出现不一致的反应。这是因为两个人对知觉的解释不同,所以他们所认识的世界以及对这个世界的反应也不同。[2]人本主义学习理论从人的自我实现和个人意义这样的角度阐释学习者整个人的成长历程;注重启发学习者的经验和创造潜能,引导其结合认知和经验,肯定自我,进而自我实现。其学习与教学观对世界范围内的教育改革产生了深刻影响。[3]

(五)建构主义学习理论

20世纪90年代以来,认知主义学习理论的一个重要分支——建构主义学习理论及与之密切相关的情境认知与学习理论等在西方逐渐流行起来。杜威的经验性学习理论、俄国心理学家维果茨基(Lev Vygotsky)的教育思想、皮亚杰的建构主义观点等是建构主义思想发展的重要基础。建构主义学习理论认为,学习不是知识的被动传输,而是知识的主动建构过程,是个体在与外部世界的相互作用过程中,以一定的社会文化为背景,在已有经验和知识的基础上,建构自己新的知识和理解的过程,是知识的生长和意义的生成过程。所谓"建构",是学习者通过新、旧知识经验之间的反复的、双向的相互作用,来形成和调整自己的经验结构。这种双向的相互作用具体表现为同化和顺应的统一。建构主义学习理论是从行为主义到认知主义以后的进一步发展,是当代学习理论的革

---

[1] 施良方. 学习论 [M]. 北京:人民教育出版社,2001:379.
[2] 佐斌. 论人本主义学习理论 [J]. 教育研究与实验,1998(2):33-38,72.
[3] 施良方. 学习论 [M]. 北京:人民教育出版社,2001:401-404.

命。它对传统教学观念提出了尖锐的批评，对学习和教学提出了一系列改革的设想，如随机通达教学（Random Access Instruction）、基于问题式学习（Problem Based Learning）、情景性学习、贾斯珀解题系列（Jasper Woodbury Series）①、合作学习、交互式教学等。

（六）联通主义学习理论

由于新媒体技术的飞速发展以及知识更新速度的日益加剧，以乔治·西蒙斯（George Siemens）和斯蒂芬·唐斯（Stephen Downes）为代表人物的相关研究人员对网络技术、数字技术影响下的学习变革进行了深入思考，并提出了数字时代的学习理论——联通主义学习理论。基于其新颖的知识观和学习观，联通主义也形成了独特的课程观、学生观、教师观和学习环境观：联通主义学习的知识分布在网络中，学习即连接的建立和网络的形成。因此，课程是开放的网络课程，学习者是自我导向和网络导向的，他们是知识的创造者；教师是学习的促进者，影响和塑造着整个网络，学习者则需要创造个人学习环境和个人学习网络；知识生长（创新）是连接形成的前提和基础，交互是连接和网络形成的关键。

严格来说，联通主义还不能称为一种理论，因为它的观点相对分散，系统性也有所缺乏，但是，联通主义学习理论却因为从全新的角度提出了解释开放、复杂、快速变化、信息大爆炸时代学习如何发生的问题，以及契合当前的时代特征和知识特性而受到了国际社会的普遍关注。西蒙斯和唐斯二人在马尼托巴大学（University of Manitoba）开设的课程"联通主义和联通化知识"，更是促成

---

① 贾斯珀解题系列是美国范德堡大学（Vanderbilt University）认知技术课题组以抛锚式教学为主要设计原则，以基于案例的学习、基于问题的学习和基于项目的学习为课程设计思想与原则创设的一个曾经风靡美国教育界的建构主义教学模式典范。它包括以录像为依据的12个历险故事（包括一些录像片段、附加材料和教学插图等），这些历险故事主要是以发现和解决一些教学中的问题为核心。每一个历险故事都是按国家教学教师委员会推荐的标准来设计的，而且每一个历险故事都为教学问题的解决、推理、交流以及与其他领域的科学、社会学、文化与历史等的互动提供了多种机会。它提供了教师与学生共享的教学情境，帮助学生在真实的情境中通过问题解决学习数学，帮助学生整合数学概念，而且使数学知识与其他学科的知识得到整合。同时，它关注学生提出问题的重要性，提高了学生的探究能力，并在一段相对宽松的时间内给学生提供了合作的机会，也提供给学生发展深层理解数学概念的机会。

了"大规模开放网络课程"（Massive Open Online Courses，即 MOOCs）一词的诞生。①

第二节　媒介学习素养：适应数字时代学习变革

媒介技术的发展，不但增加了人类信息的总量，提高了人类的认知负荷，造成了"信息过载"的现象，而且直接导致了当前人们学习的"媒介化"，引发了学习方式的重大变革。在这样的形势下，增强利用媒介进行学习的意识，学习利用媒介进行学习的知识，提升利用媒介进行学习的能力，成为越来越多现代人的明智选择。

一、应对信息过载的必然要求

20世纪50年代，由于出版物和科技文献的大量增长，以西梅尔（G. Simmel）等为代表的一些学者开始关注信息过载现象。著名学者托夫勒（A. Toffler）在《未来的冲击》一书中，就提出了需要深入研究信息过载对人类行为的影响："我们在以越来越快的速度创造和耗尽思想和形象。同人、地点、事物和组织形式一样，知识变得可以任意处置了。……在信息重荷下，人类行为的崩溃可能在某种程度上与精神病理学有关，我们还没有深入研究。尽管我们没有理解其潜在的影响，但是我们正在加速社会中变化的一般速度。我们正在促使人们适应新的生活节奏，面临新的形势，在短时期内掌握它们。"② 随着新的知识和技术不断增长以及信息技术的广泛应用，信息资源在以指数级速度迅猛增长和扩散的同时，也引发了信息过载（Information Overload）的社会问题。如何减轻甚至避免信息过载现象带来的负面影响，已经成为学术界持续关注的研究课题。

（一）什么是信息过载

学者对信息过载的定义不尽相同。如鲍登（Bawden）等人认为，信息过载

---

① 王志军，陈丽．联通主义学习理论及其最新进展 [J]．开放教育研究，2014，20（5）：11-28．

② 阿尔文·托夫勒．未来的冲击 [M]．孟广均，等译．北京：新华出版社，1996：5.

是指个人在工作中无法有效处理相关及有用信息的一种状态,而这些信息必须具备某种程度的价值且能够获取得到;① 奥林·克拉普(Orrin E. Klapp)则把信息过载当作一种信息的恶化现象,其发生是由于信息变得不相关,与原信息产生干扰或过剩、老旧及不能够引起任何兴趣等;② 希克·戈登(Schick Gordon)等认为,信息过载是指信息超过个人接受和处理的能力,从而导致厌烦和心理焦虑的现象;③ 希尔齐、图多夫(Hiltz & Turoff)认为,信息过载是一种因太多资料而超出个人认知能力所能处理的情境。④ 总之,信息过载是指人们接受了太多信息,却无法有效整合、组织及内化成自己需要的信息,以致影响人们的工作、生活以及人际关系等。⑤ 用公式表示就是:信息处理要求 > 信息处理能力。⑥

相关研究表明,个体的信息处理能力与接收的信息的量正相关,直到到达阈值点,之后上升的信息导致处理能力的快速下降,并且最终导致过载。⑦ 这种被称为信息处理的倒 U 曲线的现象由许多研究中的经验证据所支持。⑧ 当信息处理需求(或信息提供)超过个人的信息处理能力(或信息需求)时,发生信息过载。⑨ 然而,处理能力因个体而异,使得我们不可能估计出来信息过载

---

① BAWDEN D, HOLTHAM C, COURTNEY N. Perspectives on information overload [J]. Aslib Proceedings, 1999, 51 (8): 249.
② KLAPP O E. Overload and boredom: Essays on the quality of life in the information society [M]. Westport: Greenwoord Press, 1986: 11-12.
③ SCHICK A, GOREON L, HAKA S. Information overload: a temporal approach [J]. Accounting Organizations and Society, 1990, 15 (3): 199-220.
④ HILTZ S R, TUROFF M. Structuring Computer-Mediated Communication Systems to Avoid Information Overload [J]. Communications of the Acm, 1985, 28 (7): 680-689.
⑤ 蔺丰奇, 刘益. 信息过载问题研究述评 [J]. 情报理论与实践, 2007 (5): 710-714.
⑥ EPPLER M J, MENGIS J. The Concept of Information Overload-A Review of Literature from Organization Science, Accounting, Marketing, MIS, and Related Disciplines (2004) [M]. Wandel: Kommunikations management, 2008: 271-305.
⑦ MILLER G A. The magical number seven, plus or minus two: Some limits on our capacity for processing information [J]. Psychological review, 1994, 101 (2): 343.
⑧ SICILIA M, RUIZ S. The effects of the amount of information on cognitive responses in online purchasing tasks [J]. Electronic Commerce Research and Applications, 2010, 9 (2): 183-191.
⑨ EPPLER M J, MENGIS J. The Concept of Information Overload-A Review of Literature from Organization Science, Accounting, Marketing, MIS, and Related Disciplines (2004) [M]. Wandel: Kommunikations management, 2008: 271-305.

的通用阈值水平。①

（二）信息过载的负面影响

信息过载导致的后果主要包括：混乱、无法设置优先级、无法回忆以前接收的信息等②，以及压力和焦虑形式的功能障碍效应③等。具体来说，信息过载产生的负面影响主要表现在以下三个方面：

一是注意力损耗。注意力是指人的心理活动对一定对象指向和集中的能力。作为调节与控制个体心理活动的重要机制，它在学习过程中具有十分重要的作用。④ 在信息不断丰富的今天，人们既享受着信息带来的便利，也面临着一项前所未有的注意力挑战，过剩的信息与有限的注意力之间的矛盾日益突出。⑤ 几乎每一位网络学习者在查找学习内容的过程中，都经历过所谓的"信息迷航"：或被无关信息所吸引、经过多次跳转后难以回到当初的位置；或忘记了自己的最初学习目标，迷失在网络之中。正如著名认知心理学家哈伯特·西蒙（Herbert A. Simon）几十年前所说，信息需要消耗信息接受者的注意力，过量的信息将会导致注意力的贫乏。⑥ 信息过载、信息爆炸对注意力造成的损耗，也日益受到各界的关注和重视。

二是信息降级。除了信息量的增加，信息过载带来的更重要的一个影响是信息降级（degradation）。奥林·克拉普认为，根据热力学第二定律，物质和能量的作用趋向于降级（degrade），信息和文化也有同样的问题。它主要有两种表现：一是噪声化，二是贫瘠和过剩（sterile and redundant），即平庸化（banalization）。⑦ 信息的降级和贬值，不但使得学习者在获得自己真正需要的、有价值

---

① CHEN H, WIGAND R T, NILAN M. Exploring web users' optimal flow experiences [J]. Information Technology & People, 2000, 13 (4): 263-281.
② 蔺丰奇，刘益. 网络化信息环境中信息过载问题研究综述 [J]. 情报资料工作, 2007 (3): 36-41, 48.
③ EPPLER M J, MENGIS J. The Concept of Information Overload: A Review of Literature from Organization Science, Accounting, Marketing, MIS, and Related Disciplines (2004) [M]. Wandel: Kommunikations management, 2008: 271-305.
④ 王称丽，贺雯，莫琼琼. 7~15岁学生注意力发展特点及其与学业成绩的关系 [J]. 上海教育科研, 2012 (12): 51-54.
⑤ 曹培杰. 数字化学习中注意力失焦的原因分析 [J]. 中国电化教育, 2015 (8): 42-46, 58.
⑥ 李志昌. 信息资源和注意力资源的关系 [J]. 中国社会科学, 1998 (2): 106-116.
⑦ 顾犇. 信息过载问题及其研究 [J]. 中国图书馆学报, 2000 (5): 40-43, 74.

的信息时需要投入更高的成本，耗费更多的时间，又使有关信息业界不断增加信息，从而造成恶性循环。

三是知识建构的缺失。信息过量和信息过剩，一方面让人们可以随时随地获取信息，另一方面又容易使人混淆信息与知识的界线，误以为掌握了信息就掌握了知识。学习不仅仅包括记忆、移植和模仿，更要对接触、阅读、想到的资料和问题，经由自己的知识和情感进行融汇、联结和重组，形成独立自主的判断和见解。在信息随手可得的情况下，很多学习者只满足于事实信息的获取，而忽视了通过潜心思考与体验，将这些信息内化为知识。

（三）信息过载的形成原因

信息过载形成的原因，可以概括为个人因素、信息特质、任务及过程因素、组织设计及信息科技等五个方面。例如，19世纪印刷技术的进步，使得资料得以大量生产并提供给使用者阅读，极大地增加了人们接受的信息量。[1] 20世纪50年代，出版业的快速成长，特别是科技文献的增长，也是信息过载形成的重要原因。从客观和主观角度区分，信息过载的形成原因主要有：

1. 客观原因：信息总量的扩张

从客观的角度看，之所以会形成信息过载，是因为科学技术的不断发展，使得信息的总量有了极大地扩张。20世纪60年代，信息总量约为72亿字符；80年代，信息总量约为500万亿字符；到了1995年，全球的知识总量已经是1985年的2400倍。人类科学知识在19世纪是每50年增加一倍，20世纪中期约每10年增加一倍，后来是每3年增加一倍。据估计，目前全世界每年发表的科技论文四五百万篇，出版科技期刊约为5万种，报纸6万种。世界上每天的出版量业已达到1000本之多。由电话、电脑、电视等组成的各种类型的新信息系统也向社会源源不断地提供着意义更为广泛的多媒体信息[2]。英国剑桥大学图书馆的馆藏量每33年扩增一倍。[3] 根据国际数据中心（IDC）的报告，2016年全球信息量已达到了2.5万亿GB；到2020年，全球数据总量将超过40ZB，[4]

---

[1] HENSIAK K. Too much of a good thing: information overload and law librarians [J]. Legal Reference Services Quarterly, 2003, 22 (2/3): 86.

[2] 蔺丰奇，刘益. 信息过载问题研究述评 [J]. 情报理论与实践, 2007 (5): 710-714.

[3] HANKA R, FUKA K. Information overload and "Just-in-time" knowledge [J]. The Electronic Library, 2000, 18 (4): 280.

[4] 1ZB = 1024EB, 1EB = 1024PB, 1PB = 1024TB, 1TB = 1024GB, 1GB = 1024MB, 1MB = 1024KB。

这一数据量是 2011 年的 22 倍。① 维克托·迈尔-舍恩伯格（Victor Mayer-Schönberger）与肯尼思·库克耶（Kenneth Cukier）在其经典著作《大数据时代：生活、工作与思维的大变革》一书中也提到："人类存储信息量的增长速度比世界经济的增长速度快 4 倍，而计算机数据处理能力的增长速度则比世界经济的增长速度快 9 倍。"②

造成信息总量扩张的原因，一是由于信息资源得到了充分开发。随着科学技术的不断发展，信息资源的开发范围在无限扩大。从宏观（天体、宇宙）到微观（粒子、基因），从经济活动到社会生活的方方面面，信息资源得到了空前的开发，信息资源总量呈现爆炸式增长。二是由于信息资源的快速与广泛传播。在信息资源总量大幅增长的同时，由于媒体技术的发展，信息资源也变得更容易编辑、复制、转载和引用。这种"信息重复"的现象，使得同一份信息可以用多种不同方式更加快速地进行重复传播，从而极大地增加了信息总量。③

2. 主观原因：人们信息素养的水平无法应对信息的快速增长

从人类自身的角度出发，造成信息过载的原因主要是其信息素养的水平无法应对信息的快速增长。这表现在：

第一，缺乏对科学技术的辩证态度。科学工作者和普通大众缺乏对科学技术的辩证态度，是造成信息过载的主要原因之一。科学技术对经济和社会发展的卓越贡献是毋庸置疑的。但是，直到 20 世纪 80 年代末期，如何对科学技术的积极、消极两方面的影响进行评价，仍然是困扰研究者的重要问题。科学工作者和公众更多地看到的是科学技术的正面作用，而对科学技术的负面作用则估计不足。④ 在信息传播领域，这种"科学乐观主义"的倾向，则使得人们更容易满足于信息传播的数量，忽视信息传播的品质。

第二，缺乏处理海量信息的能力。每个人都拥有处理信息的能力，但不是每个人都拥有处理海量信息的能力。当信息量超过个人所能承受的范围，对于个人来说，就产生了信息过载的现象：他们并不十分清楚应该选择哪些信息阅

---

① 张山. 全球信息数据量逐年猛增 IDC 产业迎来发展新机遇 [N]. 上海证券报，2016-08-05.
② 维克托·迈尔-舍恩伯格，肯尼思·库克耶. 大数据时代：生活、工作与思维的大变革 [M]. 盛杨燕，等译. 杭州：浙江人民出版社，2013：13.
③ 蔺丰奇，刘益. 信息过载问题研究述评 [J]. 情报理论与实践，2007（5）：710-714.
④ 张人杰. 科学技术的负面影响：社会学分析 [J]. 华东师范大学学报（教育科学版），1999（2）：1-10，20.

读、如何对信息进行分类和评价,也因此耗费了许多记忆空间用于无用信息的存储。①

二、媒介技术发展带来的全新挑战

在教育发展的进程中,媒介技术发挥着十分重要的作用。一方面,媒介技术所构建的信息传播机制,是教育信息得以传播的基础。另一方面,随着媒介技术在教育改革中占据日益重要的地位,媒介技术、传播特征、社会传播结构、交易成本、教育变革等几个变量已经形成了解释媒介技术影响社会发展、教育变革的完整的逻辑路径。②

(一)传统媒介技术的教育发展史

很多研究者对媒介技术在教育中运用的发展史进行了总结与反思。王崇德把人类对信息媒介的开发利用划分为自然记忆、传统物化媒介、现代媒介三大阶段。③ 郭文革则利用符号、载体、复制方式和传播特征等四维度的"媒介技术"定义,将教育的"技术"发展史分为口传、手工抄写、印刷、电子传播和数字传播等五个阶段。

按照本书第一章所界定的概念,媒介技术是"人类为驾驭信息传播、不断提高信息的生产与传播效率所采用的工具、手段、知识和操作技艺的总称",在此对传统媒介技术的教育发展史进行简要梳理,以深入理解其媒介技术对教育的影响。

1. 口头语言

在文字出现以前,人类"记忆"生活经验和智慧的工具是口头语言。这个漫长的、以口头语言为信息交流主要手段的阶段就是自然记忆阶段。

口头语言传播从本质上来看是一种面对面的信息交流,它具有传播方式直接、传播内容鲜活生动、传播效果好等先天优势特征。此外,人类开始用有规则的声音符号进行信息交流,提高了人类信息传播的质量、速度和效率,同时也进一步增强了人类的相互联系、相互交往和相互合作。更重要的是,通过口语媒介,古代的知识、文化等得到了最大限度的保存和继承。我国远古时期的

---

① SCHNEIDER S C. Information overload:Causes and consequences [J]. Human Systems Management,1987,7(2):143-153.
② 郭文革. 教育变革的动因:媒介技术影响 [J]. 教育研究,2018,39(4):32-39.
③ 王崇德. 情报学引论 [M]. 天津:天津大学出版社,1994:7-9.

神话故事、民间传说和歌谣，都是通过口语进行传播的。例如，神农时代《蜡辞》中的"土反其宅，水归其壑。昆虫毋作，草木归其泽"，表现了人们对大自然的期望；尧舜时期《弹歌》中的"断竹，续竹，飞土，逐"，表现了人们生动的狩猎场面；夏代诗歌"候人兮猗"，则表达了妻子对丈夫的期盼。这三首分别载于《礼记》《吴越春秋》《吕氏春秋》的诗歌，就经历了漫长的口语传播之后，才随着文字的出现与成熟得以进入史册之中并成为早期文学的见证。[1]

口头语言传播活动同样存在着传播范围小、传播信息的数量少、传播的内容易变化以及不易保存等局限性。首先，口语是靠人体的发声功能传递信息的，由于人体的能量限制，口语只能在很近的距离内传递和交流；其次，口语使用的音声符号具有转瞬即逝的特点，记录性较差，口语信息的保存和积累只能依赖于人脑的记忆力。通过口语语言"获得的知识必须经常重述，否则就会被人遗忘"，而且也容易出错。[2] 口语时代有一种特殊的人——吟诵诗人，他们负责"保存"本部落的文化传统，并在集会上为大家传唱头脑中记忆的内容。从吟诵诗人所承担的记录和传承文化的职能来看，他们有点像是一种"口头书本"，或"口语教材"。吟诵诗人的教育主要依靠师徒相授，通过反复背诵、反复练习来"复制"和"传承"本民族的经验和智慧。[3]

2. 造纸术

为了克服口头语言传播的局限性，人们不断地寻求将知识和信息储存到大脑之外的手段，即所谓"离体记忆"或"知识外储"，如在绳索上打结、在木棒上刻痕、在岩石和洞壁上涂雕和绘画等，这种追求和渴望最终导致文字的产生。文字的产生不仅提高了知识外储的效率和系统性，也为突破时间和空间限制、摆脱个体间口说耳受的"面对面"交流状态创造了条件。[4]

早期文字形式主要有中国的"甲骨文"、古埃及的"圣书字"、美索不达米

---

[1] 郑艳玲. 中国古代文学的口语传播形式 [J]. 当代传播，2010 (5)：42-45.
[2] 沃尔特·翁. 口语文化与书面文化：语词的技术化 [M]. 何道宽，译. 北京：北京大学出版社，2008：42.
[3] 郭文革. 教育的"技术"发展史 [J]. 北京大学教育评论，2011 (3)：137-157, 192.
[4] 王伦信. 从纸的发明看媒介演进对教育的影响——技术向度的中国教育史考察 [J]. 华东师范大学学报（教育科学版），2007 (1)：78-85.

亚地区的苏美尔人的"楔形文字"（如表6-1所示）①。文字必须"书写"在一定的物质材料上才能进行传播，而且也只有书写在一定物质材料上的文字才真正构成传播媒介。

表6-1 三种古老的文字

文字名称	流行区域和时间	特点
甲骨文	中国（夏商时期）	象形，表意文字
古埃及象形文字	古埃及（前三千年左右）	象形，多种书写体
楔形文字	西亚两河流域（公元前三千多年）	楔形，符号性强

中国传统信息载体经历了以简牍、手写纸本、版刻纸本为典型标志的三个时代，由简牍向手写纸本、由手写纸本向版刻纸本的过渡分别以造纸术和雕版印刷术的发明应用为技术基础。② 其中，造纸术的出现和纸张的普遍应用，对教育产生的影响主要包括：

首先，促进了文化的交流和教育的普及。中国早期的书写材料主要有兽皮、石头、龟甲、木板、竹简、羊皮、绢帛等，西方则使用石板、陶土、纸莎草纸、草纸卷、羊皮纸等。这些书写材料，有的笨重，有的很脆，有的很贵，都不适于大量使用。造纸术的出现与传播，解决了书写材料落后的困难，使得文本可以广泛传抄，学术可以留传，从而大大促进了文化教育的普及，推动了世界科学文化的传播和交流。

其次，使得口说传业的教学方式向以自主阅读为主的学习方式转变。纸质媒介的运用，使学生依靠阅读进行自主学习成为可能，也使得以往口说传业的教学方式逐渐发生了改变。例如，我国春秋战国时期，诸子主要以聚徒讲学的方式传授自己的学说。以这种口授的方式进行教学，学生如果不从师受教就很难理解学说的本意。纸张发明并得到应用后，方便流传的手写纸本成为主流知识载体，学习者也可以获得较以前轻便和便宜数十甚至上百倍的书籍。

---

① 两河流域的苏美尔人在创造文字时就地取材，用黏土制成泥版作为"纸"，每块泥版约重1公斤，他们用削成三角形状尖头的芦苇秆、骨棒或木棍当"笔"，在泥板上勾勒出各种符号。由于落笔处印痕较为深宽，提笔处较为细狭，形状很像木楔，所以这种文字称为"楔形文字"或"箭头字"。

② 王伦信．从纸的发明看媒介演进对教育的影响——技术向度的中国教育史考察［J］．华东师范大学学报（教育科学版），2007（1）：78-85．

第三，造成了教师权威一定程度的下降。纸得到普遍应用后，学习者可以通过阅读来理解经书，学术也不必依靠严守"师法""家法"来保证不被歪曲。相比于口头语言传播阶段，师承显得不太重要了。① 从教育的层面看，这是教师权威的下降。

3. 印刷术

印刷术起源于中国。中国的印刷术，经历了雕版印刷和活字印刷两个发展阶段。雕版印刷的过程大致是用刻刀将木版上的反体字墨迹刻成凸起的阳文，同时将木版上其余空白部分剔除，使之凹陷，用圆柱形平底刷蘸墨汁，把纸覆盖在板面上，纸上便印出文字或图画的正像。② 北宋仁宗庆历年间（公元1041—1048）中国人毕昇发明的活字印刷术，是用可以移动的胶泥或金属字块，来取代传统的抄写，或是无法重复使用的印刷版。其过程是先制成单字的阳文反文字模，然后按照稿件把单字挑选出来，排列在字盘内，涂墨印刷，印完后再将字模拆出，留待下次排印时再次使用。德国人约翰内斯·谷登堡（Johannes Gutenberg）在15世纪中叶（约1440年到1445年之间）制造的第一台铅活字印刷机，其所用的铅字是由铅、锑、锡组成的合金制成，技术上也有了较大的进步。

印刷术在教育领域造成的影响主要包括：第一，推动了学科知识体系的形成。印刷技术的出现和运用，使得人们逐渐汇集了从古到今、从东方到西方的各种故事传说、地理考察、物种变化、政治经济等各方面的记录，形成了全方位、多角度、多层次的学科知识体系。第二，形成了书籍出版的标准化格式。在手工抄写时代，手抄书既没有页码，也没有目录和索引。1516年，约翰·弗罗本在伊拉斯谟的《新约全书》第一版中首次使用了页码。接着，印刷书籍中开始出现目标、索引和注释，标点符号、段落标题、分段、书名页和页首标题等陆续出现。到了16世纪末，机器印制的图书在外观上已经接近于今天的图书。③ 第三，促进了教育普及和现代学校教育制度的形成。印刷术的发明及其商业化，使书籍内容的多元化、世俗化和批量生产成为现实。社会各个阶层的民众接触书籍的机会增多了，知识和学术被少数人垄断的局面被打破。在印刷术的推动下，教科书得以大批廉价地生产出来，整个社会由识字率上升而带来了文化水平的提高。处于流通状态的知识和学术为教育素材和内容的选择提供

---

① 王伦信. 从纸的发明看媒介演进对教育的影响——技术向度的中国教育史考察 [J]. 华东师范大学学报（教育科学版），2007（1）：78-85.
② 邓广铭. 邓广铭全集：第六卷 [M]. 石家庄：河北教育出版社，2005：343.
③ 郭文革. 教育的"技术"发展史 [J]. 北京大学教育评论，2011（3）：137-157，192.

了便利，从而为教育普及和现代学校教育制度的形成奠定了基础，如麦克卢汉认为"学校和教室，是印刷书籍技术的直接延伸。印刷书籍是第一种教学机器，而手稿仅仅是一种教学工具"。① 保罗·利文森（Paul Levinson）也认为："公共教育的出现，特别是在初等教育的水平上，与印刷机有着更为根本的联系。"② 概而言之，印刷术为教育从家庭走向世俗社会、为教育普及和现代学校教育制度的形成提供了在知识和学术上的信息基础。

（二）电子媒介在教育教学中的运用

电子媒介是指运用电子技术、电子技术设备及其产品进行信息传播的媒介，主要包括广播、电视、电影、录音、录像和光碟等。

电子媒介最突出的特点是其丰富的视听效果。从文字书写进入影像书写时代，人类表达从单纯的文字表达进入语言、音乐和画面共同表达的视听时代。在各级各类学校的课堂教学中，多种媒体组合的教学资源也得以极大丰富。此外，电子媒介容易产生的规模优势，也使得广播电视大学、网络大学的远程教学模式在中国等一些国家得以蓬勃开展。

现代学校教育是建立在印刷媒介基础上的，其教育基本理念与印刷媒介的特点密切相关。电子媒介有不同于印刷媒介的特性，因此，它对构成现代教育基础的一些基本概念，如世界、主体、交往、知识等都有自己的理解。首先，在世界观上，电子媒介所创造的仿真与混合的世界，娱乐是"超级意识形态"③。在这一"超级意识形态"的主导下，教育的原有意义和地位被消解、取代和改造了：一方面是娱乐对教育的消解与侵占。而另一方面，则是教育向娱乐的靠拢。④

电子媒介在教育中运用的局限，一方面在于它本身是一个单向的传播通道，不支持双向对等交流。而另一方面，则是并非所有的教学资源都适合使用电子媒介来进行制作和传播。

---

① 埃里克·麦克卢汉，弗兰克·秦格龙. 麦克卢汉精粹 [M].何道宽，译. 南京：南京大学出版社，2000：284，326.
② 保罗·利文森. 软边缘：信息革命的历史与未来 [M].熊澄宇，等译. 北京：清华大学出版社，2002：331.
③ 尼尔·波兹曼. 娱乐至死 [M].章艳，译. 桂林：广西师范大学出版社，2004：114.
④ 高德胜. 电视的教育哲学——论电子媒介对现代学校教育理念的冲击 [J]. 华东师范大学学报（教育科学版），2007（1）：12-19.

（三）新媒体技术对人类学习的影响

进入互联网时代以来，特别是随着移动通信工具的快速发展，人们获取信息的首要渠道，已经从纸媒介转向了数字媒介，表达知识和信息的符号系统，也从单纯的文字图表变成了包含文字、声音、图片、动画、视频、游戏等多种符号表达体系，以及结构化、交互化的内容表达结构。

数字技术对教育发展所带来的深层变革主要体现在学习环境、课程知识、教学方式和评价方式四个方面。

第一，构建了以数字媒介为基础的混合学习环境。数字技术不但将世界范围内的学校、研究所及图书馆连接起来成为一个巨大的信息资源库，而且可以让世界知名专家教师可以从不同角度提供教学指导，使学习者随时学习成为一种可能；通过数字技术支持而形成的混合学习环境，可以无限扩大学习者学习的时间、空间和范围，从而提高学习者的参与度。与传统学习环境相比较，虚拟环境下的教育云作为云计算技术在教育领域的具体运用，可以为学习者未来学习提供良好的环境。以云端学习环境为依托，可以实现学校、家庭、社区等物理空间连为一体，成为一个虚拟化的云端空间。与此同时，这种虚拟教育环境还可以支持学习者挑选真正关心或感兴趣的内容进行学习，从而激发学习者更高的学习动机和成就感。云端学习环境的营造，将彻底改变传统的学习形态，使生活环境与学习环境融为一体，形成一种智能的数字化学习生态环境。

第二，形成了体现互联网理念和数字技术的课程知识。数字技术时代下的教育对传统教育中课程化的知识也产生了极大冲击。数字技术的不断发展以及与教育的深度融合，改变了原有课程知识存在方式。在数字化学习时代，随着移动学习、泛在学习、碎片化学习等融合了互联网理念的学习方式的广泛普及，以及移动技术、视频压缩、传输技术、移动终端等技术的普遍应用，为未来课程的发展提供了全新的实施方式。数字时代下的课程将由以往的整体性知识传递向碎片化知识传递转化，并形成一种全新的学习、生活方式。

第三，产生了丰富多元的新型教学方式。数字技术与教育发展的深度融合，使教学方式变得更丰富多元，为改变传统教育所存在的局限提供了可能。数字时代下的新型教学方式有利于激发学生的学习兴趣和认知主体作用的发挥，有利于学生主动探究的创新精神的培养，为以教师为主导的差异化教学和以学生为中心的个性化学习提供有力支撑。

第四，迈向更加真实准确的教育评价。数字技术在引发教学方式变革的同时也颠覆了传统的教学评价方式。数字技术在教育领域的广泛应用为传统的教育评价带来了新的机遇，主要表现在两个方面：在评价方法上，数字技术时代下的学习具有较强的灵活性和自主性，因此未来的评价方式将变得更加及时、灵活；在评价手段上，随着多种技术的引入，评价手段也将变得更加丰富、多元。简言之，无论是数字时代下的教师评价还是学生评价，其评价方式都将朝着更加真实准确的趋势转变。①

2019年4月，美国高校教育信息化协会学习促进会发布的《地平线报告（2019高等教育版）》，总结了2019年至2023年间可能影响全球高等教育技术应用的六项技术发展，由此可以看出媒体技术对教育可能产生的影响：

一是移动学习。移动技术是基于智能手机、平板电脑和智能设备的学习方式。它的主要特点是移动性、交互性和协作性，它已经从"使用独立应用程序补充课程内容"转向"支持移动设计在课程开发和教学设计中的整合"。

二是分析技术。分析技术是对学生学习成绩和学习行为进行分析的技术。它包含静态的描述性分析和动态的、连接的、预测的和个性化的分析功能。

三是混合现实。混合现实是线上和线下世界的交叉环境。它通过将数字技术集成到物理世界和创建物理空间的虚拟模拟，模糊了虚拟和现实的区别。混合现实技术非常适合体验式教育，反思和自我评估是其中的关键。

四是人工智能。人工智能是功能上更接近于人类智慧的智能机器。它具有提供个性化体验、减少工作量和协助分析大型复杂数据集的能力，值得教育应用程序借鉴，但其中的伦理问题也尤为凸显。

五是区块链。区块链技术目前主要用于支持加密货币的分散数字分类账。高等教育区块链大多涉及对成绩单和成绩记录，这种方式作为学习的可验证信息，可跟随学生在不同机构间流通，从而使得高等教育机构之间的学分转换更简单。

六是虚拟助理。虚拟助理是用户与移动设备进行对话交互的常见技术。它能够满足学生对校园信息和支持性服务的基本需求，同时为语言学习者提供更多的教育服务。②

---

① 田铁杰. 数字技术引领下的教育创新——基于对OECD《教育创新：数字技术和技能的力量》报告的分析[J]. 教育科学，2018，34（4）：24-29.
② 兰国帅，郭倩，吕彩杰，等."智能+"时代智能技术构筑智能教育——《地平线报告（2019高等教育版）》要点与思考[J]. 开放教育研究，2019，25（3）：22-35.

第三节　媒介学习素养内涵解析

所谓媒介学习素养,是指使用媒介获取知识、学习技能、促进个人更好发展的知识、能力和态度。

从早期的幻灯、投影、电视、录音、录像等传统电教技术,到后来的多媒体技术、网络技术,再到当今层出不穷的新媒体技术,媒体支持的学习能力一直是教育技术学领域研究的热点。近年来,随着在线学习和远程学习的进一步拓展,有关在线学习能力和远程学习者学习素养的研究也逐渐增多。一些学者从元认知能力、学习策略水平、知识迁移能力、信息素养及学习资源管理能力等五个维度分析在线学习能力的构成。其中,元认知能力是构成在线学习能力的基础;学习策略水平和知识迁移能力是在线学习能力的核心;信息素养和学习资源管理能力是保证在线学习成功的重要条件,是开展在线学习不可或缺的能力。[1]还有一些研究者将远程学习者应具备的素养归纳为:强烈的学习自我控制;熟练地运用网络学习技术;掌握人际交往技能;理解并评估互动性和合作性学习;具有内部控制点;具有自我导向学习技能;有归属感;社会学习能力;讨论或者对话能力;自我或者小组评估能力;反思能力。[2]

也有一些研究者重点关注的是远程学习者的关键素养。这些"关键"的素养包括学习动机、时间管理能力、有限支持下的学习能力、[3]学习洞察力、认知和元认知能力、交互能力、学习者身份同一性等。其中,管理能力包括有效地管理可以获得的时间、信息、媒体、技术资源,以及管理自己的行为习惯、集中精力学习、日常安排,完成学业计划;学习洞察力包括制订与人生计划相匹配的学习目标、不断激励自己完成学习任务、通过他人的支持取得学习成功的信念;认知和元认知能力包括恰当地调节和管理学习过程和学习方法、优化

---

[1] 杨素娟. 在线学习能力的本质及构成 [J]. 中国远程教育, 2009 (5): 43-48, 80.
[2] DABBGAGH N. The online learner: Characteristics and pedagogical implications [J]. Contemporary Issues in Technology and Teacher Education, 2007, 7 (3): 217-226.
[3] BEAUDOIN M, KURTZ G, EDEN S. Experiences and opinions of e-learners: What works, what are the challenges, and what competencies ensure successful online learning [J]. Interdisciplinary Journal of E-Learning and Learning Objects, 2009, 5 (1): 275-289.

学习策略，有效应用先前的知识和经验解决问题；交互能力包括发展与教师、学习者的合作关系，形成与教师、学习者的正式、非正式的交际网络，通过不同学习小组的活动协作知识建构；学习者身份同一性包括乐于学习、认同学习者的身份、相信自己具有成功完成学业的能力。①

教育技术学领域的多年积累，为媒介学习素养研究的深入拓展奠定了坚实基础。根据媒介学习素养的定义，可将其分为媒介学习知识、媒介学习能力与媒介学习态度三个层面。如图6-1所示。

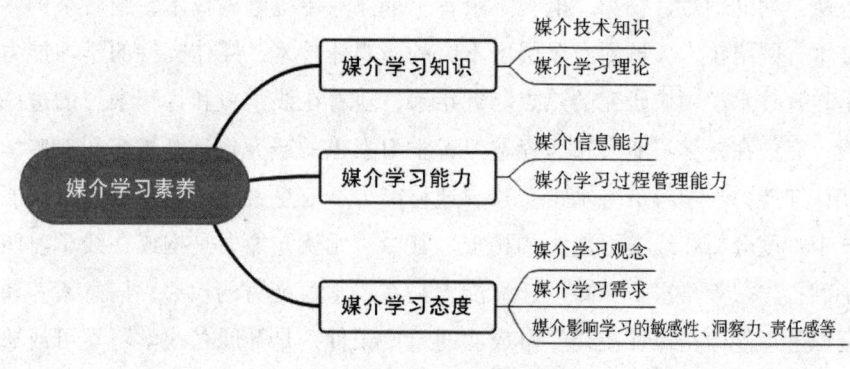

图 6-1 媒介学习素养内涵

一、媒介学习知识

媒介学习知识，是指使用媒介获取知识、学习技能、促进个人更好发展的相关知识。媒介学习知识除了媒介技术的特点、分类、历史等基本知识之外，还包括媒介技术对教与学的方式、教师知识体系、教材和学习环境等教学要素的影响等内容。

媒介学习理论主要是那些与媒介学习相关的，能有效地改善人们媒介学习行为的规律性认识。媒介学习理论不是媒介理论与学习理论的简单相加，而是学习理论在信息时代的最新发展。学习理论作为心理学的一门分支学科，是对学习规律和学习条件的系统阐述，它主要研究人类与动物的行为特征和认知心理过程，注重把心理学的一般原理应用于学习领域，是课程和教学理论的基础。

我国学习理论研究表现出以下特点：一是多维学科视角拓展学习理论视野。据统计，不同学科的研究者从不同视角考察学习，共涉及超过 100 个主题。其

---

① 郑勤华，陈悦，陈丽. 中国MOOCs学习者学习素养调查研究［J］. 开放教育研究，2016（2）：38-45.

中，关注频次最高的当数建构主义学习理论。此外，行为主义学习理论、认知主义学习理论、人本主义学习理论和自主学习理论等也得到了较多关注。此外，强健式学习（Robust Learning）理论、项目学习（Project-based Learning）理论、混合学习（Blended Learning）理论和分布式学习（Distributed Learning）理论等也有所涉及。二是信息技术的发展对学习理论创新发挥了重要的推动作用。信息技术催生的新型学习方式，强烈呼唤人们从学习理论的层面深入剖析。在这样的背景下，数字化学习理论、移动学习理论、泛在学习理论、云学习理论、连接主义学习理论等不断孕育、产生并逐渐成熟起来。[1]

不断发展的媒介学习理论对于人们深入理解媒介学习的基本概念、梳理其相互关系、概括其基本特征、构建其理论体系、挖掘其深层价值、反思其应用误区、廓清其未来走向并进而掌握媒介学习的实际规律，具有十分重要的意义。例如，美国当代著名教育心理学家、认知心理学家与实验心理学家理查德·迈耶（Richard E. Mayer）博士以"怎样呈现信息以促进人们的理解"等问题为起点，以双通道假设（Dual Channel Assumption）、容量有限假设（Limited Capacity Assumption）和主动加工假设（Active Processing Assumption）为基础，通过大量的实验总结了设计在线学习环境的原则，并进而形成了关于多媒体学习的相关理论。这些原则主要包括多媒体认知原则（Multimedia Principle）、空间接近原则（Spatial Contiguity Principle）、时间邻近原则（Temporal Contiguity Principle）、一致性原则（Coherence Principle）、通道原则（Modality Principle）、冗余原则（Redundancy Principle）、个体差异原则（Individual Differences Principle）等。仅以其中的一致性和个体差异两个原则为例。一致性原则是指当无关的材料被排除而不是被包括时，学生学得更好。这一原则又可分三个互相补充的部分：当在多媒体呈现中加入有趣但无关的词语和画面时，学生的学习会受损害；当在多媒体呈现中加入有趣但无关的声音和音乐时，学生的学习会受损害；当把多媒体呈现中不必要的词语删掉时，学生的学习会得到促进。而个体差异原则是指先前知识较多的学习者在阅读文本或听讲解时更善于生成心理表象，从而言语和视觉表征更可能同时存在于他们的短时记忆之中，因此某一领域的先前知识，能够弥补教学过程中文字和图像没有结合呈现的缺陷。对于低空间能力者，建构心理表征可能需要投入更多的认知资源，因而即使图像和文字结合呈现，

---

[1] 曾文婕，许素美. 我国学习理论研究三十年 [J]. 电化教育研究，2012 (10): 34-40.

他们也很难再有认知资源用于在文字与图像心理表征之间建立联系。① 这些研究成果极大促进了人们对媒体支持的学习的深入理解，因此也成为媒介学习理论非常重要的组成部分。

二、媒介学习能力

媒介学习能力，是指使用媒介获取知识、学习技能、促进个人更好发展的能力。

学习能力是静态结构与动态结构在学习活动中的统一。学习能力结构是一个多因素、多形态、多层次的结构。其中，智力因素与非智力因素是制约学习能力发展的心理基础，基本能力和综合能力是学习能力在学习活动中的不同表现形式，思维能力和学习策略是学习能力的核心。② 具体而言，学习能力主要由知识力、解析力、生成力、迁移力、执行力和强化力等六大成分组成。其中，知识力是对知识进行加工操作的能力；解析力是从新材料中获得有价值的信息，并形成相应认知的能力；生成力是形成新的认知结构的能力；迁移力是使用已学得的图式解决新情境中问题的能力；执行力是落实具体学习活动的能力；强化力是对学习活动给予肯定或否定的能力。这些成分使学习能力成为一个具有内在逻辑的整体。③ 国外一些教育机构提出的评价学习者基本学习能力的指标当中，也包括学习专注力、学习成就感、学习自信心、思维灵活度、学习独立性和学习反思力等。④

除了一般的学习能力，在媒介学习的过程中，最为重要的是媒介信息能力和媒介学习过程管理能力。

（一）媒介信息能力

媒介信息能力是指人们有效利用信息设备和信息资源获取信息、加工处理信息以及创造新信息的能力。具体来说，它包括：

第一，信息工具的使用能力。包括会使用文字处理工具、浏览器和搜索引擎工具、网页制作工具、电子邮件等。

---

① 理查德·迈耶. 多媒体学习 [M]. 牛勇，邱香，译. 商务印书馆，2006：5-60.
② 毕华林. 学习能力的实质及其结构构建 [J]. 教育研究，2000 (7)：78-80.
③ 张仲明，李红. 学习能力的成分研究 [J]. 西南大学学报（社会科学版），2009 (5)：147-153.
④ 赵呈领，徐晶晶. 翻转课堂中学习适应性与学习能力发展研究——基于学习活动设计视角 [J]. 中国电化教育，2015 (6)：92-98.

第二，获取、识别信息的能力。它是个体根据自己特定的目的和要求，运用科学的方法，采用多种方式，从外界信息载体中提取自己所需要的有用信息的能力。在信息时代，人们生活在信息的汪洋大海中，面临着无数的信息的选择，需要有批判性的思维能力，根据自己的需要选择有价值的信息。在媒介学习的过程中，信息获取能力主要包括信息查询检索、远程登录、信息浏览、下载、整合使用等。

第三，加工处理信息的能力。个体应具有从特定的目的和新的需求的角度，对所获得的信息进行整理、鉴别、筛选、重组，提高信息的使用价值的能力。在媒介学习的过程中，学习者的作业、练习、课程学习交流及论文报告等环节常常需要以电子文档等方式出现，因此学生必须具备在媒介环境下整合、加工处理信息的能力。具体包括：信息的加工整合能力，即电子文档、电子幻灯片及网络资源的制作能力；信息的再利用能力，即收集、整理通过各类媒介获得信息的能力。

第四，创造、传递新信息的能力。获取信息是手段，而不是目的。个体应有在对所掌握的信息从新角度、深层次加工处理的基础上，进行信息创新，从而产生新的信息的能力。同时，有了新创造的信息，还应通过各种渠道将其传递给他人，与他人交流、共享，从而促进更多的新知识、新思想的产生。[1]

（二）媒介学习过程管理能力

媒介学习过程管理能力是指学习者对利用媒介进行学习过程中的各阶段或环节进行适当的、自主的和个性化管理的能力。媒介学习过程管理贯穿于学习的始终，统筹协调着自我认识、目标管理、时间管理、环境管理、资源管理、人际管理、情绪管理、努力管理和压力管理等方面的作用。

良好的学习过程管理能力在学习过程中具有重要的作用，在媒介学习过程中则更为重要。首先，它是实现媒介学习目标的重要保证。没有良好的媒介学习过程管理能力作为保证，缺乏有效的媒介学习过程管理，学习者难以实现预期的学习目标。远程学习特别是慕课的高辍学率，就是最充分的证明。其次，它是提高媒介学习质量的必要基础。媒介学习过程管理是通过质量监控，为保证学习的质量而对学习活动进行计划、检查、评价、反馈、控制和调节的一系列过程；媒介学习过程管理能力则是保证媒介学习质量的基础。第三，它是增进学习者高阶思维和高阶能力的有效辅助。媒介学习过程管理的核心在于强调

---

[1] 张倩苇. 信息素养与信息素养教育 [J]. 电化教育研究，2001（2）：9-14.

学习反思。在反思过程中，计划、调节和监控等高阶策略的应用，有助于学习者创新思维、批判性思维、决策和问题求解等高阶思维和高阶能力的发展。

元认知（Metacognition）是学习过程管理的基础，是个体对自己思维过程和结果的认知与监控。在元认知的结构中，元认知体验或控制最为关键。它主要体现在如下四个方面：一是在面临学习任务之前和实际的学习活动展开期间，激活和维持注意与情绪状态；二是分析学习情境，提出与学习有关的问题和制定学习计划；三是在具体的学习活动展开期间，监控学习过程、维持或修正学习行为；四是在学习活动结束后，总结性地评价学习效果，其中包括对学习方法的评价。对学习者来说，元认知体验或控制就是要善于运用元认知策略，即学习者能使用计划、监控和调节策略去评估自己的理解、计划学习时间、选择有效计划，发现自己的问题以及如何改正，以达到有效的学习。①

在媒介学习过程的不同阶段或不同环节，媒介学习过程管理能力有着不同的内容。

首先，在媒介学习活动之前，需要运用诊断性评价确定学习准备情况，制定学习目标，根据学习目标、能力水平、知识掌握程度、学习方式等制订个性化的媒介学习计划，所制定的计划必须强调目标管理的自我导向学习。

其次，在媒介学习活动之中，要根据个性化学习计划，采取有效的学习策略，激活和维持注意力与情绪状态，积极调节学习行为及学习态度，灵活运用学习方法。这一阶段的主要管理方法有自我调控、形成性评价等。学习者通过自我调控对思维、情感和行为进行监察、评价、控制和调节；利用形成性评价提供阶段性反馈，消除媒介学习中的孤独、迟疑等不良感觉，加强对学习的监督和管理。在此，学习者应善于运用实时监控和行动中的反思方法，对学习活动进行一系列实时的计划、检查、评价、反馈、控制和调节，以保持学习动机、自主意识和自控力，并调节学习过程中的计划、检查和评价，实时管理学习进展，不断地调整学习活动。

第三，在媒介学习活动之后，还要对最终学习结果和整个学习过程作出评价，获取反馈，为制订下一轮次的学习计划提供依据。学习者可运用行动后的反思（Reflection on Action）将元认知知识和媒介学习过程的调节监控联系起来，对总的媒介学习过程进行回顾；运用总结性评价判断整个学习过程的效果，进而重构经验，增加经验的意义，提高后续学习的能力。

---

① 钟志贤，刘朝霞. 论远程学习者的学习过程管理［J］. 远程教育杂志，2009（3）：63-66.

三、媒介学习态度

媒介学习态度，是指使用媒介获取知识、学习技能、促进个人更好发展的稳定的心理倾向。媒介学习态度是人们在学习活动中产生的有关媒介和学习的认识、观念和需求等的总和。正确的媒介学习态度主要表现为：

首先，能认识到媒介在信息时代的学习当中的重要作用，能确立利用媒介进行学习的新观念。

其次，对使用媒介进行学习有积极的内在需求。利用媒介进行的学习，通常是没有外部压力或要求的自主学习，学习者如果缺乏内在的需求，就不可能自觉地确定学习目标并启动学习过程，学习也就无从谈起。现代学习心理学认为，与自主学习有关的内在动机性成分主要包括自我效能感、价值意识、目标定向、学习兴趣等，学习者在这些动机成分上表现出来的特点将直接影响其内在学习动机水平。其中，自我效能感是学习者对自己是否有能力从事某种学习活动的判断，是学习自信心在某项学习任务上的具体体现；价值意识是指个体预期到学习的结果或成功对自己具有重要意义。对学习结果的高价值意识也是推动学生自主学习的重要内部动力；目标定向对自主学习的动机作用表现为以掌握知识、增长技能为目的的掌握性目标，对自主学习的推动作用大一些，以显示能力、超越别人、获取赞许为目的的表现性目标定向，对自主学习的推动作用相对小一些；学习兴趣作为一种动机成分对自主学习的影响是不言而喻的，学习者对某一门功课的学习兴趣越浓厚，其学习的主动性、自觉性就越强。

第三，对媒介技术如何影响学习有一定的敏感性、洞察力和责任感。既能迅速有效地发现并利用媒介技术为学习提供的便利，又能认识到媒介技术可能带来的弊端，从而规范自身的学习行为。[1]

---

[1] 张倩苇. 信息素养与信息素养教育 [J]. 电化教育研究，2001（2）：9-14.

第七章

媒介文化素养：
媒介教育终极目标的关键诉求

文化，在归根结底的意义上，是关于人的生活的精神形式和行为的结果。① 因此，对媒介文化的讨论，根本上是对媒介技术与人之关系的讨论，它关涉到技术之变迁对于人的精神样态的影响。随着新媒体技术的日益普及，不但信息传播的内容和方式发生了重要变化，而且作为技术使用者和信息接受者的"人"与技术之间的关系，也随之发生了根本性转变。传统媒体技术下的、"被动的"受众，在新媒体技术的发展中获得了"解放"，在媒介技术激变、数字电视和移动传播充斥人们生活空间的时代，技术之"新"同样意味着文化之"新"。② 面对新型媒介文化的影响，为什么每一位普通公民都需要具备一定的媒介文化素养？我们需要具备怎样的媒介文化素养？

第一节 文化理论视域下的媒介文化

一、从"文化"到"媒介文化"

若要对"媒介文化"以及围绕它而展开的"媒介文化素养"进行界定与探讨，其前提应是对"文化"一词的准确含义有清晰的把握。但是事实上，对于

---

① 齐美尔. 劳动分工作为主观文化和客观文化分野的原因 [M] // 林荣远，编译. 社会是如何可能的：齐美尔社会学文选. 桂林：广西师范大学出版社，2002：103.
② 李敬. 技术与文化传播：对新媒介文化的批判性研究 [J]. 社会科学，2017 (6)：179-191.

<<< 第七章 媒介文化素养：媒介教育终极目标的关键诉求

"文化"的描摹本身就是一项厚重的课题，雷蒙·威廉斯（Raymond Williams）说它是"英语中最为复杂的两三个词汇之一"①，而约翰·费斯克（John Fiske）则说，"若以文化作为分析性概念，或者说同其用法打交道，那么不可能仅用一个定义解释所有此类问题"②。总之，文化的内涵无比复杂，乃至即便放眼全世界，恐怕也很难找出某种语言能够准确且完整地描述出"文化"的全部样貌与特征。

按照威廉斯的考证，在西方语境中，"文化"一词最早被用于形容土地的耕作过程和动植物的培育性活动，这种耕作过程和培育活动"不仅意味着自然生长，而且意味着对'自然'物种的人为调理，使之变成一种期望的'培育品种'"③。后来，类似的观念才开始逐步被有意识地移植到有关人类心智培养的论述中。最终，在19世纪，随着浪漫主义思潮在工业革命中的勃兴，"文化"逐渐被打磨成一种精确的概念，并且与物质生产区别开来成为专指人类精神发展的词汇。在此情形下，威廉斯曾在非常宽泛的层面上对文化做出过三种定义，分别是："（一）独立、抽象的名词——用来描述18世纪以来思想、精神与美学发展的一般过程；（二）独立的名词——不管在广义或是狭义方面，用来表示一种特殊的生活方式（关于一个民族、一个时期、一个群体或全体人类）……；（三）独立抽象的名词——用来描述关于知性的作品与活动，尤其指艺术方面的。"④事实上，今天绝大多数与文化有关的思考都是以后两种定义为基础而展开的。

对于"文化"的本体性诠释并不是本书所致力解决的问题，我们想要强调的是，无论哪一种文化抑或哪一层次上的文化，文化本身与"媒介"之间都是密不可分的关系，人们对文化的习得、传播和再生产从根本上讲是通过媒介的呈现和对媒介的消费而完成的。换言之，不管是作为生活方式的文化，还是作为作品和活动的文化，往往都会倚靠以不同形态存在的媒介及其结合体，才使得其自身在广泛的社会维度内保持可见。因此，尽管对文化的定义触及一个漫

---

① 雷蒙·威廉斯. 关键词：文化与社会的词汇 [M]. 刘建基，译. 北京：三联书店，2005：47.
② 约翰·费斯克. 关键概念：传播与文化研究辞典 [M]. 李彬，译. 北京：新华出版社，2004：62.
③ 约翰·费斯克. 关键概念：传播与文化研究辞典 [M]. 李彬，译. 北京：新华出版社，2004：63.
④ 雷蒙·威廉斯. 关键词：文化与社会的词汇 [M]. 刘建基，译. 北京：三联书店，2005：152.

长且烦琐的过程，但"媒介性"或曰"传播性"应该始终是其重要的衡量和界定依据，"一切文化要成为一种社会的产物从而名副其实地变成'文化'，就既是传播的主宰，又被传播所主宰，因而就其本质而言，也是传播性的"。① 如果我们认可这一判断，则接下来的问题似乎就无可避免，即既然文化从一开始就被赋予了"媒介性"，那么为何我们今天还要提及"媒介文化"，为何要将"媒介"与"文化"并置在一起？所谓的"媒介文化"又具体指向什么呢？

究其缘由，是因为20世纪以来，科学技术的迅猛发展极大地拓宽了媒介的内涵与外延，媒介特别是大众媒介不仅完全地渗透到了人们的日常生活中，同时还扮演着越来越重要的角色，一刻不停地改变着当代生活的信息方式和交往方式。搭载着技术革命的媒介为我们带来了一种全新的文化，它最突出的特点，是"将传播与文化凝聚成一个动力学过程，将每一个人裹挟其中"。因此，这种文化"构造了我们的日常生活和意识形态，塑造了我们关于自己和他者的观念；它制约我们的价值观、情感和对世界的理解；它不断地利用高新技术，诉求于市场原则和普遍的非个人化受众……"② 在这样的文化面前，以往的口语或书面等旧的文化模式都因自有的无力而在广泛的日常生活领域内被排挤掉了，媒介文化成为主宰生活和休闲的主导文化。所以，当下对媒介文化加以区分并予以研究和思考无疑是极为必要的，因为我们每个人今天已然完全沉浸其中，但总是对其知之甚少。

那么，究竟什么才是"媒介文化"呢？在驳杂的定义中，凯尔纳（Douglas Kellner）在《媒介文化——介于现代与后现代之间的文化研究、认同性与政治》一书中的表达最为学界所推崇。在该书，凯尔纳关于"媒介文化"的直接界定有两处，第一处对应的是媒体文化的外延，即："媒体文化是诸种系统的组合：从电台和声音的复制（慢转唱片、磁带、激光唱片以及诸如收音机、磁带录音机等传播器械）、电影及其放送模式（剧场放映、录像带出租、电视播放等）、包括报纸和杂志在内的印刷媒体，一直到位于媒体文化中心的电视等。媒体文化是一种图像文化，常常调度人的视觉与听觉。形形色色的媒介——电台、电影、电视和包括像杂志、报纸和连环漫画册在内的印刷品——要么以视觉为主或以听觉为主，要么两者兼用，同时对方方面面的情绪、情感和观念等产生影

---

① 道格拉斯·凯尔纳. 媒体文化：介于现代与后现代之间的文化研究、认同性与政治 [M]. 丁宁，译. 北京：商务印书馆，2013：61.

② 尼克·史蒂文森. 认识媒介文化：社会理论与大众传播 [M]. 王文斌，译. 北京：商务印书馆，2001：3.

响。媒体文化是一种产业文化，是依照大规模生产的模式加以组织的，同时它也遵循惯例性的程序、法则和规定等，分门别类地为大众制作产品。……媒体文化也是高科技的文化，调用了最为先进的科学技术。"[1]第二处对应的是媒体文化的内核和问题域，即："'媒体文化'一词既意味着文化产业的产品所具有的性质和形式（即文化），也表明了它们的制作和发行的模式（即媒体技术和企业）。它避免了像'大众文化'和'流行文化'这样的意识形态的术语，同时让人们关注媒体文化得以制作、流布和消费的那种生产、发行以及接受的循环系统。此用语也打破了介于文化、媒体和传播等研究领域间的人为界限，使得人们注意了在媒体文化体制中的文化与传播媒介之间的相互关联，从而消解'文化'和'传播'之间的具体界限。"[2]

综合来看，描述"媒介文化"我们需要把握三个特征：其一，媒介文化是一种商业文化，其所产出的文化产品即商品，目标是为对其感兴趣的资本主体创造更多的利润；其二，媒介文化是一种大众文化，并且是大众文化的高级阶段，它总是与最新的科学技术关联在一起，同时又面向庞大的受众，从而总是输出能够流行的、大规模生产的文化产品；其三，媒介文化是一个充满斗争的场域，其间充斥着资本力量、政治力量以及来自受众的民间抵抗力量，互不相让的社会力量常常利用媒介文化来推进自己的利益诉求，这反过来也使得媒介文化成为一种冲突性话语的再生产过程。

二、多重视角下的媒介文化研究

应当说，自从20世纪60年代以来全球范围内复杂的政治、经济和文化形势催生了许多新的文化与社会理论的浮现，而每一种新的理论话语都会为彼时的社会带去某种特定且狂热的兴奋。于是，当媒介文化置身在其中，必然会受到这些互不相让的理论的影响、修正乃至重塑，而媒介文化本身亦会经由对社会理论的调用、吸收和借鉴来完成自我的呈现与革新。因此，媒介文化与适时的社会理论与思潮总是相伴而行、互为表里。由是，若要厘清媒介文化表象之后的真实内在，从而建构切实的媒介文化素养，可能还需要将媒介文化放置在社会理论的视域中对其加以考量。

---

[1] 道格拉斯·凯尔纳. 媒体文化：介于现代与后现代之间的文化研究、认同性与政治[M]. 丁宁, 译. 北京：商务印书馆, 2013：10.

[2] 道格拉斯·凯尔纳. 媒体文化：介于现代与后现代之间的文化研究、认同性与政治[M]. 丁宁, 译. 北京：商务印书馆, 2013：61.

对认识媒介文化产生影响的第一种社会理论来自法兰克福学派对资本主义社会的批判传统。尽管承袭了马克思的批判理念，但与传统意义上的马克思主义致力于考察资本的生产与再生产不同，法兰克福学派的关注点则集中在围绕资本所组织的社会是如何对人的精神进行奴役与控制的。

在这样的理论逻辑下，媒介文化其实与法兰克福学派所批判的"文化工业"并无本质差异，它们都是统治者为了维系主导性的意识形态，灌输统治阶层意志的权力工具。进言之，媒介文化之"文化"绝非大众的本真需要，而是生产者依据资本主义的商品生产逻辑，以商业利润为最高目标而自上而下强行给予大众的。所以，如今充斥于整个社会的媒介文化，实质上与资本生产的其他商品一样具有商业化、标准化和大规模复制的特征。"汽车、炸弹和电影将所有事物都连成了一个整体，直到他们所包含的夷平因素演变成一种邪恶的力量。文化工业的技术，通过去除社会劳动和社会系统这两种逻辑之间的区别，实现了标准化和大众生产。"① 也正是在这个过程中，来自资产阶级的统治性的意识形态被悄无声息地经由媒介文化而输送给了普罗大众，富有个性的民间文化和艺术文化被新兴的媒介文化所取代，各种虚假的需求被当作主导性的文化趣味而被大众所默认。

继法兰克福学派之后对媒体文化研究有所影响的理论来自英国的文化研究。应当说，文化研究在批判性上与法兰克福学派之间存有延续性和扩展性，其主要的兴趣之一，是在法兰克福学派所开创的文化工业的研究模型基础上，详尽描述包括媒介文化在内的文化诸种表现形式是如何与社会的控制交织在一起的。然而与此同时，主要由无产阶级学者组成的文化研究学派总是致力于追求永恒的社会正义和坚守不变的底层立场，因此他们在将媒介文化放置在社会中进行阐释的同时，也从未放弃将媒介文化纳入反抗控制和反抗从属的政治学语境中。于是，在英国文化研究的影响下，媒介文化研究开始重点观照文化生产中来自受众的能动力量。进言之，文化研究的学者们"不只是固执知识分子的立场，抨击资本主义文化控制，而是同时站在民间社会的立场，去发现民众参与对话时所具有的能动解码实践"②。这表明文化研究从来都是把受众认作一种消解社会控制的解放力量，受众是主动的且具有批判性接受能力的创造性主体。受众

---

① 马克斯·霍克海默，西奥多·阿多诺. 启蒙辩证法 [M]. 渠敬东, 曹卫东, 译. 上海：上海人民出版社，2005：108.
② 陈晓明. 文化研究：后-后结构主义时代的来临 [J]. 文化研究，2000（1）：26.

总是能够对来自资本生产的媒介文化予以抵抗性的解读和盗猎性活动，从而将大众媒体输送的文化商品转变为抗争性的文化资源，并进而从中生成意义并获取到快感。总之，文化研究对媒介文化在反控制斗争中所发挥出的功能的反思和审视，为媒介文化研究开启了一种开放、积极的研究视野。

与法兰克福学派和文化研究都不相同的是，第三种思考范式将媒介文化研究的重点从"文化"转移到了"媒介"之上。这种由麦克卢汉独树一帜的媒介思考所开辟的媒介文化考察路径，经过鲍德里亚和詹姆逊的延展而被推向一个新的高度。他们详细而独到地解释规划出了一个围绕后现代主义而展开的文化实践考察维度。在其中，鲍德里亚的思考最具代表性，他认为今天被电子媒介所统摄的社会本身对应着一个复杂的"内爆"过程，一个消除区别而各领域相互渗透的过程。因而所谓的媒介文化不过是这"内爆"从微观符号向度朝着宏观社会向度迈进的表征与诠释。媒介文化带来了真实与虚拟、各种意识形态以及各种社会阶级之间的内爆，"不仅政治与娱乐之间、资本与劳动之间以及俗文化与雅文化之间的界限都已内爆为一种毫无差别的模仿流，而且客体和表征、事物和观念之间的界线不见了，整个社会都被内爆"[1]。如此一来的结果，则是"主体不再将自己的欲望投射到客体上；相反，主体与客体之间的距离已经内爆。……主体占据了这样一个世界：文化的信息流通已吞噬了个体空间"[2]。而主体本身也在媒介文化所带来的内爆面前变得沉默，最终消解掉全部的主体性。

总之，媒介文化的出现与盛行对媒介素养提出了新的要求，学会如何理解、解释和批判媒介文化所传递的信息和意义是举足轻重的。简言之，获得一种对媒体的批判性的媒介文化素养是个人和群体在当下文化环境中谋得生存的一种重要资源。学会阅读、批评和解释媒介文化的操纵亦会有助于个人获得与占主导地位的文化对话的能力。

---

[1] 连珩，李曦珍.后现代大祭师的仿象、超真实、内爆——博德里亚电子媒介文化批评的三个关键词探要［J］.科学经济社会，2007（3）：82-85.

[2] 尼克·史蒂文森.认识媒介文化：社会理论与大众传播［M］.王文斌，译.北京：商务印书馆，2001：245.

第二节　媒介文化素养：助力媒介空间理性重构

文化是媒介素养的基本内涵，也是媒介素养教育的重要表征。媒介文化素养的培养是重构媒介空间理性的关键。在当前复杂的国际形势下，培养公民的媒介文化素养还是应对国家信息安全的重要手段。

一、文化是媒介素养教育的重要表征

文化在媒介素养教育的发展过程中占有十分重要的地位。回顾媒介素养的发展历史，创建了极具特色、影响全世界的三大媒介素养教育模式的英国、加拿大、澳大利亚，其发展进程都与文化问题密切相关。如英国提出了"文化保护"的核心理念，目的是保护本国传统的精英文化；加拿大以抵制美国的文化入侵为目标，形成了"文化抵制"的教育传统；澳大利亚则积极贯彻"文化融合"的理念，以培养和提高国民的跨文化媒介素养。即使是"后起之秀"的美国，也在新媒体技术及文化的深刻影响下实现了文化转向。可以说，文化是媒介素养教育的重要表征。

（一）英国媒介素养教育：从"文化保护"到"超越保护主义"

英国媒介素养教育的起源，在于文化学者对电影等流行文化与传统文化之间冲突的忧虑。按照大卫·帕金翰的观点，利维斯和汤普森媒介素养教育思想的核心，是保持本国文化传统、语言、价值观与民族精神的纯正和健康。在他们二人看来，电影追求的是"最廉价的情感诉求"，只是"一种消极的消遣手段"。[1]

著名学者莱恩·马斯特曼（Len Masterman）把这一阶段的媒介素养教育描述为：通过"甄辨、判断和尝试"，比较真正的"高级文化"与大众媒介形成的"低级文化"之间的差异。[2] 这种把大众媒介当作"文化滑坡的催化剂"的

---

[1] 江玉琴. 论伯明翰学派先驱 F. R. 利维斯的民族文化建构——大众文化全球化背景下英国本土文化的民族诉求 [J]. 江西社会科学，2012（7）：250-255.

[2] MASTERMAN L. A Rationale for Media Education [M] //KUBEY R. Media Literacy in the Information Age. NJ：New Brunswick，1997：Transaction. 21：15-68.

观点，使得教师往往将媒介的危害程度作为确定教学主题的依据。例如，广告就被确定为重要的教学主题之一，因为它被看成操纵观众、物质主义价值观以及破坏语言等媒介危害的典型代表。此外，妇女杂志中的故事以及儿童漫画等也会成为教学主题，则是因为其中存在的刻板印象问题。[1] 当然，基于保护的目的，这些教学内容并不多。教育工作者的主要任务，是对这些低级文化进行分析，帮助学生远离低级文本、反思其背后的动机及其影响，并掌握语言的正确运用规律。这种类似于"接种免疫"的方法与模式，使得教师承担了保护者（protector）和仲裁者（arbiter）的角色。

20世纪50年代兴起的文化研究及其对待文化的不同观点，促使英国媒介素养教育发生了一次重要转折。在威廉姆斯（Raymond Henry Williams）1961年所写的著作中，与利维斯式的观点相左的是，"文化"不再被视为一系列享有特权的、恒定不变的人为物事（如文学经典），而被视为全部的生活方式。这种观点认为，文化的表达是多元性的，既有高雅、贵族式的形式，亦有日常生活化的、大众化的形式。这种更趋近人类学意义上的文化概念对于那种特别看重高雅文化与大众文化、艺术与生活体验之间等级区别的观念无疑是一种挑战。[2] 理查德·霍格特（Richard Hoggart）则认为，作品是否成功与传播的媒介或方式没有直接关系，重要的是作品能否打动观众、引起观众共鸣。这些主张和观点，不但引起了对文化意味的重新定义，也引发了对学校课程价值的重新评价。

作为文化研究学派的重要代表人物，斯图尔特·霍尔（Stuart Hall）在受众研究领域实现的突破，不但肯定了受众在传播过程中的地位，也明确指出了受众对待媒体文本的三种解读立场。除了与编码者一致的"统治-霸权立场"之外，与编码者不完全一致的"协商立场"和与编码者相反的"对抗立场"，使得文化研究敞开了受众主动性研究的大门，[3] 也让教育者认识到了儿童的自主性和批判性。

通过文化研究学者的努力，媒介产品的积极作用逐渐得到认可。1963年，英国教育与科学部在发布的《纽塞姆报告》（Newsom Report）中提出，电视在学生提高知识及认识社会方面起着特殊而且重要的作用，但是，"我们几乎没有

---

[1] MASTERMAN L. A Rationale for Media Education [M] // KUBEY R. Media Literacy in the Information Age，NJ：New Brunswick，1997：Transaction. 21：15-68.

[2] 大卫·帕金翰. 英国的媒介素养教育：超越保护主义 [J]. 新闻与传播研究，2000（2）：73-79.

[3] 蔡骐，谢莹. 英国文化研究学派与受众研究 [J]. 新闻大学，2004（2）：28-32.

注意电影电视进入和影响人们生活的程度,也没有注意到媒介和文学、音乐、绘画一样,作为个人经历及文化传播方式的重要性及必要性",因此,"我们强烈呼吁在中学增设电影电视课程"①。同样,音乐委员会 1971 年的一份官方文件也要求,"在不降低标准和失去目标的情况下,学校应该尽可能在教科书所提供的音乐和年轻人自己要求学习并且喜欢的音乐之间架起一所桥梁"②。可见,这一时期的英国媒介素养教育改变了原来对大众媒介排斥的态度,开始注重培养学生对媒介的辨别能力。

从 20 世纪 90 年代起,英国的媒介素养教育进入了"超越保护主义"(Beyond Protectionism)阶段。但这种"超越保护主义"实际上是一种基于"进攻性防御"的"新保护主义",它强调的是理解批判能力和主动参与兴趣有机结合的教育,意识形态和文化价值仍然是其所关心的核心问题。③

英国媒介素养教育中"文化保护"的传统,不但能有效地保证本国传统文化、价值观和民族精神的传承,而且对世界各国的媒介素养教育也产生了深远影响。特别是对那些在全球化背景下文化自觉意识较强的国家来说,英国的"文化保护"理念具有较强的示范和引领作用。

(二)加拿大媒介素养教育:从"文化抵制"到"积极防御"

加拿大独立后长期推行的同化主义政策——盎格鲁化(Angloconformity),虽然促成了国家的统一,却忽视了少数民族的文化权益,因而催生了魁北克分离主义、土著人独立运动,造成了极大的民族矛盾。20 世纪 70 年代以后,加拿大开始将目光转向包容的多元文化主义,不但对法裔群体做出了文化上的妥协,而且对土著和其他少数族裔文化也采取了扶持政策。虽然多元文化主义有力地缓解了同化主义政策的压力,但它对民族文化统一的抛弃,又走向了另一个极端。④

在加拿大应对文化认同危机的过程中,美国文化霸权主义始终是一个不小的威胁。加拿大地广人稀,发展先进的广播电视系统以促进本国多元文化的发

---

① Ministry of Education. Half our Future: The Newsom Report [R]. London: Ministry of Education, 1963: 474.
② COUCIL S, DOBBS J. Music and the young school leaver: Problems and opportunities [M]. Carmarthenshire: Evans Bros, 1971: 12.
③ 秦学智. 帕金翰"超越保护主义"媒介教育观点解读 [J]. 比较教育研究, 2006 (8): 49-53.
④ 戴晓东. 当代民族认同危机之反思——以加拿大为例 [J]. 世界经济与政治, 2005 (5): 52-58, 5.

<<< 第七章 媒介文化素养：媒介教育终极目标的关键诉求

展本来是一个不错的思路。可是，政府并未对美国媒体的内容加以适当约束与控制。20世纪20年代对美国广播节目的放任，70年代初期批准本国有线电视公司接收美国电视讯号的决定等，都为美国文化的渗透打开了方便之门。美国媒介产品中大量存在的暴力、色情以及对加拿大文化认同感的侵蚀，令加拿大的有识之士忧心忡忡。

在社会各界的共同努力下，加拿大人制定了一系列"文化抵制"的政策，积极应对美国文化的渗透，保护本国的文化主权。例如，加拿大广播电视和电信委员会规定，加拿大电视台在晚上6点到午夜12点所播的节目中，"加拿大内容"（Canadian Content）①必须占60%以上。

与此同时，加拿大教师组织、妇女团体、宗教团体、关注传媒的组织、家长组织、教育电视、电视台和加拿大国家电影局等社会各界也努力推行媒介素养教育。例如，成立于1978年的媒介素养协会（Association for Media Literacy），努力向教育部争取将媒介素养教育列为中学的必修课程；妇女团体则持续抗衡美国媒介产品中渲染的暴力和色情；宗教界人士也常常举办媒介素养教育讲座，编写媒介素养教育教材，供当地的教友、神职人员、教师及家长使用。

在"文化抵制"理念的影响下，加拿大媒介素养教育的内容有着明显的"民族意识"和强烈的"文化危机感"。因而，在加拿大媒介素养教育体系中，培养学生对媒介文化具有一定的判断能力进而意识到本民族文化的重要性，是其内容的重要组成部分。此外，加拿大媒介素养教育还通过培养学生的"认同能力"，以"积极防御"的方式对抗美国的文化入侵。"媒介素养教育之父"约翰·庞吉特（John Pungente）曾提出的媒介素养八大理念中，就强调培养学生的"自我认同能力"和"公民意识"，以帮助学生了解媒体在社会经济结构中的作用，认识美国的价值观与本国的价值观的区别，避免学生淹没在来自美国的媒介信息当中。南格伦维尔中学的媒介研究课程，也要求学生通过分析不同国家的媒体作品、学生对作品的反应以及学生制作个人作品的形式展开，强化学生对于媒介的认识和对本国文化的认同②。

可见，加拿大媒介素养教育的发展，是国家媒介政策在应对文化认同危机

---

① 根据加拿大联邦政府"加拿大声像认证办公室"的规定，对电视节目要按照不同类别对其包含或体现加拿大内涵的程度进行测评，只有高于6分（总分10分）的节目才能被认定为符合"加拿大内容"条件。
② 王莹.加拿大中学媒介素养教育课程研究——以安大略省为例 [J].南阳师范学院学报，2011, 10 (8): 122-124.

方面的补充。加拿大的"文化抵制"和"积极防御"教育理念与模式,对于那些试图摆脱他国文化控制的国家,明显具有较强的吸引力。

(三)澳大利亚媒介素养教育:从"媒介信息思辨"到"多元文化融合"

澳大利亚是世界上种族最具多样性的国家。① 经历了多次的移民潮以及"二战"后新移民政策的实施,澳大利亚的种族构成发生了极大的变化,白人单一文化在种族主义、文化同化主义思想的冲击下自然地让位于多元文化政策。自1972年工党领袖惠特拉姆首次提出以多元文化主义解决移民问题,澳大利亚各届政府对这一政策不断完善、调整,并开展了生动丰富的实践,② 包括资助多元文化电视台——SBS(Special Broadcasting Service,澳大利亚特别节目广播事业局)以积极传播多元文化、③ 将媒介素养项目纳入多元教育范畴等。

在多元文化背景中,澳大利亚的媒介素养教育不但与环境保护、反战和平、公共卫生、女性主义、同性恋等"新社会活动"有密切关系,而且注重与跨文化传播结合,以培养国民对跨文化信息的思辨、交流与传播能力为重要目标。④ 但是,澳大利亚多元文化主义政策的实施过程中同样伴随着种族主义、同化主义的威胁。由于不少亚文化群体长期被置于"敌对"和"边缘化"的语境之中,日益积累的不满与愤懑使得不同文化族群之间的冲突频频发生。

在"多元文化主义"和"共同化主义"口号的推动下,澳大利亚媒介素养运动也由注重对媒介文化的批判转向对多元文化的认同与包容。他们将"多元文化融合"理念融入不同层次、不同门类的学科教学当中,使得跨文化媒介素养教育逐渐成为缓和社会矛盾、缩短不同族群之间文化鸿沟的有力工具。⑤ 在这样的理念引导下,研究者设计开展的一系列相关项目、教育模型、媒介素养课程、出版物及政策法规,也都能做到将跨文化传播与媒介素养教育结合起来,着重培养国民的多元文化观念,尊重文化差异,提高对文化的批判意识。学者们认为,这些举措对于增强民族的凝聚力、降低文化冲突和促进多元化社会和

---

① 徐继存,秦志功. 澳大利亚多元文化教育述评[J]. 外国教育研究,2004,31(3):51-55.
② 高曼曼. 澳大利亚多元文化教育的发展及其启示[J]. 云南民族大学学报(哲学社会科学版),2009(2):157-160.
③ 钱志中. 澳大利亚多元文化主义政策的历史选择与动态演化[J]. 世界经济与政治论坛,2014(6):155-167.
④ 李先锋,董小玉. 澳大利亚的媒介素养教育及启示[J]. 教育学报,2012(3):38-45.
⑤ 潘洁. 澳大利亚跨文化媒介素养教育研究[J]. 现代传播(中国传媒大学学报),2010(9):129-131.

谐发展都产生了积极影响。

总之，澳大利亚媒介素养教育是其多元文化政策的重要组成部分。在其发展的过程中，政府、学校、社会组织以尊重民族差异、促进社会和谐为指引，各司其职，从而形成了颇具特色的媒介素养教育模式。

（四）美国媒介素养教育：从干预主义视角到文化研究视角

美国媒介素养教育的发展起源，既不同于英、加两国的"文化外患"，也有别于澳大利亚的"文化内忧"。当其他国家纷纷开始将媒介素养教育作为文化的卫道士来研究与推广时，美国尚沉浸在文化帝国主义的乐园中。[1] 直到20世纪60年代，电视快速发展的影响已经超出了美国人的控制能力之外，他们才开始把注意力转向媒介素养教育。

指导美国媒介素养教育发展的，是对于媒体潜在效果的不同认识而产生的两种理论视角。其中，干预主义（interventionism）视角往往强调的是媒体当中存在的暴力、性别角色刻板印象或操纵广告等负面问题，因此媒介素养教育也就被作为保护青少年免受负面影响的一种方法。这种视角正是美国媒介素养教育的最初形态。20世纪60年代，由于电视媒介所发挥的社会影响力尤其是负面影响越来越大，暴力犯罪频发、肯尼迪总统遇刺身亡等一系列事件及现象引起了美国政府的关注，并为此成立了"暴力起因与防范委员会"。著名的"涵化理论"正是在这样的背景下作为委员会资助的一个项目而产生的。这一理论对电视画面上的凶杀和暴力内容与社会犯罪之间的关系进行了研究，并进一步深化了人们关于电视如何影响社会的认识。于是，在英、加等国已经摆脱保护主义方法的时候，美国仍然将其作为本国媒介素养教育的起点。但是，美国的保护主义与英、加等国的保护主义是不一样的。后者早期的起因是对于本国文化的保护，随着媒介素养教育的深入，这种保护又增加了道德观念和意识形态等范畴的内涵。而前者则由于对媒体传播中的暴力所带来的负面影响的担忧，更多地呈现出鲜明的道德维护和防范的立场。[2]

另一种指导美国媒介素养教育的理论视角——文化研究（cultural studies）视角从20世纪60年代起已普遍应用于其他英语国家，但直到90年代初才开始影响美国。这种视角的出现，一方面是基于对媒介传播效果认识的深入，另一

---

[1] 李晓培. 美国中小学生的媒介素养教育 [J]. 新闻爱好者，2013（6）：24-26.
[2] 大卫·帕金翰. 英国的媒介素养教育：超越保护主义 [J]. 新闻与传播研究，2000（2）：73-79.

方面则是由于世界媒介素养教育发展的影响。在积极参与世界交流的过程中，文化范式得到了美国媒介素养教育界的认可。调查显示，截至1999年，美国有34个州开设了以社会研究、历史和公民学为内容的媒介素养教育课程，有46个州开设了以消费主义为内容的相关课程。① 具体反映到教学方法上，就是反对自上而下的（top-down）、灌输式的保护主义和家长作风，而更加注重学生们使用媒体的经验，特别是愉悦的经验。至此，美国媒介素养教育实现了从干预主义视角向文化研究视角的拓展，开始了文化转向。

美国学者库贝·罗伯特（Kubey Robert）曾经从文化、经济、历史和政治等角度对美国媒介素养教育落后的原因进行了探讨，并指出缺乏推动力是美国媒介素养教育发展的四大障碍之一。② 事实上，美国媒介素养教育的发展既缺乏文化研究的推动力，也缺乏干预主义的推动力。作为世界上最大的媒介产品生产国与出口国，美国不像其他进口电影、音乐或电视作品的国家那样产生本国文化身份认同威胁的担心，也没有保持文化完整性的紧迫感。而在抵制媒体对儿童的负面影响、保护儿童不受媒体的伤害时，又由于美国在法律保护、行业自律、社会监管方面的努力，反而使媒介素养教育迟迟没有像其他英语国家那样较快地在学校得以推广实施。在法律保护方面，美国先后出台了《儿童电视法案》《有线电视法》《净化广播电视内容执行法案》等广播电视相关法案和《儿童在线保护法案》《儿童在线隐私保护规则》《儿童互联网保护法案》等互联网相关法案，从而较为有效地对媒体的内容进行了规范。在政府严格的管控压力下，美国的传媒行业协会也能自行制定各种行业规则，进行媒体内容方面的自我规范，如《无线电广播规则》《电视规则》（全国广播协会）、禁止下流与淫秽言行、暴力和吸毒等四方面内容的"儿童电视节目设计原则""电影分级制""电视分级制"以及"网络内容选择平台方案"（万维网联盟）、安全冲浪（Safe Surf）方案（安全冲浪组织）等针对网络传播内容的分级标准。此外，其他各类社会力量的监管也在美国儿童媒体保护体系中发挥着重要作用。如美国的一些家长协会组织，就通过收集电视节目中不适合儿童观看的内容信息，发布年度报告，从而对电视内容进行监督；"改进儿童电视节目行动"组织、"家长与教师联合行动委员会"、联邦工会委员会以及一些黑人社团、宗教团体还共

---

① KUBEY R, FRANK B. Has Media Literacy Found A Curricular Foothold [J]. Education Week, 1999, 19 (9): 56.
② KUBEY R. Obstacles to the Development of Media Education in the United States [J]. Journal of Communication, 1998, 48 (1): 58-69.

同要求联邦通讯委员会和国会进行调研与听证，从而促使了《儿童电视法案》的出台；由美国政府鼓励和支持、对广播电视的内容和社会影响、儿童网络安全等进行研究的机构更是种类繁多。①

当然，言论自由与监控力度之间的平衡、经济利益与社会效益之间的冲突，还是会使政府的管控、行业的自律和社会的监督常常失效，这就使得媒介素养教育在保护方面获得了日益增强的推动力。从美国媒介素养教育历年全国会议的主题也可以看出较强的干预主义倾向：利用媒介素养来解决中学中的同性恋问题；青少年的无毒品运动揭露媒介素养和物质使用的关系；网络媒介素养创新与烟草泛滥防止；把媒介素养作为上网成瘾的干预等。②

英、加、澳、美四国媒介素养教育的发展，虽然历史背景和核心理念都不尽相同，但其中应对媒介文化的影响这一轨迹却是清晰可见的：英国从起初的希望通过媒介素养教育保护本国的传统精英文化，到后来努力使媒介文化与精英文化协调发展；加拿大媒介素养教育的快速发展，是为了抵制因为传媒技术革新不期而至的美国文化入侵；澳大利亚的媒介素养教育，在实现文化融合、缓和社会矛盾、促进社会健康发展的国家需求当中发挥了重要作用；美国媒介素养教育的后来居上，则是积极应对新媒体文化引发的社会问题的结果。可见，如何回答"媒介文化的影响"这一问题，是不同国家形成不同理念的媒介素养教育的重要基础；对媒介文化影响回应的深度和广度，决定着媒介素养教育发展的速度和影响力。

二、参与式文化：新媒体技术引发的文化变革

在人类文化形成发展的漫长历史中，文化在其发展的每一个阶段，都受到特定媒介的支配，而每一种新的传播方式和技术的兴起，都毫无例外地会引起某种文化上的变异与革新。从"贵族文化"到"精英文化"，从"大众文化"再到如今的"个人文化"，一部文化演进的历史同时也是媒介的发展历史。媒介与文化交织在一起构成了新的文化现象，我们称之为媒介文化。新媒体文化正是新媒体与运营者、使用者之间生成的一种全新的媒体文化现象。"面对新媒体时代，一切都在被异化着，所有原生态的文化都被新技术方式赋予新的解释。"

---

① 张钢花. 美国儿童媒体保护政策及其启示[J]. 社会科学论坛, 2012（12）：215-219.
② 陈晓慧, 王晓来, 张博. 美国媒介素养定义的演变和会议主题的变革[J]. 中国电化教育, 2012（7）：19-22, 28.

新媒体不仅改变传统媒体形式下信息创造、交流、传播、保存的方式，还创造了属于新媒体文化时代的审美观、价值观与文化心理特征。这种变化的合力最终形成了新媒体文化的独特风貌：参与式文化。

（一）参与式文化的内涵

美国麻省理工学院教授詹金斯（Jenkins）认为，"参与式文化"是一种在新媒体技术环境中产生的新的消费主义形式，能够实现消费者参与媒介叙事的创作和流通，并成为生产者的期待。在詹金斯看来，这一概念与被动的媒介观众的观念是相对的。与将媒介生产者和消费者视为不同的角色相比，我们依照一系列现在没有人能够完全理解的新规则来将他们视为互动的参与者。詹金斯认为，在参与式文化中，艺术表达与市民参与的门槛相当低；非常乐于与别人分享自己的创作成果；富有经验的网民，能够将文化不断传承给新来者；会员们相信他们的付出是有意义的；会员们建立起了一种与其他成员之间的社会联系，至少他们会比较在乎其他成员对自己创作内容的评价。根据詹金斯的理解，这种参与式文化主要是通过身份认同（正式或非正式的会员身份）、信息表达（创作富有创意的媒介文本）、集体解决问题（通过团队来共同解决问题）、信息的传播（通过播客、博客等形式）等手段和方式来共同创造出来的。[①]

国内学者蔡骐等认为，所谓"参与式文化"主要指的是以网络虚拟社区为平台，以青少年为主体，通过某种身份认同，以积极主动地创作媒介文本、传播媒介内容、加强网络交往为主要形式所创造出来的一种自由、平等、公开、包容、共享的新型媒介文化样式。[②] 这种文化不但使得传播模式与传受关系发生了改变，个体交往与互动也由此重建，而且促使共享性文化得以快速发展，社会变革迅速推进。还有一种观点将参与式文化视为一种新的社会文化环境，认为社会中每一个人及每一个机构，都主动或被动地卷入了这一文化之中："参与式文化指一个社会的文化环境鼓励创作和分享，促进公民参与和艺术表达"。

要深入理解和解读参与式文化，还需要深入理解"参与"以及"媒介文化"等相关概念。

"参与"是政治学研究中与"民主"相关的关键概念，具有调节社会中不

[①] JENKINS H, CLINTON K, PURUSHOTMA R, et al. Confronting the challenges of participatory culture: media education for the 21th century [EB/OL]. MacArthur Foundation, 2006-01-01.

[②] 蔡骐，黄瑶瑛. 新媒体传播与受众参与式文化的发展 [J]. 新闻记者, 2011（8）: 28-33.

平等的重要功能。公民参与是公民权力的代名词。其实就是权力的再分配，以使得在政治和经济决策过程中被排除在外的无权公民将来参与到这一过程中。根据参与的程度不同，民众参与可以分成八种不同的参与形式，具体包括：精英操控（Manipulation）、观念矫正（Therapy）、资讯告知（Informing）、公共咨询（Consultation）、安抚劝慰（Placation）、伙伴关系（Partnership）、权力授予（Delegation of power）、公民控制（Citizen Control）等。① 还有一种观点，是把公民参与的阶梯设计为由低到高的六个层次：研究和数据收集、提供信息、咨询、参与、合作和协作、授权。其中，"研究和数据收集"可使决策者收集公民的态度和观点以帮助形成政策或建议；"提供信息"是公众参与过程中积极参与的第一步；"咨询"可使公众参与的发起者收到针对某些具体问题的信息反馈，而不涉及影响最终结果的公民权利；在"参与"阶段，公众可以决定讨论什么、谁应参与、如何做决策等对决策产生实际影响，但实际的决策权还是由行政机关做出的；在"合作和协作"阶段，公民与参与发起者建立了积极的伙伴关系；在"授权"阶段，权力决定性地转移到公众手中。②

此外，"参与"也可以区分为三个领域：积聚（Accumulation）、存储/组织（Archiving/Organizing）和建构（Construction）。"积聚"描述了围绕在流行媒介内容和媒介产品周围的所有参与行为；"存储/组织"主要指使用者对相关的文化资源和知识进行搜集和存储；"建构"指那些在现有文化工业之外出现，由使用者借助新的科技生产的新的内容。如今，借助 Web 2.0 等新的媒介形式，上述三个领域呈现一种交叉迭合的状态。如今使用者参与行为可以分为外显的（explicit）和固有的（implicit）两种类型。外显的参与由特定动机驱动，固有的参与由"友好的用户界面"（easy-to-use interfaces）设计所引导。③

要理解媒介文化，首先要采用的是文化的视角。在社会科学领域，文化可能是最难定义的名词之一。它范围广阔、界限含糊，不同的研究者对于文化有不同的理解和定义。利维斯学派曾经把文化领域分为属于精英的少数人的文化和属于多数人的大众文化。雷蒙斯·威廉姆斯（Raymond Williams）对此提出了

---

① ARNSTEIN S. A Ladder Of Citizen Participation [J]. Journal of the American Institute of Planners, 1969, 35 (4): 216-224.
② 安德鲁·弗洛伊·阿克兰. 设计有效的公众参与 [M] //蔡定剑. 公众参与: 欧洲的制度和经验. 北京：法律出版社, 2009: 297-304.
③ 安德鲁·弗洛伊·阿克兰. 设计有效的公众参与 [M] //蔡定剑. 公众参与: 欧洲的制度和经验. 北京：法律出版社, 2009: 297-304.

反驳，并提出了"文化"的社会定义：文化是某一特定生活方式的描写，它不仅表达了艺术和学术上，同样也表达了体制和普通行为上特定的意义和价值。从这样的定义出发，文化的分析，涉及对特定的生活方式及其所暗含的意义和价值的追问。在这种分析方式中，生活方式的因素被纳入其中，包含了对于比如生产的组织、家庭的结构、表现或掌控社会关系之体制的结构，社会成员交往形式的特征等内容。①

威廉姆斯的定义对文化研究的发展具有重要意义。首先，它对于文化的定义进行了扩展。文化不再仅仅被视为"精英"文化的文本和实践。其次，它将文化和意义联系起来。文化被视为意义的网络。以威廉姆斯的文化定义为基础，文化研究将文化定义为意义的生产、传播和消费。霍尔认为，文化与其说是一套东西——小说和绘画或电视节目和喜剧——毋宁说是一个过程，一套行为。文化主要关注的，是在社会和团体成员之间意义的生产和交换，是"意义的给予和索取"。

无论如何定义文化，有一点已经形成共识，那就是人创造了文化，同时又被文化所塑造。于是，人一方面是文化的主体，另一方面又成为文化的对象，受到文化氛围的濡化。文化塑造了社会成员的行为模式，并通过他们的行为不断再生产出来。有关文化的理解是我们切入对媒介文化研究时的宝贵思想资源和理论财富。

理解媒介文化的另外一种视角是媒介发展的视角。这一视角将媒介技术的发展纳入重点的关注和分析对象。从某种意义上说，人类社会发展史既是文化创造的历史，也是传播技术的发展史。人类的生活是在传播过程中展开的创造活动，传播技术不仅贯穿于人类社会发展的整个历史进程，而且与人类的社会、政治、经济、文化等活动密切相关。

传播技术的发展与人类文明和社会进步相互促进。每一次的传播技术革命都为人类的生存与发展带来新的机遇，增强了人的创造能力和生产能力。而社会的发展、文明的进步又为传播技术的发展提供了新的发展空间。传播技术既是整个社会体系的变化指标，又是它的变化原因之一。在传统社会中，传播活动与其他社会活动紧密相连，传播系统不能自立于其他社会系统。传播的过程和结构在一定程度上反映了传统社会的基本社会结构。而随着传播技术的发展，特别是在大众传播媒介及近代新闻传播事业出现之后，传播系统逐渐分化，大

---

① 约翰·斯道雷. 文化研究中的文化与权力 [J]. 学术月刊, 2005 (9): 57-62.

众传播媒介以都市为中心，大众传播系统逐步自立于其他社会体系之林。传播技术及大众传播媒介的发展，不管从经济、政治方面来看，还是从社会、文化方面来看，都和社会的近代化、现代化进程密切相关。传播技术上的优势地位带来了文化和国际传播中的优势地位。最先发生传播技术革命的地方或国家，社会进步和文明的程度比较高，在同时期的国际竞争中也处于明显的优势地位。如书写和印刷传播时代早期的中国、电讯传播时代的西方发达国家等。

20世纪以来，新媒体技术的发展日新月异。新媒体引发了传播方式的变革，也影响和改变了人类的生产、生活甚至是思维方式。因此，媒介文化研究必须引入现代传媒发展进程的理念。而只有对由于传播媒介与传播方式变化所导致的文化景观变迁进行深入细致的分析，才能真正廓清媒介文化的真正内涵。

总的来说，文化使人由"生物的个体"变成文明世界中的"人"，传播以及与之相关的媒介则是实现这个过程的重要因素之一。传播对文化之所以重要，是因为借助传播，人类将世代的经验和知识累积起来，并由此渐渐进化，产生文明。没有传播对于文化的传承，人类将永远处于茹毛饮血的阶段。

显然，传播对文化的形成功不可没。文化影响了人格、价值观的形成和发展甚至关涉到社会组织的结构和运行，也同样影响传播行为的模式和传播系统的演变。无论从什么意义上看，文化总是和传播密不可分，是一枚硬币的两面。新媒体的出现，更是人类文化传播史上的一次空前革命，它极大地改变了文化传播的方式，也改变了文化自身的形态，甚至改变了生存于其中的人类生活。几乎可以这么认为，古往今来，没有一种传播媒介像新媒体这样深刻地影响整个人类社会。

鉴于传播和文化以及媒介和文化之间的密切联系，如今媒介和文化已经凝聚成一个动力学过程，将每一个人裹挟其中。媒介文化成为我们当代日常生活的仪式和景观。随着新媒体的发展，参与式文化兴起，它不断借助新的传播科技改变着我们与他人的互动方式，它影响着我们的情感、价值观和对于世界的理解，它构造了我们的日常生活和行为方式……这是一种全新的媒介文化，也是我们所面临的现实文化情境，而我们还对其知之甚少。

（二）参与式文化的特点

作为一种新型文化，参与式文化主要具有以下特点：

第一，科技依赖。参与式文化萌生于 Web 2.0 所带来的媒介变革潮流，在本质上是一种技术催生的新型媒介文化。因此，它对于以 Web 2.0 为代表的新传播科技，有着一种与生俱来的依赖性。由新传播科技发展起来的博客、播客、维基、社交网站等跨越了地域和时间的障碍，搭建起了广泛参与的平台，营造了一种开放且灵活、自然的沟通和交流氛围，也强化了将个体构建为群体和公众的力量。这个平台为个体思想和创造力的展示、交换和勾连提供了便利，从而为参与式文化的发展和传播提供了前提和基础。媒介文化是人的社会性和沟通技术的集中体现。人们通常容易注意到媒介工具和设备这些传播和沟通过程中看得见摸得着的元素，而类似早期的字母表以及现今的TCP/IP网络协议等无形的社会实践和产物，才是人类的创造力以及社会性通过技术得以放大的核心。因而，我们无法忽视参与式文化中科技所扮演的重要角色。新传播科技推进了特定使用行为的同时也对科技的使用方式产生了影响。所以，参与式文化不能被简单认为仅仅包含了使用者的实践，科技和软件等也同样作用于使用者的内容生产和传播实践。

科技并不是一个中性的黑箱（black box）。对于新传播科技进行深入考察就会发现，工程文化以及特定的社会政治意识形态会被纳入科技的设计之中。社会政治论争以及相应的规章，还有对于参与的期许都被转化为相应的软硬件设计的理念和实践。

第二，主体广泛。复杂的信息技术创造出平易近人的个人出版工具。以微博为例，如今开设微博几乎不存在任何的技术壁垒，无需编写程序，无需注册域名，无需租用空间，几乎不必付出任何成本，所有需要投入的，是源于个人兴趣和共享理念的激情，以及个人的业余时间和精力。低参与门槛意味着，借助目前日益普遍的计算机，仅仅使用入门技能，所有参与者都能参与至交换和分享的环境之中，参与式文化的主体具有了广泛性。参与式文化建立在众多的参与形式之上，参与者也具有多种的角色，而不仅仅是贡献者（contributor）或者搭便车者（free rider）。参与者的多种角色强化了"参与式文化建立在他们各种各样的产品之上"的概念，实际上，参与式文化赋予参与者这样一种感觉：他们的贡献影响他人。这种功效感是参与者相关参与实践的重要影响因素之一。

第三，能力内化。作为一种新型媒介文化，参与式文化又内化为一种能力，一种让人类能够借助新传播科技编码知识和解读知识、传播知识的能力。这种能力在自身创作和与他人的沟通互动等行为中获得，掌握了这种能力又能够协助个体融入群体。参与式文化中的参加者被深深地感染和触动，人们由此参与和贡献，并人性化地使用那些以往只能被商业化使用的工具。这种媒体使用行为不仅会改变参与者自我认同与他者评价的思维方式，而且会通过相应的参与行为对现有的社会政治和文化产生影响。

参与式文化又是一种推崇自由的文化。参与式文化无法被强制建构，正式的成员资格或者参与者之间面对面的互动并不是其形成或存在的必要条件。互联网便利了以符号性表达推动的积极行动，图像、视频、戏仿、嬉笑怒骂，各种形式纷纷跃上前台，个人可以在极少管制的情况下就公共事务进行表达、讨论、异议、争辩和协商。

第四，普遍存在。参与式文化同时也是人类生活经验的反映，它是特定互动方式和行为方式的描述，不仅存在于艺术和创作之中，而且也在日常行为中表达意义与价值。简而言之，参与式文化又是普遍存在的，我们每天都沉浸于其中却浑然不觉。

三、重构媒介空间理性的关键诉求

媒介生态的发展变化，尤其是网络媒介的迅猛革新所带来的深度参与性与互动性以及超强的便利性，让网民有了表达诉求的释放平台。网络环境极大的开放性固然强化了民众的话语表达与舆论监督，也在很大程度上保障了社会的长治久安。但通过对近些年民众利用互联网参与公众事件的表现来看，非理性的成分还占据着很大的比重，由此凸显出民众的媒介文化素养还不高。具体显现为：

（一）缺乏独立思考，盲目跟风

有相当一部分民众，在使用媒介尤其是网络媒介时缺少独立的思考能力。在事件真相尚未明确的情况下，或戴着有色眼镜看问题，或盲目跟从多数意见，进而制造出极为恶劣的舆论环境，引发消极的社会影响。如2016年7月23日，有媒体报道在北京八达岭野生动物园东北虎园内，发生一起老虎伤人事件，造成1死1伤。对于此次事故，网络上掀起了一波又一波的舆论浪潮。网友们首先是完全斥责动物园方，认定是因为其管理不善、存在安全隐患才造成了此次悲剧。但在动物园方公布了事故发生时的视频监控录像后，发现是受害人在明知有危险的情况下仍旧下车而遭到袭击时，网友们又认为悲剧原因在于受害者不顾危险提示，试图寻求刺激，与园方无关。而随着事件的进一步深入，更多的未知情况浮现出来，网络上更是由此呈现出了"城头变幻大王旗"的景象，一时之间好不热闹。从这个事件可以看出，民众对网络事件进行独立思考与分析的能力还不够，这对于营造良好的网络舆论环境是极为不利的。

(二) 侵犯他人隐私

媒介文化素养缺失的另一处表现在于民众对利用媒介窥探他人隐私的热衷。在现阶段的媒介生态中，任何人的隐私都有可能通过所谓的"人肉搜索"而公之于众。网民们企图在网络媒介上发布和搜索他人隐私来实现其所为的"正义感"，并满足其非理性的发泄。2001年的微软陈自瑶事件，2006年的踩猫事件、铜须门事件，2007年的流氓外教案、华南虎事件，2008年的"天价头"事件等，使得"人肉搜索"这一网络手段引发热议。特别是2008年"网络暴力第一案"——姜岩案的审结，让人们对网络言论自由与隐私权的平衡、公私权利的关系问题有了更为深入的思考，也进一步推动了个人信息权保护的立法及网络治理的深入开展。

(三) 极端情绪

极端情绪主要体现为对现阶段社会贫富差距的极端不满，并由此引发的对社会和政府的盲目抨击。由于网络媒介的受众阶层构成极为复杂，因此必然存在着不同的心理构成甚至是极端情绪，这就使得凡是触及政府、高收入群体以及明星的公众事件，随之而来的往往是非理性的批判与无端的否定。如2015年9月3日，恰逢中国人民抗日战争胜利暨世界反法西斯战争胜利70周年，天安门广场上举行了规模盛大的阅兵仪式。而就在同一天，歌手范某在其微博上秀出一张自己孩子的照片，此举瞬间在网络上引起了热议，有数量众多的网友在范某微博下对其进行攻击，甚至是谩骂，诸如"别的明星都在秀国家，而你们仍在秀孩子""你都不关心国家大事的吗"等言论，随后范某发文表示"真是对不起，因为分享了一张儿子的照片，让大家不高兴了"。媒介时代里，网民因极端爱国情绪所误导而引发的非理性行为屡见不鲜，从上街砸毁日产车到打砸外国品牌的商店，都无一不显示出民众的媒介启蒙还需长久的努力，而其中的重中之重，无疑是媒介文化素养的提升。

(四) 言语暴力

言语暴力多见于微博、博客、贴吧以及论坛的留言板区域，凡是与作者或回帖者观点相左甚至是背离的，都会引起一场无谓的对骂，而充斥期间的粗俗言语、侮辱词汇和歧视性语言更是不堪入目。言语暴力犹如"城市牛皮癣"一般密集散落在网络环境中，让民众的心理健康受到了极大的挑战与威胁。

媒介社会的发展，尤其是网络媒介的长足进步让越来越多的人得以接触到网络，这让网络成为我们这个时代起主导作用的媒介。面对愈发复杂的网络生态，网民对道德伦理、民主素养、文化自觉意识和国家安全意识等层面的理性思考明显缺失，在应对虚假消息、片面报道以及煽动性言论时，缺少应有的辨识能力，对相互矛盾的媒介舆论没有质疑能力，独立思考能力更是极度缺乏。上述的这一切，都表明媒介文化素养的改善变得刻不容缓。

针对上述现象，媒介文化素养首先应该体现为当民众经由网络媒介而发表言论和意见时，务必要始终保持高度负责的态度，对未经全面思考和理性判断的信息做到不随意传播，不随意评论。其次，媒介机构亟待建立媒介自律制度，在网络社会中充当"把关人"的作用，而不是为虚假信息做鼓吹；而面对一些明显带有非理性色彩以及倾向性严重的舆论意见，媒介机构也应该做出回应，发挥好媒介议程设置和舆论引导的作用，进而为和谐社会的健康发展提供一个良好的网络环境保障。

四、应对国家信息安全挑战的明智选择

媒介文化素养的培养不仅是重构媒介空间理性的诉求，同样也是应对国家信息安全挑战的明智选择。

（一）信息安全在国家安全中的地位

从国家安全角度出发，信息安全一般是指一个国家的社会信息化状态和信息技术体系不受外来的威胁与侵害。它强调的是社会信息化带来的信息安全问题，一方面是指具体的信息技术系统的安全，另一方面则是指某一特定信息体系（如国家的金融信息系统、作战指挥系统等）的安全。

当前，信息安全已经融入国家安全的各个方面，关系到了一个国家的经济、社会、政治以及国防安全，成为影响国家安全的基本因素。美国、俄罗斯、英国、德国、日本等信息大国纷纷针对国家信息安全战略问题进行专门研究，制定本国的信息安全保障体系。如美国2003年发布了《保护网络空间的国家战略》，并发布了《信息安全保障技术框架》；俄罗斯2000年批准了《俄联邦信息安全学说》；英国于2011年推出了"网络安全战略"；欧盟拟定了2005—2008年的网络安全计划；日本于2000年拟定了"日本信息安全技术对策指针"。[1]

---

[1] 俞晓秋. 国家信息安全综论 [J]. 现代国际关系, 2005 (4): 40-49.

(二) 国家信息安全面临的问题与挑战

不同的国家面临的信息安全问题与挑战不尽相同。对于信息化发达的国家来说，关注的重点是信息基础设施的保护。在美国制定的《保护网络空间国家安全战略》中，通篇强调对基础设施保障的重要性。美国是一个高度"网络化"的国家，其关键性基础设施将农业、食品、水、公共卫生、紧急救援、政府机构、国防工业基础、信息和电信、能源、运输、银行和金融、化学品和危险品、邮政和货运等等公共和私营机构有机结合起来，从而使网络成为这些机构的神经系统，构成了整个国家的控制系统，牵动国家的生存命脉。

发展中国家对信息安全关注的侧重点则在于，信息化发展对于本国的政治、社会、文化等领域的冲击，尤其是防范具有信息优势的国家利用强大的信息手段和影响力对其内部事务进行渗透和控制、通过发动思想文化战进行文化渗透。另外，发展中国家也同样关注如何打破信息强国对于信息技术的垄断，在发展中努力争取参与信息技术标准的制定以及解决"数字鸿沟"等问题。[①]

(三) 中国国家网络信息安全存在的问题

"中国国家网络信息安全经历了通信保密、计算机数据保护两个发展阶段，目前正进入网络信息安全建设的阶段。"[②] 但是，无论从网络信息安全建设的硬件来看，还是从其运行的软件来看，中国网络信息安全形势不容乐观。

首先，中国网络信息技术存在着"三大黑洞"："一是用外国制造的芯片，二是用外国的操作系统和数据管理系统，三是用外国的网管软件。"[③] 从目前世界信息产业的格局来看，中国基本上处于世界网络信息技术产业链的下游，核心技术对国外的依赖较为严重。从硬件来看，几乎所有计算机的 CPU 全部依赖国外技术。自 2018 年以来美国对中国知名高科技企业华为不断发动的"市场战"和"技术战"，其意图之一，就是在供给端直接切断上游企业对华为的芯片和操作系统的供应。从软件来看，中国的政府部门、银行、大中型国有企业，甚至包括全部的个人电脑，其操作系统、常用的办公软件几乎也都依赖于美国微软公司。如果微软公司在操作系统上留有后门程序，一旦这个后门程序启动，那么所有涉及该系统的计算机就面临着被操控的危险。

[①] 俞晓秋. 国家信息安全综论 [J]. 现代国际关系, 2005 (4): 40-49.
[②] 蔡翠红. 美国国家信息安全战略 [M]. 上海: 学林出版社, 2009: 242.
[③] 蔡翠红. 美国国家信息安全战略 [M]. 上海: 学林出版社, 2009: 242.

其次，中国缺乏具有自主知识产权的核心技术。目前，世界排名前20位的软件公司中，美国达到14家，日本2家，德国、法国、瑞典和芬兰各1家。中国在芯片、操作系统等方面的对外依存度非常高，许多关键的技术都需要进口。在此背景下，由于中国缺乏相应的技术手段对进口的技术进行全方位的安全检查，增加了被植入不安全程序的风险，事关国家机密的信息就有可能流失。一方面，先进技术、创新应用在推动互联网行业快速发展的同时，也会被用来危害网络安全。除了传统的病毒木马、钓鱼仿冒网站、系统漏洞等，针对移动互联网、工业互联网以及大型服务器、智能设备等的恶意程序攻击、分布式拒绝服务（Distributed Denial of Service，简称DDoS）攻击、智能硬件蠕虫等也频繁出现，整体网络安全形势日渐紧迫；另一方面，中国网络安全技术防护能力较弱，网络安全产业产品研发与服务能力仍有提升空间。[1]

第三，网络信息内容有待净化。在互联网时代，信息可以在全球各个国家和地区内进行快速的传递。如果不加限制，国内外敌对势力就有可能会利用互联网煽动民间的反政府情绪，激化政府与民众之间的矛盾，破坏中国的政治稳定和社会和谐。

第三节　媒介文化素养内涵解析

作为媒介素养三维结构的结果维度当中最高层次的要求，媒介文化素养是指使用媒介时应该具有的文明规范、民主素养、文化自觉、文化安全等知识、能力和态度。和其他素养的培养不同的是，媒介文化素养的培养、形成持续时间相对较长。可以说，它是媒介素养教育的终极目标。根据媒介文化素养的定义，可将其分为媒介文化知识、媒介文化能力与媒介文化态度三个层面。如图7-1所示。

一、媒介文化知识

媒介文化知识指的是使用媒介时应该具有的文明规范、文化自觉、文化安

---

[1] 张克成. 略论网络信息时代的中国国家信息安全［J］. 社会科学战线，2016（8）：270-273.

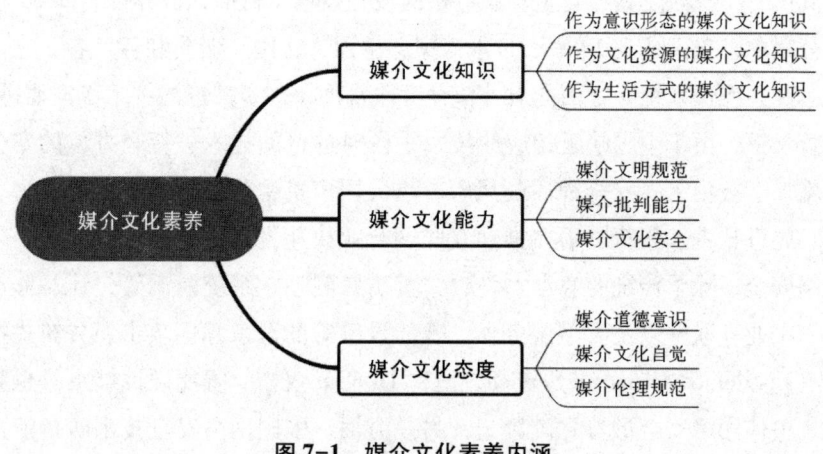

图 7-1 媒介文化素养内涵

全等知识。它不仅包括媒介所承载和传递的知识，还包括媒介技术对日常生活认知、态度和行为的建塑方式。不同的学术流派从各自的角度出发对媒介文化建构了专属的理解，因而根据不同流派的理解，我们可以对"媒介文化知识"予以不同路径的解读：

一是作为意识形态的媒介文化知识。法兰克福学派认为媒介文化知识本质上与"文化工业知识"无异，都是统治阶层为了维护与输出主导性意识形态而建塑的知识类型，因而媒介文化知识同样也是维持统治阶层意志的工具。

二是作为文化资源的媒介文化知识。英国文化研究认为媒介文化是底层大众抵抗文化控制的手段，因而媒介文化知识就民众所依靠的批判性知识，其目的是将文化工业产品转化为抗争性的文化资源。

三是作为思维方式的媒介文化知识。与法兰克福学派和文化研究都不同的是，以麦克卢汉为代表的技术主义流派认为媒介文化是人们为了认知和适应媒介所建构的全新环境和全新生活方式，因而媒介文化知识便对标于新环境和新方式而专属定制的生活观念与思维方式。由此可见，媒介文化知识本身包罗万象，因此我们对其的理解，务必要从各个流派主张的共性出发方可实现。

无论哪个流派，他们都相信一个新的媒介生态的生成与完善过程，其间必然伴随着诸多问题的产生与消解。有些问题可以经由技术手段加以限制，而更多的问题则需要深入文化规范层面来反思与审视。传统的文化秩序重视人的思想与社会公共利益的一致性，然而新的媒介带来了社会层面的新一轮变革，随之而生的是文化主体、文化标准和文化评判意识的模糊与弱化，传统的文明规范在新的现实面前已经很难再发挥出有效的作用。与新媒介发展和新媒介素养相契合的新的文明规范，越来越成为解决上述问题的关键所在。

二、媒介文化能力

媒介文化能力是使用媒介时应该具有的文明规范、文化自觉、文化安全等能力。

（一）媒介文明规范

网络社会创造了一个崭新的、全球性的社会结构，也极大地拓展了国家和社会治理的崭新领域。国家治理能力和治理体系的现代化，既需要在"现实世界"里，也需要在"虚拟世界"里掌握领导权、话语权。媒介文明规范能力的培养与提升，是提升网络主流意识形态影响力、掌握网络舆论的引导力、重构媒介空间理性的重要基础。

事实证明，在"自由"的虚拟网络社会中，网民的道德纪律和舆论感情筑成的防线很容易崩溃坍塌。其直接后果就是游戏人生的心态肆意滋生，恶意传播、制造不确切的信息，混淆视听、煽风点火，人身攻击等现象层出不穷。媒介文明规范的重要目标之一，是对媒介行为进行必要的引导和约束。

一是通过媒介法制教育强化媒介行为底线。多年来，对普通公民的媒介法制教育明显滞后于网络技术知识教育。这种教育的缺位，在很大程度上导致了网民媒介行为规范的缺失。媒介法制教育即把法制教育引入网络等各类新媒体，促使人们保持媒介行为的合法性，培养法律意识，增强法制观念，深刻理解互联网、新媒体都"不是法外之地"，并对电信网络诈骗、"人肉搜索"、诋毁英烈等违法行为做到及时自我防范与自我控制。

二是通过媒介道德标准的建设明确文明行为规范。媒介道德是以善恶为标准，通过社会舆论、内心信念和传统习惯来评价人们的媒介行为，调节媒介时空中人与人之间以及个人与社会之间关系的行为规范。在不断完善媒介道德建设的进程中，既不能简单地把传统的道德规范直接引入网络社会，也不能抛开传统的道德规范而"另起炉灶"。媒介文明规范的培养，既要注重民族性，又要注重开放性和共通性。所谓民族性，是指媒介文明行为能力的培养，要紧紧依托"立人""达人"的传统思想，宣传"仁义礼智信"和"恭宽信敏慧"的传统美德，传达儒家积极入世的思想、历代知识分子忧国忧民的品格、"天下兴亡，匹夫有责"的使命。此外，媒介文明行为规范的培养还要秉持开放的心态，吸收国外可资借鉴的建设经验。由于网络空间是在全世界进行资源共享、互联互动，因此需要加强不同国家、不同地域、不同民族之间的沟通、交流与合作，提出有一定共通性的网络道德标准。

（二）媒介批判能力

在媒介素养教育中，尤其是在青少年的媒介素养教育构成中，受众的媒介批判能力是媒介素养的一项重要指标，媒介批判能力的培养也一直是媒介素养教育中的重要组成部分。其中的原因是，青少年处于思想尚未成熟时期，媒介接触频繁，倘若毫无媒介批判意识，容易盲目全盘接受大众媒介提供的信息和图景，成为媒介的"俘虏"；但更重要的是，一个能对媒介进行理性批判分析的青少年受众群体，不仅能够间接促使媒介产品质量的提高，从长远看，更有益于社会的民主文明建设。[1] 媒介批判能力的培养，可以促成一种开放的、健康的、有效的免疫机制，使人们与媒介、信息之间形成平等互利的关系，在这种关系中，一方面媒介受众（广大社会公民）提高了自身能力，另一方面媒介自身也可以不断进步。因此，媒介批判能力的培养应该成为一种通识的素养教育。

媒介批判能力是对媒介内容、形式、种类和发展做出批判性的感知、解码、反应与判断，从而产生各种各样媒介批判的思想、文字和行为，以便人们在当今媒介社会中独立而理智地生存的一种能力。它可以区分为感知能力、解码能力、分析能力、反应能力和判断能力（如图7-2所示）。其中，感知能力是媒介批判能力的基础，主要指对媒体的结构、内容、形式、作用与发展的了解；解码能力主要指通过符号理解、语言理解和记忆力对媒体语言（符码、符号、信息形式、比喻、模式）进行解码；分析能力主要指通过对不同媒介内容、形式或种类的区别与分析，认识现实与虚拟的差别；反应能力主要指信息分解能力与观点综合能力，以便批判性地考察自身、其他人、社会和媒介在媒介中的位置；判断能力则主要指根据主客观等各方面条件与因素的分析而做出的对单个媒介（包括它的内容、形式和种类）以及媒介发展的判断，它是建立在前四种能力基础之上的。

---

[1] 柳珊，朱璇. "批判型受众"的培养——德国青少年媒介批判能力培养的传统、实践与理论范式 [J]. 新闻大学，2008（3）：70-75, 52.

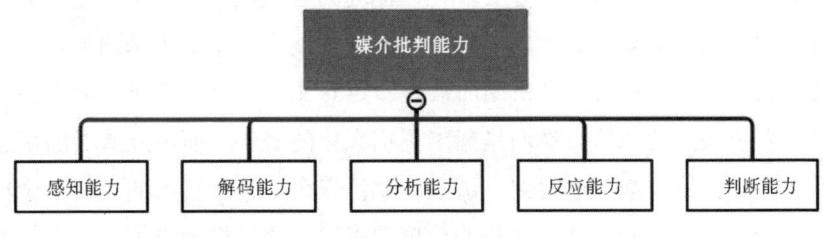

图 7-2　媒介批判能力

(三) 媒介文化安全

维护国家的文化安全，树立国家文化安全意识，是培养媒介文化素养的重要目标之一。对媒介文化安全的理解，可以从四个方面来展开。首先从定义来阐释，文化安全指的是一个国家、一个民族使其特有文化得到应有保护与传承，并免受其他国家威胁的能力。其次，就文化安全意识的本质来说，它是一个国家意识形态的外在显现。具体指一个国家为了防止外来文化的侵蚀，进而让民众的价值观念和思维方式不被同化和异化的安全意识。再次，从战略层面来考量，文化安全是相对于"文化入侵"而言的一种自卫反击战略。最后，从具体范围来说，文化安全包括民族信仰、历史传统、思维方式、价值标准和审美判断等多方面的精神财富的安全。

当前，泛信息化已经成为我们这个时代的社会主题之一，占有了信息传播渠道和信息生产源的媒体控制并影响了世界的每个角落。而在体量巨大的信息往来中，唯有培育好媒介文化素养，形成强大的国家文化安全能力，才能在激烈的竞争中占据主动地位。以美国为首的西方发达资本主义国家依靠着其厚实的经济基础和卓越的科研能力，无疑在媒介社会中占据了优势地位。他们对传播技术和传播渠道的垄断使得发展中国家的传播和文化事业产生了极大的威胁。西方霸权主义的价值观搭载着现代化的媒介手段，以文化渗透的方式融入发展中国家的意识形态体系中，以文化手段来扰乱媒介文化素养不高的普通民众，进而达到其"和平演变"的目的。有鉴于此，如何及时有效地防止西方国家的传播垄断与媒介入侵，高效率地维护国家文化安全，是摆在中国等发展中国家的一项难题。

媒介的发展，尤其是网络媒介的迅猛变革让媒介成为民众参与国内政治活动、掌握国外政治变动、对内培养国家意识以及对外树立国家形象的重要载体。

但媒介社会并不只给受众带来益处。在以便利的方式融入社会生活的同时，其所带来的媒介信息安全问题无疑给媒介的健康发展带来了极大的阻碍。从另一个层面来阐释，媒介社会监管机制的缺失和媒介文化素养的缺乏让原本就消极的行为伴随着技术的飞速发展而呈现出了扩大化的趋势。而由此造成的信息安全方面的突出问题，甚至危害到了国家的政治安全。媒介技术的发展对于更好地对内对外宣传我国的社会主义核心价值观来说，意义极为重大。一个呈现上升趋势的价值观，在它深入人心的过程中必然会遇到来自周围价值观的挑战。西方社会的价值体系以历经数百年的发展，至今已完全融汇到其政治、经济、文化、军事和教育中去。而我国的社会主义核心价值观体系还处于建立初期，其内容的丰富性和指导性还有待进一步建设。在这种状况下，西方早已成熟和完善的价值观势必会对经由日渐发展的媒介技术来对我国的核心价值观造成冲击。如果不能有效地应对这种冲击，那我国很有可能走进西方"和平演变"的陷阱，从而让我国的国家安全受到威胁。

对于媒介素养教育的基层工作者来说，在教育实践中提升我国公民的国家文化安全能力至少有以下要点：一是以社会主义核心价值观为指导。我国的媒介文化素养培育，必须以社会主义核心价值观作指导，此举对于社会主义核心价值观在实践中进行检验来说也大有益处。我国是社会主义国家，我国的国家性质决定了无论是在政治建设、经济建设还是文化建设中都务必要坚持马克思列宁主义、毛泽东思想、邓小平理论、"三个代表"重要思想、科学发展观和习近平新时代中国特色社会主义思想，努力实现中华民族伟大复兴的中国梦。二是坚持多元一体的价值观念。中华文化博大精深，它和世界其他优秀的文明成果一起组成了全体人类所共同认可的价值标准。这就要求我们的媒介机构和普通民众在使用媒介时，做到平等对话，在多元追求中寻找共同点。无论是专业的媒介机构还是普通民众所掌握的自媒体，在涉及对外传播时同样需要重点体现多元一体的价值观。例如，通过自媒体将带有民族和地方特色的优秀元素直接呈献给世界，让世界各国人民可以便利地知晓和了解中华文化。通过弘扬中华民族文化，使日益强大的中国牢固树立民族自尊心、自信心，增强民族自豪感、荣誉感。三是积极创新教育方式。在全球一体化的进程中，一些中国青年在思维方式和认知模式上受到了西方"文化帝国主义"的影响，文化安全意识在一定程度上被削弱。因此，发挥学校教育、家庭教育、社会教育三位一体的作用，利用青年群体所乐于接受的方式来加强民族意识和社会主义情感，进而增强文化安全意识、提升文化安全能力是很有必要的。此外，在媒介监管难度日渐增大的现实境遇下，还需要加快媒介的自律机制建设，营造文明和谐的媒介生态环境。通过良好环境的影响，媒介机构和普通民众的媒介文化素养和基本的公民道德规范才有可能对社会发展产生积极影响，从而增强我国的文化安全的保障力度。

三、媒介文化态度

媒介文化态度是使用媒介时应该具有的文明规范、文化自觉、文化安全等态度。它是通过尊重与利用媒介规律来推进生活方式优化调整的稳定的心理倾向，是人们在日常生活中形成的与媒介及文化相关的思维方式和生活态度的总和。

（一）媒介道德意识

媒介使用者的道德意识，指的是使用者在享受媒介带来便利的同时，也应该尊重、保护他人自由、平等接受信息和使用媒介的权利。使用者对媒介的自由使用和对媒介的平等接受不应该建立在影响他人行使媒介使用者权利的基础上。媒介使用者需要用合作、参与的态度来融入媒介活动，对传播者给予合乎情理的回应，客观理性的评价，不能够传播和接受损害他人的信息。

媒介技术的飞速发展在很大程度上满足了网络时代的个性化表征和多元化诉求，为个体自主的生活构筑提供了技术支撑。换言之，技术的进步不仅革新了人类交流互动方式，更重要的还在于创立了一个全新的生活时代。在时代发展的浪潮中，民众应该梳理怎样的道德意识，应该如何找寻到契合时代节奏的文明规范，并使之更好地引导媒介行为，既是媒介文化素养基本态度的重要组成，也是媒介社会平稳上升的关键步骤。

媒介道德责任感，就是要求使用者在使用媒介的过程中保持自律，理性地把控自我对信息的需求，在享有媒介便利和信息接受权利的同时，保持对自我的掌控，在自我发展与自我规约中实现自身价值。2019年10月中共中央、国务院印发的《新时代公民道德建设实施纲要》，将"网络空间的道德建设"单列一章，同时也将培养文明自律网络行为、提升道德责任意识作为网络空间道德建设的明确要求。①

---

① 蓝江. 新时代网络空间道德建设刍议 [J]. 思想理论教育，2020（1）：73-78.

(二) 媒介文化自觉

费孝通先生认为，文化自觉是"生活在一定文化中的人对其文化有'自知之明'，明白它的来历、形成过程、所具的特色和它的发展趋势，不带任何'文化回归'的意思，不是要'复旧'，同时也不主张'全盘西化'和'全盘他化'。自知之明是为了加强对文化转型的自主能力，取得决定适应新环境、新时代的文化选择的自主地位"[1]。因此，媒介文化自觉，就是指在媒介视域下人们对本民族文化内涵、现状及发展趋势的准确理解与认知，是借助媒介手段和媒介意识对文化的新一轮自我审视、自我反思和自我革新。

文化自觉有感性认知与理性认知、由态度层面到行为层面、由文化继承发展到文化创新融合的不同程度差别。[2] 普通公民媒介文化自觉的培养，离不开科学有效的方法做指引。首先是文化知识的多元获知途径。媒介信息海量化带来的是个体知识储备的贫瘠，大容量总和表象之下是有价值信息的极度缺乏，冗余信息的存在堵塞了人们获取有益知识的途径。换句话说，认知途径的畅通是实现文化自觉的首要前提。其次，文化审视和自我反思的强化，是文化自觉的必要支撑。新媒体时代用户个体信息的发布呈现出"碎片化"特征，流于浅层次的理性思辨，感情表达日渐简单化。第三，文化创新是文化自觉的终极追求。新媒体时代的文化创新指的是在文化结合新媒体的特征在内容和形式上做出的调整与创新，这种调整与创新绝不是对文化内涵与本质的根本否定，也不是将文化视作情感消费的廉价工具。

媒介语境所营造出的文化共享场域和信息传播空间，让越来越多媒介使用者从单向度的信息接受者转变成了主动的信息选择者和传播者，个体自我的精神文化需求获得了极大程度的满足。伴随着内容创新和形式创新的日渐演进，文化传播的侧重点发生了较大程度转向，受众的文化自觉意识逐渐崛起。但是，从我国媒介发展速度与媒介素养教育深入程度之间的匹配度来审视，媒介使用群体在文化自觉层面还存在着很大的不彻底性。倡导媒介用户培养文化自觉意识的目的，在于让媒介用户在融媒介视域下实现对民族文化的认知与体认，培养在纷繁复杂的文化集合中反思、批判、认同及创新文化的能力。新时期的媒介文化传播现状

---

[1] 费孝通. 反思·对话·文化自觉 [J]. 北京大学学报（哲学社会科学版），1997 (3)：15-22, 158.

[2] 郑和武. 新媒体个人用户文化自觉的培养 [D]. 锦州：渤海大学，2014：14.

<<< 第七章 媒介文化素养：媒介教育终极目标的关键诉求

启示我们，文化塑造与传播空间因为有个体的参与而呈现出多元融合的新趋势，个体自由发布信息、表达观点、分享所得，在彼此无间的有机互动中实现了文化能力的跨越式迈进。但与此同时，我们还必须清醒地意识到文化自觉，尤其是媒介场域内文化自觉意识的树立是一个长期的过程，这既需要国家和社会的有意识引导，也需要个体自身具备较高的文化水准，对多元呈现的文化构成有着独立的思考与判断能力，从而实现自主创新，促进文化融合。

文化多元的益处自不必说，但伴随而来的问题却在于个人文化需求的多样性和感情传达的非仪式性让不同文化间的对立日渐突出。主流与边缘、精英与底层之间的对立是被深化而不是被稀释。文化成本的降低使得民众缺失了文化的自我反思和自我重塑，"快餐式"的文化消费让文化固有的价值标准被消解与重构，原本个性化的文化符号产生异质化倾向，使得受众文化自觉的培养变得时不我待。

因此，媒介文化自觉的培养，需要在接受和传播两个方面下足功夫。一是受众培养客观理性的文化接受素养。严谨的态度和独立思考的能力是新媒体技术条件下受众考量和认知文化发展趋势的主要原则，并倚靠其来把握信息传播和文化演进的现行状态与发展预期。换句话说，文化辨别和文化认知能力获取的前提，即受众个人客观理性的文化接受意识。随着科技的迅猛发展，媒介交互性特征的强化使得受众的文化接受与受众间的有机互动密不可分，文化体系间的融合互通促发了受众立体化的文化接触，这也有力地证明了文化自觉意识的树立必然要经过客观理性的思考过程，进而构建出和谐发展的媒介传播环境。二是构建多元融合素养。媒介融合的核心思想是随着媒体技术的发展和一些藩篱的打破，以及电视、网络、移动技术的不断进步，各类新闻媒体将融合在一起。[1] 媒介融合生态的赋权与新媒体自由平等的传播环境使媒介机构的内容生产渗透到各个领域，周边新闻信息发布、媒体事件关注、新闻评论和协商对话等，媒介融合技术的持续发展以及随之而来的自由开放的媒介环境，让媒介机构的信息传播与文化交流辐射到社会生活的方方面面，而这些方方面面共同构筑出了媒介文化的基本元素。近年来官方的主流媒体均已开始与新媒体结合，设立自己的官方微博、微信公众号以及手机客户端，其目的就是让受众可以有多元的信息接触方式，在时刻获知信息的基础上培育文化自觉。

---

[1] 高钢，陈绚. 关于媒体融合的几点思索［J］. 国际新闻界，2006（9）：51-56.

（三）媒介伦理规范

媒介技术的迅猛发展从传播的角度潜移默化地改变着我们沉浸其中的日常生活，在虚拟日渐取代现实与媒介所造成的数字鸿沟日渐拉大的今天，迷茫与困惑的产生成为人类宿命般的存在，各种伦理规范的缺失随之产生也就成为必然。因此，在对媒介文化素养的秉持态度中，技术道德、伦理规范是极为重要的维度。根据技术哲学的观点，技术的出现与发展，不仅能够降低生产成本，提高生产效率，更重要的还在于其能引发社会结构的深层次变革。"把新媒介传播活动简单地看作实现外在目的的手段，忽视新媒介技术发展对人的价值观念的反作用，或者认为新媒介技术完全自主、新媒介技术与价值无涉、新媒介技术无需道德评价和道德干预的观点是片面的。"① 以当下讨论最热烈的人工智能技术为例，人工智能技术对社会进步的促进作用是毫无疑问的，但与促进作用同时产生的消极意义也不容忽视。人工智能技术带来的媒介消极因素主要有四个方面：一是新闻偏见、新闻失衡难以被发现和控制；二是媒介的舆论监督作用被削弱；三是公众的信息安全和著作权得不到基本保障；四是智能推荐易使受众深陷"信息茧房"，对社会产生负面影响。② 现代人是文明制约下的意识主体，技术归根结底是由人来操控的，折射的是人类主观的愿望与诉求。尤其是在传播活动中，出于怎样的目的和追求，选择怎样的媒介、实现怎样的效果都是人类进行选择后的结果，"人自由地选择传播方式和价值目标本身就意味着选择了责任"。③ 新媒体技术发展的轨迹需要伦理规范进行监督与调整，新媒体技术在传播活动中的使用，也需要伦理规范加以限制。换言之，媒介使用者的伦理规范意识应该是媒介文化素养中的一种基本的态度。

作为媒介文化态度的组成部分，伦理规范既不同于法律与制度的强制性，也不同于道德意识的内生性，而是来自社会层面、行业层面长期以来形成的自律信条。"值得注意的是，对于普通大众，新媒介的低门槛准入性和去中心化让他们从信息知晓的边缘上升到中心地位，自身掌控信息发布权，新媒介行业的

---

① 燕道成. 新媒介伦理建构的基本维度：责任伦理［J］. 湖南师范大学社会科学学报，2015, 44（1）：145-153.
② 靖鸣，娄翠. 人工智能技术在新闻传播中伦理失范的思考［J］. 出版广角，2018（1）：9-13.
③ 燕道成. 新媒介伦理建构的基本维度：责任伦理［J］. 湖南师范大学社会科学学报，2015, 44（1）：145-153.

道德规范往往难以规制他们，这也恰恰是在对新媒介领域进行道德规范时最棘手的问题。"① 也正是由于伦理意识的缺失，使得对于媒介使用行为的监管缺少多层次的管制，媒介失范行为屡有发生。伦理规范可以在道德主体的外部对其施加伦理层面的约束，但这一切都需建筑在主题自愿的基础之上，如若主题缺少主观遵守的意愿，则伦理规范的效用很难产生。因此，这就需要我们的社会各个机构大力倡导美德伦理的回归，让社会契约和行业自律所形成的伦理场域成为媒介文化态度的重要组成并使之发挥作用。

---

① 燕道成. 新媒介伦理建构的基本维度：责任伦理 [J]. 湖南师范大学社会科学学报，2015，44（1）：145-153.

第八章

总结与展望

第一节 媒介素养三维结构理论的主要观点与特征

在媒介素养研究与实践的历史中,有关媒介素养内涵与构成的探讨占有十分重要的地位。它是媒介素养理论研究的起点,也是媒介素养教育实践的理论基础。对媒介素养内涵的不同认识,决定了理论研究的不同范式,也决定了实践开展的不同水平。

本书试图综合多学科的视角,提出由过程、内容和结果三个维度构成的媒介素养三维结构体系,以适应新媒体技术的发展要求。其中,结果维度是这一结构体系的核心,包含媒介安全素养、媒介交互素养、媒介学习素养和媒介文化素养。不同的素养采用的是不同的学科视角,如媒介安全素养采用的是医学、心理学、传播学、信息安全等学科领域的视角,媒介交互素养更多从传播学、社会学角度切入,媒介学习素养借鉴了教育学特别是教育技术学和传播学的知识体系,媒介文化素养则显然包含了文化学、信息安全的视角。由此而形成的媒介素养三维结构理论,主要包括以下观点:

第一,"媒介对人的影响"是媒介素养研究的逻辑起点。"媒介对人的影响"是媒介素养理论体系中最简单、最基本的范畴,它揭示了媒介素养的最本质规定,是逻辑起点与历史起点的统一。

第二,媒介素养三维结构将媒介素养划分为过程、内容和结果三个维度。其中,过程维度主要描述的是媒介素养习得和掌握的过程:获取、分析、评价、创造和参与。内容维度强调的是媒介素养的具体内涵：知识、能力和态度。结果维度反映的是普通公民由低到高的媒介素养构成需求，即媒介安全素养、媒介交互素养、媒介学习素养和媒介文化素养。

第三，快速发展的媒体技术，带来了一个并不安全的环境。在这样危机四伏的媒介环境中，每一个人都需要提高自身的安全意识，掌握一定的安全知识和能力。媒介安全素养在媒介素养三维结构体系之中是不可或缺的。

第四，媒介的快速发展对人们的社会关系造成了一定的负面影响。普通公民要重视媒介交互素养的培养，学会合理利用媒介进行社会交往。

第五，在新媒体技术不断普及的时代，人们需要逐渐提高利用媒介促进个人发展的能力。培养媒介学习素养是人们适应新媒体技术对学习的影响而开展的主动行动。

第六，普通公民之所以需要媒介文化素养，是因为：文化是媒介素养教育的重要表征；新媒体技术的发展引发的"参与式文化"变革；媒介文化素养的培养是重构新媒体空间理性的关键。而更为重要的是，在当前复杂的国际形势下，培养公民的媒介文化素养还是应对国家信息安全的重要手段。

由此可以看出，这一理论具有以下特征：

第一，层次性。构成媒介素养三维结构理论中的媒介安全素养、媒介交互素养、媒介学习素养和媒介文化素养等四个结果要素，在需要的程度上是从低到高的。媒介安全素养是每一位处在新媒体时代的公民必须具备的，它是保障个体身心健康、安全的基础素养。媒介交互素养在"媒介素养之塔"中是承上启下的。它既是公民在新媒体时代处理好人际关系的重要能力，又是形成良好人机关系的基础素养。与处于新媒体环境下必须培养的媒介安全素养和媒介交互素养不同，媒介学习素养是面对复杂媒介环境寻求个人更好发展的主动应对。它是应对信息过载的必然要求，也是学习媒介化提出的全新挑战。而作为重构媒体理性诉求和应对国家信息安全挑战的媒介文化素养，则是媒介素养的最高层次。

第二，主体性。媒介素养三维结构理论的主体性，是指不同层次的媒介素养构成，是以公民的需求为中心的，其主体是公民。在大多的媒介素养理论中，强调学科体系的完整性，却在一定程度上忽视了公民的实际需要。这也是媒介素养教育在不同国家、地区的发展程度存在较大差异的原因。媒介素养三维结构理论的体系，力求以公民的需求为出发点，努力构建体现公民主体的媒介素养构成。教育者可以根据个体的不同需求开展培养活动。

第三，融合性。如前所述，媒介素养三维结构理论，围绕着人在日益复杂的媒介环境中如何更好地健康发展这一主线，综合了医学、心理学、传播学、信息安全、社会学、教育学、文化学等诸多学科的知识体系，并且努力将这些学科知识融合，使之发生"1+1>2"的整体效果。可以说，这些学科知识基本涵盖了普通公民与媒介相关的所有素养，它们或为确保公民的财产安全、身体健康，或为帮助公民了解新媒体环境的交往机遇与风险应对，或促进公民适应数字时代的学习变革，或助力媒介空间理性重构。

第四，实用性。媒介素养三维结构包括过程、内容和结果三个维度，在培养时有一定的可操作性。过程维度主要描述的是媒介素养习得和掌握的过程包括获取、分析、评价、创造和参与等5个因素；内容维度强调的是媒介素养的具体内涵，包括知识、能力和态度等3个因素；结果维度反映的是普通公民由低到高的媒介素养构成需求，即媒介安全素养、媒介交互素养、媒介学习素养和媒介文化素养4个维度。把这3个变项组合起来，会得到$5×3×4=60$种不同的媒介素养因素。

第二节　研究展望

本书把新媒体技术影响下的媒介素养构成概括为"媒介素养三维结构"，将其划分为过程、内容和结果三个维度，力求强调以公民的需求为中心。但这一理论是基于文献研究、比较研究和案例研究的方法提出的，未免带有一些主观主义和经验主义的色彩。未来的研究，可以结合深入的实证调查，以定量的方法加以充实验证，进一步开展媒介素养的层次分析，对媒介安全素养、媒介交互素养、媒介学习素养和媒介文化素养等内容进行功用分析、价值意义等相关分析，并在此基础上对其中的媒介素养构成进行调整修正。

媒介素养研究是一个内涵极其丰富的领域。本书研究的成果，尽管采用了传播学、教育学、社会学、医学、心理学、信息安全等多学科的视角，但对于这样一个涉及面广泛的研究领域来说，还远远不够。当前，人工智能、虚拟现实、增强现实等技术已经渗透到了社会生活的方方面面，新媒体技术迎来了全新的历史阶段，正需要媒介素养研究者深入研究这些新技术产生的影响，并对媒介素养的内涵和媒介素养教育的方式方法进行更多的思考。

此外，对于媒介素养教育的三大主体——学校、家庭、社会来说，如何将公民在三个维度上的素养培养落实，仍然需要更加全面的设计。毕竟，对于不同年龄、职业、教育背景的公民来说，其媒介素养的构成在侧重点上会存在一定的差异，对于其实施媒介素养教育的方式、手段也不尽相同。

最后，本书中较多的案例来自媒介素养研究较为发达的英国、美国、加拿大、澳大利亚等国家，这就不可避免地会使得有关媒介素养内涵的思考存在一定的局限。文化是媒介素养教育的重要表征，世界各国的国情、文化不同，对于媒介素养理论研究和教育实践的需求也各有差异。未来有关媒介素养构成的思考，还需要具有"世界视野""全球关怀"，将非洲、南美洲、亚洲等更多国家的需求纳入，使其真正成为体现公民需求的媒介素养三维结构。

参考文献

一、中文著作

[1] 马克斯·霍克海默,西奥多·阿多诺. 启蒙辩证法 [M]. 渠敬东,曹卫东,译. 上海：上海人民出版社,2005.

[2] 齐美尔. 劳动分工作为主观文化和客观文化分野的原因 [M] // 林荣远,编译. 社会是如何可能的：齐美尔社会学文选. 桂林：广西师范大学出版社,2002.

[3] 乌尔里希·贝克. 风险社会 [M]. 何博闻,译. 南京：译林出版社,2004.

[4] 埃里克·麦克卢汉,弗兰克·秦格龙. 麦克卢汉精粹 [M]. 何道宽,译. 南京：南京大学出版社,2000.

[5] 马歇尔·麦克卢汉. 理解媒介：论人的延伸 [M]. 何道宽,译. 北京：商务印书馆,2004.

[6] 欧文·戈夫曼. 日常生活中的自我呈现 [M]. 冯钢,译. 北京：北京大学出版社,2008.

[7] 斯蒂芬妮·麦克卢汉,戴维·斯坦斯. 麦克卢汉如是说：理解我 [M]. 何道宽,译. 北京：中国人民大学出版社,2006.

[8] 阿尔文·托夫勒. 未来的冲击 [M]. 孟广均,等译. 北京：新华出版社,1996.

[9] 保罗·莱文森. 数字麦克卢汉 [M]. 何道宽,译. 北京：社会科学文献出版社,2001.

[10] 保罗·利文森. 软边缘：信息革命的历史与未来 [M]. 熊澄宇,等译.

北京：清华大学出版社，2002.

[11] 戴维·霍瑟萨尔. 心理学史（第4版）[M]. 郭本禹，等译. 北京：人民邮电出版社，2011.

[12] 道格拉斯·凯尔纳. 媒体文化：介于现代与后现代之间的文化研究、认同性与政治 [M]. 丁宁，译. 北京：商务印书馆，2013.

[13] 简宁斯·布莱恩特，道尔夫·兹尔曼. 媒介效果：理论与研究前沿 [M]. 石义彬，彭彪，译. 北京：华夏出版社，2009.

[14] 凯特·穆迪. 电视的影响与儿童电视病 [M]. 粟秀玉，译. 北京：中国广播电视出版社，1988.

[15] 科恩. 论民主 [M]. 聂崇信，朱秀贤，译. 北京：商务印书馆，1988.

[16] 尼尔·波兹曼. 娱乐至死 [M]. 章艳，译. 桂林：广西师范大学出版社，2004.

[17] 尼葛洛庞帝. 数字化生存 [M]. 胡泳，等译. 海口：海南出版社，1997.

[18] 沃尔特·翁. 口语文化与书面文化：语词的技术化 [M]. 何道宽，译. 北京：北京大学出版社，2008.

[19] 约翰·彼得斯. 对空言说：传播的观念史 [M]. 邓建国，译. 上海：上海译文出版社，2017.

[20] 约翰·费斯克. 关键概念：传播与文化研究辞典 [M]. 李彬，译. 北京：新华出版社，2004.

[21] 约翰·奈斯比特. 大趋势：改变我们生活的十个新方向 [M]. 梅艳，译. 北京：中国社会科学出版社，1984.

[22] 曼纽尔·卡斯特. 网络社会的崛起 [M]. 夏铸九，等译. 北京：社会科学文献出版社，2001.

[23] 丹尼斯·麦奎尔. 麦奎尔大众传播理论 [M]. 崔保国，等译. 北京：清华大学出版社，2006.

[24] 卡尔·波普尔. 客观知识 [M]. 舒伟光，等译. 上海：上海译文出版社，1987.

[25] 雷蒙·威廉斯. 关键词：文化与社会的词汇 [M]. 刘建基，译. 北京：三联书店，2005.

[26] 尼克·史蒂文森. 认识媒介文化：社会理论与大众传播 [M]. 王文斌，译. 北京：商务印书馆，2001.

[27] 安德鲁·弗洛伊·阿克兰. 设计有效的公众参与 [M] //蔡定剑. 公众参与：欧洲的制度和经验. 北京：法律出版社，2009.

[28] 白传之，闫欢. 媒介教育论：起源、理论与应用 [M]. 北京：中国传媒大学出版社，2008.

[29] 保罗·莱文森. 新新媒介 [M]. 上海：复旦大学出版社，2011.

[30] 蔡翠红. 美国国家信息安全战略 [M]. 上海：学林出版社，2009.

[31] 黄楚新. 新媒介素养 [M]. 北京：知识产权出版社，2012.

[32] 陈晓宁. 广播电视新媒体政策法规研究 [M]. 北京：中国法制出版社，2001.

[33] 戴元光. 传播学研究理论与方法 [M]. 上海：复旦大学出版社，2003.

[34] 邓广铭. 邓广铭全集：第六卷 [M]. 石家庄：河北教育出版社，2005.

[35] 段京肃，杜骏飞. 媒介素养导论 [M]. 福州：福建人民出版社，2007.

[36] 费孝通. 乡土中国 生育制度 [M]. 北京：北京大学出版社，1998.

[37] 冯先成，等. 网络技术与应用 [M]. 北京：电子工业出版社，2014.

[38] 宫承波. 新媒体概论 [M]. 北京：中国广播电视出版社，2012.

[39] 贺善侃. 网络时代：社会发展的新纪元 [M]. 上海：上海辞书出版社，2004.

[40] 霍华德·莱茵戈德. 网络素养：数字公民、集体智慧和联网的力量 [M]. 张子凌，老卡，译. 北京：电子工业出版社，2013.

[41] 蒋宏，徐剑. 新媒体导论 [M]. 上海：上海交通大学出版社，2006.

[42] 李·雷尼，巴里·威尔曼. 超越孤独：移动互联时代的生存之道 [M]. 杨伯溆，等译. 北京：中国传媒大学出版社，2015.

[43] 理查德·迈耶. 多媒体学习 [M]. 牛勇，邱香，译. 北京：商务印书馆，2006.

[44] 刘清堂，王忠华，陈迪. 数字媒体技术导论 [M]. 北京：清华大学出版社，2008.

[45] 刘晓红，卜卫. 大众传播心理研究 [M]. 北京：中国广播电视出版社，2001.

[46] 刘晓新，毕爱萍. 人际交往心理学 [M]. 北京：首都师范大学出版社，2003.

[47] 刘跃进. 国家安全学 [M]. 北京：中国政法大学出版社，2004.

[48] 吕巧平. 媒介化生存——中国青年媒体素质研究 [M]. 北京：中国传媒大学出版社，2007.

[49] 马克·格兰诺维特. 镶嵌：社会网与经济行动 [M]. 罗家德，译. 北京：社会科学文献出版社，2007.

[50] 诺曼·迈尔顿. 最终的安全：政治稳定的环境基础 [M]. 王正平，等译. 上海：上海译文出版社，2001.

[51] 施良方. 学习论 [M]. 北京：人民教育出版社，2001.

[52] 陶丹，张浩达. 新媒体与网络传播 [M]. 北京：科学出版社，2001.

[53] 王崇德. 情报学引论 [M]. 天津：天津大学出版社，1994.

[54] 王军. 人际交往心理学 [M]. 合肥：合肥工业大学出版社，2011.

[55] 王逸舟. 恐怖主义溯源 [M]. 北京：社会科学文献出版社，2002.

[56] 维克托·迈尔-舍恩伯格，肯尼思·库克耶. 大数据时代：生活、工作与思维的大变革 [M]. 盛杨燕，等译. 杭州：浙江人民出版社，2013.

[57] 吴国盛. 技术哲学经典读本 [M]. 上海：上海交通大学出版社，2008.

[58] 夏保成，刘凤仙. 国家安全论 [M]. 长春：长春出版社，2008.

[59] 严三九. 新媒体概论 [M]. 北京：化学工业出版社，2011.

[60] 叶浩生. 西方心理学的历史与体系 [M]. 北京：人民教育出版社，1998.

[61] 曾国屏，等. 赛博空间的哲学探索 [M]. 北京：清华大学出版社，2002.

[62] 张多中. 管理中的沟通技能 [M]. 深圳：海天出版社，2000.

[63] 张福炎，孙志挥. 大学计算机信息技术教程（第6版）[M]. 南京：南京大学出版社，2013.

[64] 张基温，等. 计算机网络技术与应用教程 [M]. 北京：人民邮电出版社，2013.

[65] 周茂君. 新媒体概论 [M]. 重庆：西南师范大学出版社，2019.

[66] 子杉. 国家的选择与安全 [M]. 上海：上海三联书店，2005.

二、中文期刊

[1] 大卫·帕金翰. 英国的媒介素养教育：超越保护主义 [J]. 新闻与传播研究，2000（2）：73-79.

[2] 白树亮. 网络谣言成因及治理对策研究 [J]. 新闻界, 2010 (4): 82-83.

[3] 毕华林. 学习能力的实质及其结构构建 [J]. 教育研究, 2000 (7): 78-80.

[4] 蔡骐, 党美锦. 反思媒介竞争: 哲学与社会学视野 [J]. 湖南师范大学社会科学学报, 2007 (3): 140-143.

[5] 蔡骐, 黄瑶瑛. 新媒体传播与受众参与式文化的发展 [J]. 新闻记者, 2011 (8): 28-33.

[6] 蔡骐, 谢莹. 英国文化研究学派与受众研究 [J]. 新闻大学, 2004 (2): 28-32.

[7] 蔡骐. 媒介化社会的来临与媒介素养教育的三个维度 [J]. 现代传播 (中国传媒大学学报), 2008 (6): 106-108.

[8] 曹培杰. 数字化学习中注意力失焦的原因分析 [J]. 中国电化教育, 2015 (8): 42-46, 58.

[9] 曹兆进, 等. 移动电话手机对睡眠质量及抑郁影响调查 [J]. 环境与健康杂志, 2000 (5): 264-267.

[10] 曾文婕, 许素美. 我国学习理论研究三十年 [J]. 电化教育研究, 2012 (10): 34-40.

[11] 巢乃鹏, 黄娴. 网络传播中的"谣言"现象研究 [J]. 情报理论与实践, 2004 (6): 586-589, 575.

[12] 陈昌凤, 王宇琦. 公众生产信息时代的新闻真实性研究 [J]. 新闻与写作, 2016 (1): 48-52.

[13] 陈华明, 杨旭明. 信息时代青少年的网络素养教育 [J]. 新闻界, 2004 (4): 32-33, 73.

[14] 陈龙. 媒介全球化与公众媒介素养结构的调整 [J]. 现代传播, 2004 (4): 26-29.

[15] 陈庆新, 赵乐平. 网络谣言的产生原因与应对策略 [J]. 当代电视, 2017 (1): 98-99.

[16] 陈世华, 黄盛泉. 近亲不如远邻: 网络时代人际关系新范式 [J]. 现代传播 (中国传媒大学学报), 2015 (12): 129-132.

[17] 陈晓慧, 刘铁珊, 赵鹏. 公民教育与媒介素养教育的相关性研究

[J].中国电化教育,2013(4):35-39.

[18] 陈晓慧,王晓来,张博.美国媒介素养定义的演变和会议主题的变革[J].中国电化教育,2012(7):19-22,28.

[19] 陈晓明.文化研究:后-后结构主义时代的来临[J].文化研究,2000(1):26.

[20] 陈新民,马廷魁."人机互动"还是"人际互动"?——对电视社交化生存的多维度思考[J].现代传播(中国传媒大学学报),2017,39(2):18-22.

[21] 陈星.大数据时代垃圾邮件规制中的权益冲突与平衡及其立法策略[J].河北法学,2014(6):51-57.

[22] 成蕾,兰亚明.当代青年学习方式变革的现状、影响与引导研究[J].中国青年研究,2016(6):109-113,119.

[23] 程曼丽.从历史角度看新媒体对传统社会的解构[J].现代传播(中国传媒大学学报),2007(6):94-97.

[24] 戴晓东.当代民族认同危机之反思——以加拿大为例[J].世界经济与政治,2005(5):52-58,5.

[25] 党芳莉.20世纪英国媒介素养教育的理论发展和实践[J].海南师范学院学报(社会科学版),2006(3):144-147.

[26] 单美贤,李艺.技术教育化过程的基本规律探析[J].华东师范大学学报(教育科学版),2008(3):17-24.

[27] 邓新民.自媒体:新媒体发展的最新阶段及其特点[J].探索,2006(2):134-138.

[28] 刁生富.论信息素养及其培养[J].自然辩证法研究,2002(11):77-80.

[29] 董士海.人机交互的进展及面临的挑战[J].计算机辅助设计与图形学学报,2004(1):1-13.

[30] 董天策.虚假新闻的产生机制与治理路径[J].新闻记者,2011(3):33-37.

[31] 董媛媛,王涪宁.美国防止互联网色情信息侵害未成年人的法律体系评述[J].国际新闻界,2010(2):91-96.

[32] 方建移.受众准社会交往的心理学解读[J].国际新闻界,2009(4):

50-53.

[33] 方兴东, 胡泳. 媒体变革的经济学与社会学——论博客与新媒体的逻辑 [J]. 现代传播, 2003 (6): 80-85.

[34] 方艳. 论人际关系媒介化 [J]. 国际新闻界, 2012, 34 (7): 52-57.

[35] 房子敬. 杜绝垃圾邮件 [J]. 网络安全技术与应用, 2004 (12): 18-20.

[36] 费孝通. 反思·对话·文化自觉 [J]. 北京大学学报 (哲学社会科学版), 1997 (3): 15-22, 158.

[37] 冯华, 卿志军. 新媒介环境下大学生网络素养教育的内涵 [J]. 新闻窗, 2012 (1): 79-80.

[38] 冯鹏志. "数字化乐园"中的"阴影": 网络社会问题的面相与特征 [J]. 自然辩证法通讯, 1999 (5): 35-44.

[39] 冯锐, 金婧. 论新媒体时代的泛在传播特征 [J]. 新闻界, 2007 (4): 27-28.

[40] 高德胜. 电视的教育哲学——论电子媒介对现代学校教育理念的冲击 [J]. 华东师范大学学报 (教育科学版), 2007 (1): 12-19.

[41] 高钢, 陈绚. 关于媒体融合的几点思索 [J]. 国际新闻界, 2006 (9): 51-56.

[42] 高曼曼. 澳大利亚多元文化教育的发展及其启示 [J]. 云南民族大学学报 (哲学社会科学版), 2009 (2): 157-160.

[43] 耿磊. 机器人写稿的现状与前景 [J]. 新闻战线, 2018 (1): 43-46.

[44] 耿益群, 黄偲. 联合国教科文组织有关媒介素养政策之演变分析 [J]. 现代传播 (中国传媒大学学报), 2018, 40 (7): 163-168.

[45] 龚文庠, 张向英. 美国、新加坡网络色情管制比较 [J]. 新闻界, 2008 (5): 131-134, 145.

[46] 顾犇. 信息过载问题及其研究 [J]. 中国图书馆学报, 2000 (5): 40-43, 74.

[47] 郭瑾, 蒲清平. 重构与改造: 都市青年白领的社交媒介使用与社会交往 [J]. 青年研究, 2016 (1): 1-4.

[48] 郭文革. 教育的"技术"发展史 [J]. 北京大学教育评论, 2011 (3): 137-157, 192.

[49] 郭文革. 教育变革的动因：媒介技术影响 [J]. 教育研究, 2018, 39 (4)：32-39.

[50] 郭元祥. 教育学逻辑起点研究的若干问题思考——兼与有关同志商榷 [J]. 教育研究, 1995 (9)：30-34.

[51] 郭元祥. 论学习观的变革：学习的边界、境界与层次 [J]. 教育研究与实验, 2018 (1)：1-11.

[52] 郭志丽, 蒋丽君, 张勤梅, 等. 嘉兴市小学一年级学生屈光异常及近视影响因素分析 [J]. 中国学校卫生, 2016 (9)：1389-1391.

[53] 何菊玲. 教育学逻辑起点研究之质疑——兼谈教育学理论体系的发展 [J]. 华中师范大学学报（人文社会科学版）, 2007 (6)：119-124.

[54] 何镇飚. 关于媒介安全的思考 [J]. 当代传播, 2008 (1)：29-31.

[55] 洪海林. 个人信息保护立法理念探究——在信息保护与信息流通之间 [J]. 河北法学, 2007 (1)：108-113.

[56] 胡春阳. 经由社交媒体的人际传播研究述评——以 EBSCO 传播学全文数据库相关文献为样本 [J]. 新闻与传播研究, 2015 (11)：96-108, 128.

[57] 胡翼青, 戎青. 电视与留守儿童人际交往模式的建构——以金寨燕子河镇为例 [J]. 西南民族大学学报（人文社会科学版）, 2011 (10)：139-143.

[58] 宦成林. 21 世纪学习技能：新媒体素养初探 [J]. 中国远程教育, 2009 (10)：41-44.

[59] 黄建军, 郭绍青. Web X.0 时代的媒体变化与非正式学习环境创建 [J]. 中国电化教育, 2010 (4)：11-15.

[60] 黄少华. 论网络空间的人际交往 [J]. 社会科学研究, 2002 (4)：93-97.

[61] 黄永宜. 浅论大学生的网络媒介素养教育 [J]. 新闻界, 2007 (3)：38-39, 27.

[62] 冀复生. 发展信息技术的冷思考 [J]. 瞭望新闻周刊, 2000 (17)：8-9.

[63] 江玉琴. 论伯明翰学派先驱 F. R. 利维斯的民族文化建构——大众文化全球化背景下英国本土文化的民族诉求 [J]. 江西社会科学, 2012 (7)：250-255.

[64] 姜槐, 许正平. 电磁辐射与人体健康 [J]. 中华劳动卫生职业病杂志,

2002（4）：4-5.

[65] 蒋宏大. 大学生网络媒介素养现状及对策研究 [J]. 中国成人教育, 2007（19）：52-53.

[66] 金慧, 刘迪, 高玲慧, 等. 新媒体联盟《地平线报告》(2016 高等教育版) 解读与启示 [J]. 远程教育杂志, 2016（2）：3-10.

[67] 景东, 苏宝华. 新媒体定义新论 [J]. 新闻界, 2008（3）：57-59.

[68] 敬慧. 机器新闻写作热潮下的传统新闻生产冷思考 [J]. 科技传播, 2017, 9（20）：5-6.

[69] 靖鸣, 娄翠. 人工智能技术在新闻传播中伦理失范的思考 [J]. 出版广角, 2018（1）：9-13.

[70] 匡文波, 高岩. 新媒介环境下西方国家保护未成年人免受不良信息侵害的策略分析 [J]. 国际新闻界, 2010（1）：39-45.

[71] 匡文波. "新媒体"概念辨析 [J]. 国际新闻界, 2008（6）：66-69.

[72] 匡文波. 到底什么是新媒体？ [J]. 新闻与写作, 2012（7）：24-27.

[73] 李德刚. 我国媒介素养教育目标体系的建构 [J]. 教育学报, 2012, 8（3）：30-37.

[74] 李德刚, 何玉. 新媒介素养：参与式文化背景下媒介素养教育的转向 [J]. 中国广播电视学刊, 2007（12）：39-40.

[75] 李慧玲, 孟亚. 我国媒介素养研究的热点分布与发展趋势——基于20年（2000—2019）研究的知识图谱分析 [J]. 传媒, 2020（22）：87-90.

[76] 李龙. 现代性、文化与身份的认同 [J]. 古代文明, 2008（3）：70-71, 112.

[77] 兰国帅, 郭倩, 吕彩杰, 等. "智能+"时代智能技术构筑智能教育——《地平线报告（2019 高等教育版）》要点与思考 [J]. 开放教育研究, 2019, 25（3）：22-35.

[78] 蓝江. 新时代网络空间道德建设刍议 [J]. 思想理论教育, 2020（1）：73-78.

[79] 李敬. 技术与文化传播：对新媒介文化的批判性研究 [J]. 社会科学, 2017（6）：179-191.

[80] 李靖, 赵郁金. 上网爱好程度、人际信任与自尊的关系研究 [J]. 中国临床心理学杂志, 2002（3）：200-201.

[81] 李娟. 碰撞、彷徨与抉择——城市回族日常生活中的新媒体影响力研究 [J]. 中央民族大学学报（哲学社会科学版）, 2018, 45 (3): 71-79.

[82] 李兰秀, 曾安婷, 李多. 家用电器的电磁辐射与人体健康 [J]. 大学物理, 2015 (4): 58-60, 65.

[83] 李炜. 网络传播对人际关系的变革与再造 [J]. 新闻界, 2013 (5): 45-47.

[84] 李曦珍, 楚雪. 媒介与人类的互动延伸——麦克卢汉主义人本的进化的媒介技术本体论批判 [J]. 自然辩证法研究, 2012 (5): 30-34.

[85] 李先锋, 董小玉. 澳大利亚的媒介素养教育及启示 [J]. 教育学报, 2012 (3): 38-45.

[86] 李晓培. 美国中小学生的媒介素养教育 [J]. 新闻爱好者, 2013 (6): 24-26.

[87] 李欣人. 人学视野下的媒介演进历程 [J]. 新闻与传播, 2005 (12): 27-30.

[88] 李莹. 远程开放教育辍学研究：结论与反思 [J]. 开放教育研究, 2014, 20 (3): 79-87.

[89] 李志昌. 信息资源和注意力资源的关系 [J]. 中国社会科学, 1998 (2): 106-116.

[90] 李智晔. 多媒体学习过程的学习行为辨析 [J]. 教育研究, 2014 (11): 126-130.

[91] 连珩, 李曦珍. 后现代大祭师的仿象、超真实、内爆——博德里亚电子媒介文化批评的三个关键词探要 [J]. 科学经济社会, 2007 (3): 82-85.

[92] 廖祥忠. 何为新媒体？ [J]. 现代传播（中国传媒大学学报）, 2008 (5): 121-125.

[93] 蔺丰奇, 刘益. 信息过载问题研究述评 [J]. 情报理论与实践, 2007 (5): 710-714.

[94] 蔺丰奇, 刘益. 网络化信息环境中信息过载问题研究综述 [J]. 情报资料工作, 2007 (3): 36-41, 48.

[95] 刘珂, 佐斌. 网络人际关系与现实人际关系一体论 [J]. 云南师范大学学报（哲学社会科学版）, 2014 (2): 68-74.

[96] 刘献春. 浅议教师网络素养 [J]. 理论学习与探索, 2006 (5):

72-73.

[97] 刘晓红, 孙五三. 价值观框架分析——研究媒介和价值观变迁的可能途径 [J]. 新闻与传播研究, 2007 (4): 51-59, 96.

[98] 刘晓伟. 狂欢理论视阈下的微博狂欢研究——以新浪微博"春晚吐槽"现象为例 [J]. 新闻大学, 2014 (5): 102-109.

[99] 刘孝文. 信息素养及相关概念的学术梳理 [J]. 图书馆杂志, 2008 (4): 12-13, 29.

[100] 刘砚议. 微信朋友圈中的"印象管理"行为分析 [J]. 新闻界, 2015 (3): 58-61, 66.

[101] 刘自雄, 任科. 现代性、后现代性与虚假新闻——关于虚假新闻几个基本理论问题的探讨 [J]. 现代传播（中国传媒大学学报）, 2012 (8): 38-41.

[102] 柳珊, 朱璇. "批判型受众"的培养——德国青少年媒介批判能力培养的传统、实践与理论范式 [J]. 新闻大学, 2008 (3): 70-75, 52.

[103] 楼天宇. 政务微博的兴起、意义与建设 [J]. 人民论坛, 2014 (19): 146-148.

[104] 卢锋. 论网络空间的"类公共"特性 [J]. 现代传播（中国传媒大学学报）, 2013 (7): 132-135.

[105] 卢峰. 媒介素养之塔：新媒体技术影响下的媒介素养构成 [J]. 国际新闻界, 2015 (4): 129-141.

[106] 卢锋, 李青, 曹梅, 等. 美国教育技术界学习资源观的发展及其启示 [J]. 电化教育研究, 2001 (7): 23-26.

[107] 卢锋, 刘洋, 张舒予. 媒介素养教育的发展动因研究 [J]. 现代远距离教育, 2016 (4): 58-63.

[108] 卢锋, 唐湘宁, 韩璐. 社交媒体在教学中的运用及其影响 [J]. 现代远距离教育, 2014 (5): 49-53.

[109] 卢锋, 张舒予. 论媒介素养教育的逻辑起点 [J]. 教育评论, 2010 (4): 6-9.

[110] 罗力. 上海市民个人信息安全素养评价研究 [J]. 重庆大学学报（社会科学版）, 2013 (3): 95-99.

[111] 罗力. 社交网络中用户个人信息安全保护研究 [J]. 图书馆学研究,

2012（14）：36-40，76.

[112] 罗雁飞. 媒介素养研究核心议题：基于CSSCI期刊关键词网络分析[J]. 中国出版，2021（2）：59-62.

[113] 马小娟. 论社交媒体对公民政治参与的影响[J]. 中国出版，2011（24）：22-25.

[114] 马志浩，葛进平. 日本动画的弹幕评论分析：一种准社会交往的视角[J]. 国际新闻界，2014（8）：116-130.

[115] 毛良斌. 基于微博的准社会交往：理论基础及研究模型[J]. 暨南学报（哲学社会科学版），2014（9）：146-152.

[116] 茅丽娜. 从传统人际传播角度观瞻CMC人际传播[J]. 国际新闻界，2000（3）：65-69.

[117] 莫雷. 西方两大派别学习理论发展过程的系统分析[J]. 华南师范大学学报（社会科学版），2003（4）：103-110，151.

[118] 南国农. 信息技术教育与创新人才培养（上）[J]. 电化教育研究，2001（8）：42-45.

[119] 年度虚假新闻研究课题组. 2015年虚假新闻研究报告[J]. 新闻记者，2016（1）：4-15.

[120] 欧阳开宇，王安中. 媒介安全体系的价值认知与实现路径[J]. 现代传播（中国传媒大学学报），2008（6）：153-154.

[121] 潘洁. 澳大利亚跨文化媒介素养教育研究[J]. 现代传播（中国传媒大学学报），2010（9）：129-131.

[122] 彭聃龄，张令振. 学前儿童电视节目理解特点的研究[J]. 中国广播电视学刊，1990（2）：62-65.

[123] 彭桂兵. 媒体暴力"三问"[J]. 青年记者，2013（18）：28-29.

[124] 齐爱民. 个人信息保护法研究[J]. 河北法学，2008（4）：15-33.

[125] 钱志中. 澳大利亚多元文化主义政策的历史选择与动态演化[J]. 世界经济与政治论坛，2014（6）：155-167.

[126] 强月新，徐迪. 我国主流媒体的公信力现状考察——基于2015年问卷调查的实证研究[J]. 新闻记者，2016（8）：50-58.

[127] 秦学智. 帕金翰"超越保护主义"媒介教育观点解读[J]. 比较教育研究，2006（8）：49-53.

[128] 瞿葆奎, 郑金洲. 教育学逻辑起点: 昨天的观点与今天的认识 (一) [J]. 上海教育科研, 1998 (3): 2-9.

[129] 瞿葆奎, 郑金洲. 教育学逻辑起点: 昨天的观点与今天的认识 (二) [J]. 上海教育科研, 1998 (4): 15-20, 6.

[130] 屈林岩. 学习理论的发展与学习创新 [J]. 高等教育研究, 2008 (1): 70-78.

[131] 师静. 美国的数字媒介素养教育 [J]. 青年记者, 2014 (7): 83-85.

[132] 宋巨盛. 互联网对现代人际交往影响的社会学分析 [J]. 江淮论坛, 2003 (5): 29-32.

[133] 宋小卫. 学会解读大众传播 (下) ——国外媒介素养教育概述 [J]. 当代传播, 2000 (3): 64-65.

[134] 孙少石. 电信网络诈骗协同治理的制度逻辑 [J]. 治理研究, 2020, 36 (1): 100-113.

[135] 田铁杰. 数字技术引领下的教育创新——基于对 OECD《教育创新: 数字技术和技能的力量》报告的分析 [J]. 教育科学, 2018, 34 (4): 24-29.

[136] 田丽, 王洪波. 互联网对网民心理影响的实证研究 [J]. 图书情报工作, 2011 (6): 11-15, 60.

[137] 王勃然, 金檀, 赵雯. 慕课与"高"辍学率: 基于学习者视域 [J]. 黑龙江高教研究, 2017 (10): 159-164.

[138] 王称丽, 贺雯, 莫琼琼. 7~15 岁学生注意力发展特点及其与学业成绩的关系 [J]. 上海教育科研, 2012 (12): 51-54.

[139] 王东. 日本媒介识读教育的兴起及其背景分析 [J]. 山东师范大学学报 (人文社会科学版), 2002, 47 (3): 81-83.

[140] 汪颀. 新媒体对"90 后"大学生思想政治教育的新挑战 [J]. 思想教育研究, 2010 (1): 71-74.

[141] 王帆, 张舒予. 从教育视角解析媒介素养与信息素养 [J]. 电化教育研究, 2007 (3): 35-39.

[142] 王帆. 论全球媒介素养教育的发展进程 [J]. 教育评论, 2010 (1): 162-165.

[143] 王帆. 教育技术学视域下媒介素养教育研究探析 [J]. 中国电化教育, 2010 (12): 16-19, 23.

[144] 王伦信. 从纸的发明看媒介演进对教育的影响——技术向度的中国教育史考察 [J]. 华东师范大学学报（教育科学版），2007（1）：78-85.

[145] 王守光. 论网络环境下政党的执政文化建设 [J]. 当代世界与社会主义，2008（4）：116-119.

[146] 王天德. 新媒介素养的目标追求能力研究 [J]. 中国广播电视学刊，2011（2）：35-37.

[147] 王渭玲. 媒体暴力的研究现状与展望 [J]. 西北大学学报（哲学社会科学版），2012（1）：173-175.

[148] 王旭卿. 美国的信息素养教育 [J]. 中国电化教育，2000（3）：15-17.

[149] 王莹. 加拿大中学媒介素养教育课程研究——以安大略省为例 [J]. 南阳师范学院学报，2011，10（8）：122-124.

[150] 王长江，胡卫平. 技术促进教学：发展、演进和启示 [J]. 现代教育技术，2013（10）：15-19，25.

[151] 王志军，陈丽. 联通主义学习理论及其最新进展 [J]. 开放教育研究，2014，20（5）：11-28.

[152] 魏超. 新媒体的"双刃剑"性质——论网络社交媒体对中东变局的影响 [J]. 新闻界，2011（5）：89-91.

[153] 魏玉山. 我国历史上加入的第一个国际出版公约——《国际禁止淫刊公约》[J]. 出版发行研究，1993（4）：56-58.

[154] 肖峻峰. 论媒体的交互性 [J]. 中国出版，2001（8）：50-51.

[155] 肖俊洪. 数字素养 [J]. 中国远程教育，2006（5）：32-33.

[156] 谢永江，黄方. 论网络谣言的法律规制 [J]. 国家行政学院学报，2013（1）：85-89.

[157] 徐冬梅. 骚扰电话的分类、危害与监管困境分析 [J]. 中小企业管理与科技（下旬刊），2011（9）：60.

[158] 徐继存，秦志功. 澳大利亚多元文化教育述评 [J]. 外国教育研究，2004，31（3）：51-55.

[159] 徐建，肖建国. 21世纪中国青少年法律保护的走向 [J]. 当代青年研究，1996（3）：1-2，36.

[160] 薛瑞汉. 网络环境下的个人信息保护：问题与对策 [J]. 中州学刊，

2013（11）：174-176.

[161] 闫方洁. 自媒体语境下的"晒文化"与当代青年自我认同的新范式 [J]. 中国青年研究，2015（6）：83-86，82.

[162] 阎学通. 中国的新安全观与安全合作构想 [J]. 现代国际关系，1997（11）：29-33.

[163] 颜祥林. 网络环境下个人信息安全与隐私问题的探析 [J]. 情报科学，2002（9）：937-940.

[164] 姚争. 数字环境下媒介素养教育研究的历史坐标和时代使命 [J]. 中国广播电视学刊，2020（9）：4-7，45.

[165] 燕道成. 新媒介伦理建构的基本维度：责任伦理 [J]. 湖南师范大学社会科学学报，2015，44（1）：145-153.

[166] 燕荣晖. 大学生网络素养教育 [J]. 江汉大学学报，2004（1）：83-85.

[167] 杨建义. 新媒体对大学生文化认同影响的多维探析 [J]. 马克思主义与现实，2013（6）：189-192.

[168] 杨素娟. 在线学习能力的本质及构成 [J]. 中国远程教育，2009（5）：43-48，80.

[169] 杨雪冬. 风险社会理论述评 [J]. 国家行政学院学报，2005（1）：87-90

[170] 俞晓秋. 国家信息安全综论 [J]. 现代国际关系，2005（4）：40-49.

[171] 喻国明. 解读新媒体的几个关键词 [J]. 广告大观（媒介版），2006（5）：12-15.

[172] 袁宏春. 多媒体技术及其在我国的发展 [J]. 计算机应用，1994（5）：1-3.

[173] 约翰·斯道雷. 文化研究中的文化与权力 [J]. 学术月刊，2005（9）：57-62.

[174] 张放. 论"computer-mediated communication"的中译定名问题——基于学术史与技术史的考察 [J]. 新闻与传播研究，2016（9）：104-112.

[175] 张钢花. 美国儿童媒体保护政策及其启示 [J]. 社会科学论坛，2012（12）：215-219.

[176] 张开. 媒介素养学科建立刍议 [J]. 现代传播（中国传媒大学学报），

2016, 38（1）：143-146.

[177] 张开. 媒体素养教育在信息时代 [J]. 现代传播，2003（1）：116-118.

[178] 张克成. 略论网络信息时代的中国国家信息安全 [J]. 社会科学战线，2016（8）：270-273.

[179] 张令振. 电视对儿童侵犯性行为的影响 [J]. 中国广播电视学刊，1994（3）：105-109.

[180] 张倩苇. 信息素养与信息素养教育 [J]. 电化教育研究，2001（2）：9-14.

[181] 张人杰. 科学技术的负面影响：社会学分析 [J]. 华东师范大学学报（教育科学版），1999（2）：1-10，20.

[182] 张舒予，朱静秋. 信息技术支撑下的视觉素养培养（上）[J]. 电化教育研究，2005（3）：12-16.

[183] 张晓军. 论征信活动中保护个人信用信息隐私权之目的特定原则 [J]. 中国人民大学学报，2006（5）：86-91.

[184] 张艳秋. 加拿大媒介素养教育透析 [J]. 现代传播，2004（3）：90-92.

[185] 张逸军. 从 Web 2.0 看高校媒介素养教育 [J]. 现代教育技术，2007（9）：20-23.

[186] 张韵."互联网+"时代的新型学习方式 [J]. 中国电化教育，2017（1）：50-57.

[187] 张志安，沈国麟. 媒介素养：一个亟待重视的全民教育课题——对中国大陆媒介素养研究的回顾和简评 [J]. 新闻记者，2004（5）：11-13.

[188] 张仲明，李红. 学习能力的成分研究 [J]. 西南大学学报（社会科学版），2009（5）：147-153.

[189] 赵畅. 当代青少年偶像崇拜研究 [J]. 中国青年社会科学，2019，38（6）：117-122.

[190] 赵呈领，徐晶晶. 翻转课堂中学习适应性与学习能力发展研究——基于学习活动设计视角 [J]. 中国电化教育，2015（6）：92-98.

[191] 赵允芳. 解剖"媒体暴力现象"[J]. 传媒观察，2004（12）：18-20.

[192] 赵振宇. 进一步厘清虚假新闻概念的几个层次 [J]. 新闻记者，2011（6）：62-65.

[193] 郑海平. "淫秽色情"与言论自由：美国的经验 [J]. 东吴法学, 2012, 25 (2)：56.

[194] 郑勤华, 陈悦, 陈丽. 中国MOOCs学习者学习素养调查研究 [J]. 开放教育研究, 2016 (2)：38-45.

[195] 郑艳玲. 中国古代文学的口语传播形式 [J]. 当代传播, 2010 (5)：42-45.

[196] 钟志贤, 刘朝霞. 论远程学习者的学习过程管理 [J]. 远程教育杂志, 2009 (3)：63-66.

[197] 周葆华, 陆晔. 中国公众媒介知识水平及其影响因素——对媒介素养一个重要维度的实证分析 [J]. 新闻记者, 2009 (5)：34-37.

[198] 周星. 新媒体时代的文化景观与应对策略 [J]. 艺术百家, 2012, 28 (4)：23-33.

[199] 朱格锋. 新时期虚假新闻的危害及治理 [J]. 新闻战线, 2016 (8)：8-9.

[200] 朱海龙, 彭鑫. 网络社会人际关系嬗变对政府行动的影响——以扩散性动员为视角 [J]. 湖南师范大学社会科学学报, 2013 (6)：76-82.

[201] 朱志勇. 论新媒体环境下受众规范与媒体发展 [J]. 学术交流, 2014 (6)：200-204.

[202] 佐斌. 论人本主义学习理论 [J]. 教育研究与实验, 1998 (2)：33-38, 72.

[203] 张开. 媒介素养理论框架下的受众研究新论 [J]. 现代传播（中国传媒大学学报）, 2018, 40 (2)：152-156.

三、报刊、网络

[1] 曹菲, 马立敏, 刘爽. 近七成网友曾遭遇电信诈骗 [N]. 南方日报, 2016-08-29.

[2] 崔玉艳. 熬夜玩手机是在透支生命 [N]. 家庭医生报, 2015-07-06.

[3] 胡军. 无序过度收集个人信息当休矣 [N]. 中国消费者报, 2016-09-15.

[4] 姬忠彪. 努力提升新媒体时代社会沟通能力 [N]. 人民法院报, 2013-05-24.

[5] 姜泓冰. "慕课", 搅动大学课堂 [N]. 人民日报, 2013-07-15.

[6] 若水. 美国交通事故死亡人数上升或因驾驶途中使用智能手机 [N]. 中国安全生产报, 2015-11-28.

[7] 吴艺. 近三成死亡事故由开车玩手机引发 [N]. 人民公安报, 2014-11-15.

[8] 肖灵. 切实增强新媒体舆论引导力 [N]. 光明日报, 2017-02-28.

[9] 张山. 全球信息数据量逐年猛增 IDC 产业迎来发展新机遇 [N]. 上海证券报, 2016-08-05.

[10] 赵丽. "低头族"的世界危机四伏 [N]. 法制日报, 2016-11-25.

[11] 钟群鹏. 失效分析与安全发展纵横谈 [N]. 光明日报, 2004-11-26.

[12] 钟伟. 学与教的新坐标: 信息素养 [N]. 中国教育报, 2001-03-01.

[13] 钟志贤. 信息素养: 培养你八大能力 [N]. 中国教育报, 2001-03-01.

[14] 筑牢个人信息安全"防护网" [N]. 经济日报, 2016-05-02.

[15] 中国互联网络信息中心. 2013 年中国网民信息安全状况研究报告 [EB/OL]. 中国互联网络信息中心, 2013-10-01.

[16] 中国互联网协会. 2005-2006 中国 WEB 2.0 发展现状与趋势调查报告 [EB/OL]. 中国互联网协会, 2006-02-23.

四、外文资料

[1] ANDERSON C A, CARNAGEY N L, EUBANKS J. Exposure to violent media: the effects of songs with violent lyrics on aggressive thoughts and feeling [J]. Journal of Personality and Social Psychology, 2003, 84 (5): 960-971.

[2] ANDERSON C A, BUSHMAN B J. Effects of violent video games on aggressive behavior, aggressive cognition, aggressive affect, physiological arousal, and prosocial behaviour: a meta analytic review of the scientific literature [J]. American Psychological Society, 2001, 12 (5): 353-359.

[3] ANDERSON N, PUNGENTE J. Scanning Television [M]. Canda: Harcourt Brace & Company, 2000.

[4] ANDERSON P M, KRISTIN F B. Childhood Obesity: Trends and Potential Causes [J]. Future Child, 2006, 16 (1): 19-45.

[5] ARNSTEIN S. A Ladder Of Citizen Participation [J]. Journal of the American Institute of Planners, 1969, 35 (4): 216-224.

[6] ART S. Media Literacy: Keys to Interpreting Media Messages [M]. New York: Praeger Publishers, 2001.

[7] BAWDEN D, HOLTHAM C, COURTNEY N. Perspectives on information overload [J]. A slib Proceedings, 1999, 51 (8): 249.

[8] BAWDEN D. Information and digital literacies: a review of concepts [J]. Journal of Documentation, 2001, 57 (2), 218-259.

[9] BEAUDOIN M, KURTZ G, EDEN S. Experiences and opinions of e-learners: What works, what are the challenges, and what competencies ensure successful online learning [J]. Interdisciplinary Journal of E-Learning and Learning Objects, 2009, 5 (1): 275-289.

[10] BOWLBY J. Attachment and Loss [M]. New York: Basic Books, 1969.

[11] BRAUN M T. Obstacles to social networking website use among older adults [J]. Computers in Human Behavior, 2013, 29 (3): 673-680.

[12] BROERSMAN M. The Unbearable Limitations of Journalism On Press Critique and Journalism's Claim to Truth [J]. International Communication Gazette, 2010, 72 (1): 21-33.

[13] BUCKINGHAM D. Media Education: Literacy, Learning and Contemporary Culture [M]. Cambridge: Polity Press in association with Blackwell Publishing Ltd., 2003.

[14] CARLSON J, FOSMIRE M, Miller C C, et al. Determining data information literacy needs: a study of students and research faculty [J]. Portal-Libraries and the Academy, 2011, 11 (2): 629-657.

[15] CAUGHEY J L. Imaginary social worlds: Acultural approach [M]. Lincoln: University of Nebraska Press, 1984.

[16] CENTER FOR MEDIA LITERACY. Literacy for the 21st Century: An Overview and Orientation Guide to Media Literacy Education [EB/OL]. Center for media literacy, 2008-05-15.

[17] CERVI L M P, PAREDES O, TORNERO J. Current trends of media literacy in Europe: An overview [J]. International Journal of Digital Literacy and Digital

Competence, 2010, 1 (4): 1-9.

[18] CHARLES R M. Network Literacy: A Role for Libraries? [J]. Information Technology and Libraries, 1997, 13 (2): 115-125.

[19] CHEN H, WIGAND R T, NILAN M. Exploring web users' optimal flow experiences [J]. Information Technology & People, 2000, 13 (4): 263-281.

[20] CHORY R M, YANEN A. Hopelessness and loneliness as predictors of older adults' involvement with favorite television performers [J]. Journal of Broadcasting & Electronic Media, 2005, 49 (2): 182-201.

[21] CHRISTIANS C G, RAO S, WARD S, et al. Toward a Global Media Ethics: Theoretical Perspectives [J]. African Journalism Studies, 2008, 29 (2): 135-172.

[22] COHEN J. Favorite characters of teenage viewers of Israeli serials [J]. Journal of Broadcasting & Electronic Media, 1999, 43 (3): 327-345.

[23] COLE T, LEETS L. Attachment styles and intimate television viewing: Insecurely forming relationships in a parasocial way [J]. Journal of Social and Personal Relationships, 1999, 16 (4): 495-511.

[24] CORBEL C, GRUBA P. Teaching computer literacy [M]. Sydney, Australia: NCELTR, 2004.

[25] COUCIL S, DOBBS J. Music and the young school leaver: Problems and opportunities [M]. Carmarthenshire: Evans Bros, 1971.

[26] DABBGAGH N. The online learner: Characteristics and pedagogical implications [J]. Contemporary Issues in Technology and Teacher Education, 2007, 7 (3): 217-226.

[27] EPPLER M J, MENGIS J. The Concept of Information Overload-A Review of Literature from Organization Science, Accounting, Marketing, MIS, and Related Disciplines (2004) [M]. Wandel: Kommunikations management, 2008.

[28] ESHET-ALKALAI Y. Digital Literacy: A Conceptual Framework for Survival Skills in the Digital Era [J]. Journal of Educational Multimedia and Hypermedia, 2004, 13 (1): 93-106.

[29] GILES D C. Para-social interaction: A review of the literature and a model for future research [J]. Media Psychology, 2002, 4 (3): 279-305.

[30] GILSTER P. Digital literacy [M]. New York: John Wiley & Sons Inc, 1997.

[31] GRANIC I, LAMEY A. The self-organization of the internet and changing model of thought. New Ideas in psychology, 2000 (18): 93-107.

[32] GRAY J, BOUNEGRU L, CHAMBERS L. The data journalism handbook [EB/OL]. DataJournalism. com, 2015-09-23

[33] HANKA R, FUKA K. Information overload and "Just-in-time" knowledge [J]. The Electronic Library, 2000, 18 (4): 280.

[34] HENSIAK K. Too much of a good thing: information overload and law librarians [J]. Legal Reference Services Quarterly, 2003, 22 (2/3): 86.

[35] HESS B. Graduate student cognition during information retrieved using the world wide web: a pilot study [J]. Computer & Education, 1999 (33): 1-13.

[36] HILTZ S R, TUROFF M. Structuring Computer-Mediated Communication Systems to Avoid Information Overload [J]. Communications of the Acm, 1985, 28 (7): 680-689.

[37] HOBBS R. The seven great debates in the media literacy movement [J]. Journal of Communication, 1998, 48 (1): 16-32.

[38] HOFFER C. Children's wishful identification and parasocial interaction with favorite television characters [J]. Journal of Broadcasting & Electronic Media, 1996, 40 (3): 389-402.

[39] HORTON D, RICHARD W R. Mass communication and para-social interaction: Observations on intimacy at a distance [J]. Psychiatry, 1956, 19 (3): 215-229.

[40] HUNTER B. My Student Use Computer [M]. Reston, Virginia: Reston Publication, 1993.

[41] JAMES H, LEE B. Integrating Applications on the Semantic Web [J]. Journal of the Institute of Electrical Engineers of Japan, 2002, 122 (10): 676-680.

[42] JAMES W P. Media Literacy [M]. Sage Publishion, 2001.

[43] JENKINS H, CLINTON K, PURUSHOTMA R, et al. Confronting the challenges of participatory culture: media education for the 21th century [EB/OL]. MacArthur Foundation, 2006-01-01.

[44] PELLETIER K, BROWN M, BROOKS D C, et al. 2021 Educause Horizon Report Teaching and Learning Edition [EB/OL]. The Learning and Technology Libarary, 2021-02-10.

[45] JOHNSON L, ADAMS B S, ESTRADA V, et al. NMC Horizon Report: 2015 Library Edition [EB/OL]. The Learning and Technology Libarary, 2015-08-18.

[46] JONES-KAVALIER B R, FLANNIGANS S L. Connecting the Digital Dots: Literacy of the 21st Century [J]. Educause Quarterly, 2006(2): 8-10.

[47] KELLNER D. Media Culture [M]. NewYork: Routledge, 1995.

[48] KIESLER S, SIEGEL J, MCGUIRE T W. Social psychological aspects of computer-mediated communication [J]. American psychologist, 1984, 39(10): 1123-1134.

[49] KIM J, RUBIN A M. The variable influence of audience activity on media effects [J]. Communication Research, 1997, 24(2): 107-135.

[50] KLAPP O E. Overload and boredom: Essays on the quality of life in the information society [M]. Westport: Greenwood Press, 1986: 11-12.

[51] KRAUT R, KIESLER S, BONEVA B, et al. Internet paradox revisited [J]. Journal of social issues, 2002, 58(1): 49-74.

[52] KRAUT R, PATTERSON M, LUNDMARK V, et al. Internet paradox: A social technology that reduces social involvement and psychological well-being? [J]. American psychologist, 1998, 53(9): 1017-1031.

[53] KUBEY R, FRANK B. Has Media Literacy Found A Curricular Foothold [J]. Education Week, 1999, 19(9): 56.

[54] KUBEY R. Obstacles to the Development of Media Education in the United States [J]. Journal of Communication, 1998, 48(1): 58-69.

[55] KULLENBERG G. Regional co-development and security: A comprehensive approach [J]. Ocean & Coastal Management, 2002, 45(11): 761-776.

[56] LAURENCEAU J P, BARRETT L F, Pietromonaco P R. Intimacy as an interpersonal process: the importance of self-disclosure, partner disclosure, and perceived partner responsiveness in interpersonal exchanges [J]. Journal of personality

and social psychology, 1998, 74 (5): 1238-1251.

[57] MACKEY T P, JACOBSON T E. Reframing Information Literay as a Metalciteracy [J]. College & Research Libraries, 2011, 72 (1): 62-78.

[58] MARIANNE E. Communication for life [J]. Media Development, 59 (3/4), 2012: 11-14.

[59] MASTERMAN L. A Rationale for Media Education [M] // KUBEY R. Media Literacy in the Information Age. NJ: New Brunswick, 1997: Transaction. 21: 15-68.

[60] MCCROSKEY J C, MCCAIN T A. The measurement of interpersonal attraction [J]. Speech Monographs, 1974, 41 (2): 261-266.

[61] MCLUHAN M. Understandig media (second edition) [M]. New York: Mcgraw-Hill Book Company, 1964.

[62] MCSWEENEY B. Security, identity and interests [M]. Cambridge: Cambridge University Press, 1999.

[63] MERARI A, FRIEDLAND N. Social psychological aspects of political terrorism [M] //OSKAMP S. International conflict and national public policy issues [M]. Beverly Hills, CA: Sage, 1985.

[64] MILLER G A. The magical number seven, plus or minus two: Some limits on our capacity for processing information [J]. Psychological review, 1994, 101 (2): 343.

[65] MITRA A. Categories of Computer Use and Their Relationship with Attitudes toward Computers [J]. Journal of Research on Computing in Education, 1998, 30 (3): 281-295.

[66] MORAHAN M J, SCHUMACHER P. Incidence and correlates of pathological Internet use among college students [J]. Computers in human behavior, 2000, 16 (1): 13-29.

[67] MORGAN C, COTTEN S R. The relationship between Internet activities and depressive symptoms in a sample of college freshmen [J]. CyberPsychology & Behavior, 2003, 6 (2): 133-142.

[68] NEW MEDIA CONSORTIUM. A Global Imperative: The Report of the 21st Century Literacy Summit [J]. New Media Consortium, 2005: 32.

[69] OLSON D R. The world on paper [M]. Cambridge: Cambridge University press, 1994.

[70] PAPA M J, SINGHAL A, LAW S, et al. Entertainment education and social change: an analysis of parasocial interaction, social learning, collective efficacy, and paradoxical communication [J]. Journal of communication, 2000, 50 (4): 31-55.

[71] PARTNERSHIP FOR 21ST CENTURY LEARNING. A framework for 21st Century Learning [EB/OL]. Battelle for kids, 2013-01-26.

[72] RETTNER R. Too much TV may be bad for your long-term brain health [EB/OL]. Live Science, 2021-05-20.

[73] RUBIN A M, PERSE E M, POWELL R A. Loneliness, parasocial interaction, and local television news viewing [J]. Human Communication Research, 1985, 12 (2): 155-180.

[74] RUBIN A M, STEP M M. Impact of motivation, attraction, and parasocial interaction on talk radio listening [J]. Journal of Broadcasting & Electronic Media, 2000, 44 (4): 635-654.

[75] RUBIN R B, MCHUGH M P. Development of parasocial interaction relationships [J]. Journal of Broadcasting & Electronic Media, 1987, 31 (3): 279-292.

[76] SCHIAPPA E, GREGG P B, HEWES D E. The parasocial contact hypothesis [J]. Communication Monographs, 2005, 72 (1): 92-115.

[77] SCHICK A, GOREON L, HAKA S. Information overload: a temporal approach [J]. Accounting Organizations and Society, 1990, 15 (3): 199-220.

[78] SCHNEIDER S C. Information overload: Causes and consequences [J]. Human Systems Management, 1987, 7 (2): 143-153.

[79] SHIELDS M. Information literacy, statistical literacy, data literacy [J]. IASSIST Quarterly, 2004, 28 (2/3): 6-11.

[80] SHU W, CHUANG Y H. The perceived benefits of six-degree-separation social networks [J]. Internet Research, 2011, 21 (1): 26-45.

[81] SICILIA M, RUIZ S. The effects of the amount of information on cognitive responses in online purchasing tasks [J]. Electronic Commerce Research and Applica-

tions, 2010, 9 (2): 183-191.

[82] SPROULL L, FARAJ S. Atheism sex and database: the net as a social technology [M] //KAHIN B, KELLER J. Public access to the Internet. Cambridge, MA: MIT Press, 1995.

[83] SPROULL L, KIESLER S, KIESLER S B. Connections: New ways of working in the networked organization [M]. Cambridge, MA: MIT Press, 1992.

[84] STERNBERG R J. Beyond IQ: A Triarchic Theory of Hu-man Abilities [M]. Cambridge: Cambridge University Press, 1985.

[85] STOLL C. Silicon Snake Oil [M]. New York: Doubleday, 1995.

[86] THOMPSON S, VIVIEN L, RAYE L. Intrinsic and extrinsic motivation in Internet usage [J]. Omega, 1999, 27 (1): 25-37.

[87] TSAO J. Compensatory media use: An exploration of two paradigms [J]. Communication Studies, 1996, 47 (1-2): 89-109.

[88] TURKLE S. Virtuality and its discontents: Searching for community in cyberspace [J]. The American Prospect, 1996 (24): 50-57.

[89] WOLFERS A. National Security'as an Ambiguous Symbol [J]. Political Science Quarterly, 1952, 67 (4): 481-502.

[90] ZURKOWSKI P G. The Information Environment: Relationships and Priorities [M]. Washington: National Commission on Libraries and Information Science, 1974.

五、学位论文

[1] 杜娟. 公务员媒体沟通能力培训的课程设置研究 [D]. 重庆：西南大学, 2013.

[2] 何镇飚. 媒介安全论：大众传媒与非传统安全研究 [D]. 杭州：浙江大学, 2010.

[3] 李红梅. 新媒体影响学生学习方式的作用机制研究 [D]. 重庆：西南大学, 2016.

[4] 李艳. 自媒体对中国人际关系的异化探析 [D]. 广州：华南理工大学, 2014.

[5] 林建中. 隐私权概念之再思考——关于概念范围、定义及权利形成方

法［D］.台北：台湾大学，1998.

　［6］冉庆.人与媒介的关系探析［D］.大连：大连理工大学，2011.

　［7］张弛.新媒体背景下中国公民政治参与问题研究［D］.长春：吉林大学，2015.

　［8］郑和武.新媒体个人用户文化自觉的培养［D］.锦州：渤海大学，2014.

后　记

2013 年 12 月，我开始了在美国北卡罗来纳大学教堂山分校访学一年的生活。相对轻松的生活、学习氛围，让我将前一阶段"家庭媒介素养教育研究"的研究任务进行了总结，同时开始思考《国际新闻界》的征稿选题：新媒体技术影响下的媒介素养构成。

在完成了《家庭媒介素养教育研究》一书的出版任务后，2014 年 7 月，《媒介素养之塔：新媒体技术影响下的媒介素养构成》文章也几经修改，发表在 2015 年第 4 期《国际新闻界》上。文章虽然已经发表，但时常会有意犹未尽的感觉。确实，我们面对的是百年未有之大变局，这是一个巨变涌动的伟大时代。过去的六年多时间，我们见证了智能手机最快的发展速度，也经历了人类史上最大的隔离事件；我们为"最美逆行者"摇旗呐喊，与电信网络诈骗分子斗智斗勇；我们惊叹于"抖音快手"的数据神话，也感动于"我太难了"的强烈共鸣；我们认识了打败李世石的"阿尔法狗"，也参与了堪称变革教育利器的慕课教学……作为一名媒介素养研究者，我自然会常常思考：如何让新媒体技术影响下的媒介素养构成更加完善？本书正是对这些问题的回答。从"媒介素养之塔"到"媒介素养三维结构"，其中增加了过程与内容两个维度，力求让媒介素养研究的结果更加实用和开放。

回想过去十多年的媒介素养研究，收获和感受良多。研究是一个认真提出问题，并以系统的方法寻找问题答案的过程。从 2007 年跟随导师张舒予教授开展媒介素养研究以来，我对世界媒介素养研究的现状、媒介素养教育的本土化、家庭媒介素养教育模式、新媒体技术对媒介素养构成的影响等众多问题产生了兴趣，并试图寻求答案。在此过程中，教育部项目、国家社科项目、工具书、专著都得以孕育产生，也算有所得。研究中产生的几点感悟，也值得一提。

第一，专注程度是决定研究质量最为重要的因素。人到中年，即使是在高校，能让自己出现全神贯注做一件事的忘我状态并不容易。这个时代可以带走注意力的事情太多了。大一点的，是各类管理、教学、社会服务的工作；小一点的，是众多让人娱乐至死的电视节目、电子游戏和短视频；不大不小的，是没有理由拒绝的亲情、友情。人文社会科学的研究是要"甘坐板凳十年冷"的，但身在其中，才知其中"冷"的真实温度：项目报不上，论文发不了，组织找不到……我们真的还能坐在板凳上吗？

第二，耐力和激情决定了我们能走多远。科研中遇到困难想要放弃，是常有的事。能否坚持下来，要看能否说服自己和团队成员这项研究有多重要，未来它能对人、对社会做出怎样伟大的贡献。提升耐力，保持激情，就会认真做自己真心想做的事，直至达成目标。

第三，团队精神在文科科研工作中至关重要。与理工科研究不同，文科研究大多时候是单兵作战。因此，能否形成一个强大的团队至关重要。与人合作是所有能力中最重要的能力之一。团队成员齐心协力，往往能将团队的最大优势共同发挥出来，并给予每个成员以巨大的荣誉和回报。这些年来，我们的团队成员互相关心、互相扶持，在为研究的推进出谋划策的同时，个人也都取得了不错的成绩。

这些成绩的取得，首先要感恩导师张舒予教授、南京大学张红军教授、南京师范大学张晓锋教授和骆正林教授、深圳大学的巢乃鹏教授等众多专家给予的专业指导。其次要感谢南京邮电大学的张宇、申灵灵、张金帅、周灵、肖婉、谭维等各位同事。另外，我的学生刘煜、马荣炜、唐玉杰、时雨、黄宇星、方丽雅、顾依琳等人为本书的完成同样付出了艰苦努力。

感恩已故去的父母、岳父母，还要感谢我的家人：胡静、卢睿新、唐春辉、胡萍、唐旖珺、吴俊华、胡音、吴丹、吴佩佩、卢高明、彭莹、卢俊宇、卢平天、黄国宪、卢慧霖、卢远宁、杨建、卢植溪。他们是我完成此书的无穷动力。

此书虽然已暂时完结，但媒介素养研究之路不会停止。

2021 年 7 月 15 日于南京鸿雁名居